教育行政学
（第二版）

王建平　齐　梅　曾姝倩　主编

清华大学出版社

北京

内 容 简 介

本书是在多年的高校本科教学和教育行政干部、中小学校长培训的基础上形成的兼学术研究和教材建设的最新成果。在对教育行政的概念、性质、原则、职能及教育行政学科发展进行扼要介绍的基础上,对教育行政体制、教育行政机构、教育政策法规、教育规划、教育督导与评价、教育人事行政进行了具体深入的阐述;对教育财务行政、教育行政效率和教育可持续发展做了精辟的论述。

本书适合教育管理专业学生、教育行政人员、学校管理人员以及教育研究人员使用。

本书封面贴有清华大学出版社防伪标签,无标签者不得销售。
版权所有,侵权必究。举报: 010-62782989, beiqinquan@tup.tsinghua.edu.cn。

图书在版编目(CIP)数据

教育行政学/王建平,齐梅,曾姝倩主编. —2版. —北京:清华大学出版社,2023.6
ISBN 978-7-302-63484-3

Ⅰ. ①教… Ⅱ. ①王… ②齐… ③曾… Ⅲ. ①教育行政－高等学校－教材 Ⅳ. ①G46

中国国家版本馆 CIP 数据核字(2023)第 084364 号

责任编辑:田在儒
封面设计:刘　键
责任校对:刘　静
责任印制:杨　艳

出版发行:清华大学出版社
网　　址:http://www.tup.com.cn, http://www.wqbook.com
地　　址:北京清华大学学研大厦 A 座　　邮　编:100084
社 总 机:010-83470000　　邮　购:010-62786544
投稿与读者服务:010-62776969, c-service@tup.tsinghua.edu.cn
质量反馈:010-62772015, zhiliang@tup.tsinghua.edu.cn
印 装 者:三河市君旺印务有限公司
经　　销:全国新华书店
开　　本:185mm×260mm　　印　张:13.25　　字　数:318 千字
版　　次:2012 年 8 月第 1 版　2023 年 6 月第 2 版　印　次:2023 年 6 月第 1 次印刷
定　　价:49.00 元

产品编号:095131-01

第二版前言

本书的再版修订主要基于以下几点。

(1) 思想先进性。本书在充分尊重学生认知规律和教育教学规律的基础上,将二十大精神系统地融入教学内容,贴近学生生活、学习、思想实际。

(2) 学术自由性。本书不追求学科体系的建立,不刻意讨论作为学科体系的教育行政学的若干理论问题和基本概念问题。学界对教育行政的概念一直存在不同的理解,本书倾向于萧宗六先生的观点,即教育行政是国家通过政府的教育行政部门对教育事业进行领导和管理的活动。教育行政是国家行政的一个重要组成部分。在此基础上,阐述当前我国教育行政诸方面的内容。

(3) 突出应用性。本书的主要内容涉及教育行政体制、教育行政机构、教育政策法规、教育规划、教育督导与评价、教育人事行政、教育财务行政、教育行政政策和教育可持续发展等,并提供若干范例。

(4) 文本简洁性。本书文本简洁易懂,形式灵活多样。在写作上,力求言简意赅,深入浅出,通俗明了。与此同时,在形式上不拘泥于单一的内容阐述,设计了案例讨论、相关链接和思考练习题,以便学习者根据自己的需要进行选读。

本书适用于有兴趣学习教育管理专业的专科生、本科生以及从事教育行政工作的人员。

本书共分为九章,分别阐述了教育行政体制、当前我国的教育行政机构设置、教育政策法规的制定与实施、教育规划的制定与实施、教育督导与评价、教育人事行政、教育财务行政、教育行政效率以及教育可持续发展问题。

本书在编写过程中参考和引用了部分书籍、论文和网络资源,在此,谨向原作者表示诚挚的谢意!

由于编者的水平有限,本书难免存在疏漏与不当之处,真诚地希望各位专家、同行和广大读者批评、指正。

编　者

2023 年 1 月

目 录

1	第一章　教育行政体制
2	第一节　教育行政体制概述
9	第二节　我国现行教育行政体制
17	第三节　教育行政的性质及职能
25	第二章　当前我国的教育行政机构设置
26	第一节　中央教育行政机构
33	第二节　地方教育行政机构
40	第三章　教育政策、法规的制定与实施
41	第一节　教育政策的制定与实施
55	第二节　教育法规的制定与实施
67	第四章　教育规划的制定与实施
68	第一节　教育规划的作用与类型
79	第二节　教育规划编制的原则和程序
92	第三节　教育规划实施的保障机制
95	第五章　教育督导与评价
96	第一节　教育督导的作用和类型
101	第二节　教育督导的原则和程序
105	第三节　教育评价的作用和类型
112	第四节　教育评价的原则和程序
116	第五节　教育督导与评价报告的撰写
119	第六章　教育人事行政
120	第一节　教育人事行政含义与作用
121	第二节　教育行政机关国家公务员制度
130	第三节　校长的选拔与任用

138	第四节 教师的选拔和任用
146	**第七章 教育财务行政**
147	第一节 教育财务行政与教育经费
158	第二节 教育财务行政制度与管理
170	**第八章 教育行政效率**
171	第一节 教育行政效率概述
177	第二节 教育行政效率的测量评估
182	第三节 提高教育行政效率的策略
188	**第九章 教育可持续发展**
189	第一节 可持续发展
192	第二节 可持续发展教育
198	第三节 教育行政与教育的可持续发展
205	**参考文献**

第一章
教育行政体制

教育行政体制是国家行政体制的一个重要组成部分。每个国家的教育行政体制都有所不同,这主要是由于受到经济、政治、文化以及历史背景等因素的影响与制约,是由其基本国情所决定的。基于国情,认清我国教育行政体制的现状,分析它的类型与特点,有助于教育行政体制的改革和国家管理,促进我国教育事业的蓬勃发展。

第一节 教育行政体制概述

一、教育行政体制的含义

(一) 体制与教育体制

认识和理解教育行政体制的含义,首先有必要明确什么是体制以及教育体制。

关于体制,《辞海》是这样解释的:"国家机关、企事业单位在机构设置、领导隶属关系和管理权限划分等方面的体系、制度、方法、形式等的总称。"①《新华词典》的注释是:"关于国家机关、企业和事业单位的机构设置、管理权限、工作部署的制度。"②由这两种辞书上的解释可以看出,机构设置、隶属关系和权限划分是构成体制的基本要素,它们之间存在相互影响、相互制约的关系。由此可知,确定一种体制,首先必须要研究这种体制的基本构成要素;其次这些要素之间相互联系、相互制约的方式也是我们研究的着眼点。

教育体制与国家的政治体制、经济体制、文化体制都有密切的关系,是国家体制的一个重要组成部分。一个国家的"教育体制"是指一个国家在一定政治、经济等体制基础上建立起来相对稳定的教育管理基本体系与制度,包括教育行政体制、办学体制、教育投资体制、学校内部管理体制及招生与毕业生就业制度等几个方面。③我国是人民民主专政的社会主义国家,因此,国家的教育体制也是以人民为主体的教育体系和制度。在我国,从中央到地方的层层教育机构以及相互之间的隶属关系等,共同构成了我国教育体制的基本组织形态。从某种意义上说,一个国家教育体制的完善与否是决定一个国家的教育能否适应社会而健康发展的关键。

(二) 教育行政体制的含义

教育行政体制是国家行政体制的重要组成部分,是教育体制的核心内容。那么什么是教育行政体制?它的具体含义是什么?多年来,关于教育行政体制的定义一直众说纷纭,本书现整理如下一些有代表性的观点。

吴志宏:"具体来说,教育行政体制就是教育行政权力之确立与划分、教育行政机构之设置、各级教育行政部门之间之隶属关系等方面的基本制度,而这些制度所反映的问题归根

---

① 辞海编辑委员会.辞海[Z].上海:上海辞书出版社,1999:3575.
② 新华词典编纂组.新华词典[Z].13版.北京:商务印书馆,2013:832.
③ 国家高级教育行政学院.新中国教育行政管理五十年[M].北京:人民教育出版社,1999:51.

结底也就是采用什么样的方式领导教育。"①

陈孝彬:"教育行政体制是指一个国家的教育行政组织系统或理解为国家对教育的领导管理的组织结构形式和工作制度的总称。"②

帅相志:"教育行政体制从根本上讲,是指一个国家对教育的基本领导方式,教育行政机构与一定的规范相结合就构成了教育行政体制。从整体角度讲,它主要是由教育行政权力的确立与划分、教育行政组织的机构设置和各级教育行政机构的隶属关系等方面的基本制度构成。"③

李冀:"所谓教育行政体制,是指国家各级教育行政机构和企、事业单位的教育行政机构的设置、隶属关系、权限划分等方面的体系和制度的总称。"④

王慧清:"什么是教育行政体制?简单地说,它是国家组织领导和管理教育事业的基本体系和工作制度的总称。具体是指中央与地方政府之间和地方政府与教育行政机关、学校之间管理教育事业权限的划分及其关系的设定,规定着国家实施教育行政的组织系统、原则、方法和程序等。"⑤

孙成城:"教育行政体制是国家组织、领导和管理教育事业的组织体系与工作制度的总称。"⑥

周在人:"教育行政体制是国家各级教育行政机关机构设置、权限划分和工作制度的总称。"⑦

孙绵涛:"所谓教育行政体制,是指一个国家或地区管理教育事业的组织体系和相关制度的总称,也可表述为国家或地区管理教育的机构与规范的统一体。它包含教育机构体系和教育规范体系两大部分。其中教育机构体系包括教育的实施机构和教育的管理机构。教育的实施机构指的是各级各类学校。教育的管理机构指的是各级各类教育行政机构和学校内的管理机构。教育规范体系指的是建立教育机构和保证教育机构正常运转的规章制度。教育规范则规定着教育机构的职责权限和机构内人员的岗位责任。教育行政机构与一定的规范相结合就构成了所谓的教育行政体制。"⑧

对于教育行政体制的含义,不同的学者与专著中都有不同的看法和观点。而本书更倾向于萧宗六在《中国教育行政学》中对于教育行政体制的界定,即"教育行政体制又称教育行政管理体制或教育管理体制,是国家各级政府管理教育事业的组织体系和相关制度的总称。它主要包括国家管理教育事业的各级教育行政机构的组织形式,国家教育行政权力结构及有关教育行政制度。"⑨

以上的这些对教育行政体制的不同定义,均共同指出了教育行政体制的一些基本要点。

---

① 吴志宏.教育行政学[M].北京:人民教育出版社,1999:53.
② 陈孝彬.教育管理学[M].北京:北京师范大学出版社,1999:131.
③ 帅相志.现代教育管理改革与发展[M].济南:山东人民出版社,2006:108.
④ 李冀.教育管理词典[Z].海口:海南人民出版社,1989:102.
⑤ 王慧清.教育行政原理[M].长沙:湖南大学出版社,2006:109.
⑥ 孙成城.中国教育行政概论[M].合肥:安徽教育出版社,1999:35.
⑦ 周在人.教育行政学[M].南京:南京师范大学出版社,1996:29.
⑧ 孙绵涛.论教育体制及其改革的基本内容[J].教育研究与实验,1992(4):16-19.
⑨ 萧宗六,贺乐凡.中国教育行政学[M].北京:人民教育出版社,2004:34.

第一,各级各类教育行政机构的设置。

我国教育行政机构的设置是与其他行政机构相一致的。现行的教育行政机构由国务院统一部署设置,从中央到地方设有教育部、省区教育厅、市县教育局、乡镇教育办等。这些教育机构之间存在层层的隶属关系,共同服务于我国的教育事业。

第二,各级各类教育行政机构的隶属关系。

我国的教育行政权力隐含在各级各类教育行政机构中。教育行政机构有一定的组织层次、部门设置、职位和职数的限定,同时也存在一定的隶属关系。我国现行教育行政机构的隶属关系可以概括为两个方面:一方面是从国务院到教育部一直到教育厅、教育局、教育办,各个层级上直接或间接的领导关系;另一方面,各级政府对所管辖的教育厅、教育局、教育办有直接的领导关系。各级教育厅、教育局必须接受政府的直接领导,因为它们都是隶属于政府的职能部门。各级各类教育机构共同构成了国家教育行政体制的基本组织形态,处理好它们的关系,对完善教育行政体制有至关重要的作用。

第三,各级各类教育行政机构的权限划分。

我国的教育行政机构历来都存在权限划分,这是教育行政体制中的一条基本原则。中央与地方政府、地方政府与地方教育行政机关、地方教育行政机关与地方教育实体(学校)之间都存在不同程度的权限划分。但是,目前我国教育行政机构的权限划分比较模糊,充分明确各级各类教育行政机构之间的权限划分,是新一轮教育行政体制改革亟待解决的问题。

  相关链接

现代国家教育管理制度的产生

国家教育管理权力的产生与国家的产生相联系。在漫长的原始社会,无所谓国家,因此也就不存在国家的教育管理权力。

奴隶制国家的出现是人类社会发展的一个重要阶段。在奴隶制社会,国家作为一种社会政治组织和权力机构,成为决定社会政治生活的最根本的力量。国家通过行使它所具有的特殊权力,对社会生活的各个方面进行协调与管理。在我国,夏商时期,已经设立"庠""序""瞽宗"等教育机构。与此相适应,在国家机构中,也设有掌管教育的官职,如"长老""太师""少师"等。夏商官学的产生及其管理,标志着我国奴隶社会国家教育管理的产生。其主要特点是政教不分、官师合一、学在官府。这些特点后来不断得到发展和完善,逐渐成为我国古代国家教育管理体制的重要特征。

古代国家的教育管理权力是与古代国家的发展水平以及管理水平相联系的。在古代,由于教育规模较小,机构系统不健全,教育对国家和社会的意义不可能达到现代化的水平。所以,国家的教育管理系统单一,职能有限,水平不高,权力也比较笼统。

现代意义的国家教育管理制度产生于19世纪西方资本主义国家。随着资本主义社会生产力的迅速发展,经济生活的急剧变革,资本主义国家管理体制和职能也发生了相应的变革。从教育方面看,教育的世俗化和公共国民教育制度的迅速发展,使教育开始成为对社会生活和发展具有重大意义的社会事业。国家为了规范和促进教育事业的发展,有效地发挥教育对国家政治生活、经济生活和文化生活的重要作用,逐步加强了对教育事业的直接参与和控制,并通过立法手段,不断健全教育管理机构,完善教育管理制度,从而使国家教育管理权力不断得到丰富和充实,进而逐步形成了现代意义上的国家教育管理权力。

资料来源:萧宗六,贺乐凡. 中国教育行政学[M]. 北京:人民教育出版社,2004:30-31.

二、教育行政体制的类型和特点

历史上,国家的教育行政体制一直都是一个很重要的问题。一个国家的历史、政治、经济、文化传统等诸多因素决定了这个国家采取什么样的教育行政体制。同时,由于各国运用国家权力干预教育活动的方式不同,也导致了教育行政体制的不同类型。目前世界上有很多关于教育行政体制类型的划分,比较清晰的划分方式是,依据中央和地方在教育权限关系与行使方式,把教育行政体制划分为以下两种类型。

(一)中央集权制

所谓中央集权型的教育行政体制是指国家政府直接领导和管理全国教育事业的体系与制度。同时,它也是国家管理中央集权制的一个重要组成部分。中央集权制国家的权力集中于中央政府,要求地方各级政府必须服从和接受中央政府的领导和统治。

1. 中央集权制的主要特点

中央集权型的教育行政体制是一种直线式的政府领导制度,强调教育事业是国家的事业,国家行政直接干预地方各级政府的教育事业。主要包括以下几点。①强调中央教育行政部门的教育行政权力,中央注重用行政、计划等手段对教育进行直接干预和严格控制。地方教育行政部门主要是辅助中央,执行中央制定的教育法律、政策和指令,在一定的授权范围内处理教育事务。②中央直接规定全国统一的教育目的、教育标准、教学计划、课程设置和评价标准。③中央政府教育部或有关的行政部门直接制定颁发教育的法律、法规、规章等,直接决策教育的方针、政策和规划,地方政府必须以实施中央的决定为己任。④地方的教育经费一般由国家财政做出预算并拨款,实行国家负担制,或由国家承担教育经费中的主要部分。

2. 中央集权制的利弊简析

中央集权型的教育行政体制主要优势有:第一,从中央到地方实行统一的管理模式,有利于中央教育行政机构对全国教育事业的整体规划和调控,实行统一的教育方针政策,制定统一的教育事业发展规划;第二,中央的行政权力易于集中,很大程度上发挥了政府的效能,加强了中央对地方教育的控制力;第三,有利于调动中央和地方政府办学的积极性,调节各地教育的不平衡发展,扶持和帮助落后地区的教育事业;第四,有利于全国实行统一的教育标准,并以此作为评估和检查全国教育事业发展状况的依据。

现实中,中央集权型的教育行政体制也往往有一些不足之处:首先,中央权力高度集中,往往顾及不到地方的特点,很难对地方的变化作出及时的反应;其次,制度过于僵硬,用一种单一的标准来衡量和管理全国各级各类的教育事业,不适应当地经济、社会发展的需求,同时地方上的合理化建议也不被重视和采纳,限制了地方的积极性。

实行中央集权型教育行政体制的典型国家是法国。

相关链接

法国的教育行政体制

法国的中央教育行政机构是国民教育、青年和体育部，简称国民教育部。国民教育部承担了几乎全部的公共教育事务，它管理着5.8万所幼儿园和小学，大约7400所初级中学和高级中学，300多所大学、学院和其他高等学校。政府的其他技术部门如农业部、国防部、工业部和交通部也都各自拥有自己的高等学校。国民教育部的行政机构设置包括负责高等教育、中等教育、初等教育等业务的13个有关业务司局以及部长办公室、总监察机关、国家评估委员会等单位。

国民教育部长的权限相当广泛，他领导和检查所辖的全部公立教育机构，监督和检查其管辖的私立教育机构。他不仅确定学校教育方针和原则，还统一规定教学大纲、教学方式以及考试的时间和内容，管理公立学校教职员人事，制订公立学校规则，监督指导私立学校，确定教育经费等。

法国的地方教育行政机构包括学区和省级教育行政机构。省以下的市镇村各级行政机构负责初等学校和保育学校的设施与管理工作，由于对教育方针、教育内容等重大问题影响不大，故没有独立的教育行政机构，不作为独立的教育行政层级。地方教育行政的主要职权包括：①配备代行国民教育部长职务的学区区长和学区督学，以实行垂直的教育行政工作；②负责省和市镇村学校的设施、设备方面的行政事务。

地方最高教育行政单位是学区。学区不是一般的行政单位，而是为了国民教育的公共服务而专门划分的。法国本土及其海外省共划分为28个学区。每一个学区的最高领导是学区区长。学区区长是由国民教育部部长会议任命的高级官员，代表中央政府国民教育部部长处理所辖区域内的大学和自治单位的有关问题。学区区长的职权包括：①在高等教育方面，以本学区内训导长的身份，参加各大学的法定机构；②协调高等教育和中等教育的关系；③对中等教育进行全面指导和监督，包括课程、教学方法、各种国家考试、教师培养、人事管理等；④在初等教育方面，管理学校和班级的设置与关闭、教员的任命等。

学区以下的教育行政机构是省。在省级国民教育处，最高领导是学区督学，其职权主要是管理本省的初等教育和中等教育以及机关日常工作。

为了防范中央集权的弊端，使教育专家集权统治的教育行政均衡化、合理化，法国在各级教育行政机构之外，设立了由各方面代表组成的各种咨询审议机构。

1990年3月法国国民教育部根据政令成立国家规划理事会。它由22个教育专家组成，成员任期五年。根据1989年7月通过的《教育指导法》第六条规定，国家规划理事会的职权范围包括"就以下内容给国民教育部提出意见：教育的总体设想、所希望达到的主要目标、为实现这些目标所做的统一规划，以及这些目标与知识发展的适应情况。它由国民教育部所委任的一些高水平专家组成。国家规划理事会的看法和建议将对全社会公开"。

1990年6月国民教育部根据政令成立教育高级理事会。它是前"国民教育高级理事会"和"一般教育与技术教育理事会"两个机构合并的结果。它的任务包括了两个旧理事会的职责：考察所有涉及国家利益的教育问题；对计划以及初、中等教育考试的规章制度提出意见；对教育事业的目标及其运行提出意见。教育高级理事会根据地方分权的精神，引进新的合作伙伴如家长协会、校外团体和国内的各地方行政机构。它的成立,增强了中小学生和大学生家长的发言权,以及社会、经济利益的代表性。在学区一级,设有学区理事会,由学区区长任主席,其任务是对中等教育的重大问题提出意见,调解中等学校教员的诉讼事件。

在省一级,设有省初等教育理事会,审议有关初等教育的各种问题,向省长和学区督学提出意见和建议。

资料来源:萧宗六,贺乐凡.中国教育行政学[M].北京:人民教育出版社,2004:42-44.

(二)地方分权制

所谓地方分权制的教育行政体制是指由地方政府直接领导和管理教育事业的体系和制度。它认为,教育事业是地方的公共事业,中央政府处于监督和辅助的地位,将权力授予地方政府,使其在管辖范围内自主运行教育事务。

1. 地方分权制的主要特点

地方分权制教育行政体制的特点与中央集权制相反,主要有:①中央和地方的教育行政部门不存在领导隶属关系,中央不设或只设权力有限的教育领导部门,教育被看作是地方的事业,地方自主经营管理教育事业;②中央对于课程设置、教材选择、教师资格等一些基本的教育制度不作统一要求,都交由地方来规定;③由地方来制定教育的基本法律;④主要由地方来承担教育经费。

2. 地方分权制的利弊简析

为什么教育行政体制要实行分权制?因为教育行政体制的地方分权制有很多集权制无法比拟的优点。首先,它能提高教育管理的效率。地方分权制一定程度上克服了中央集权制过于庞大和集中的机构设置而导致的官僚腐败,提高了行政效率。其次,它促使教育民主化。地方分权制让更多的人参与到教育决策中,使人人在教育面前平等,大大提高了教育民主化的程度。再次,有利于地方因地制宜发展教育,使教育适应地方的经济和社会发展的需要,能够充分调动地方的积极性来发展教育事业。最后,地方政府财政支持地方教育事业的发展,充分开发地方教育资源,在一定程度上减少了中央财政的压力。

当然,地方分权制的教育行政体制也存在一定的缺陷,要正确看待这些缺点,以便更好地完善我国的教育行政体制。第一,由于各地经济、文化等条件相差很大,对于教育的投入也会有多有少,地方分权制就造成了各地教育事业的不均衡发展,扩大了地区差异。第二,地方权限的分散使得国家的政令难以统一,教育结构调整和行政监督都更加困难。

实行地方分权型教育行政体制的典型国家是美国。

相关链接

美国的教育行政体制

1791年美国联邦宪法修正案第10条规定:"凡本宪法未授予联邦而又未禁止各州行使的权限,分别保留给各州或人民。"根据这项规定,教育行政的法律责任在各州,禁止联邦政府对教育实行中央集权管理。

美国联邦政府没有直接领导教育的权力。联邦政府的作用主要是通过国会的教育立法和教育部的行政指导与服务而实现的。根据教育部设置法的规定,联邦教育部的主要职能是:收集和交流教育资料;管理和分配联邦拨给各州的补助金;与州合作实施联邦职业教育计划;进行教育调查研究;统管联邦政府部门的部分教育事务;就有关教育事项提供指导和建议。由此可知,教育部的行政职能主要是服务和指导。

对教育的直接领导管理是各州的权力。各州都有独立的教育立法和教育行政权。州的教育行政当局是州教育委员会、州教育厅长和州教育厅。各州宪法和教育法规定了三者的职权划分。州教育委员会是州的教育决策机构,是主要的教育行政当局,其委员由选举产生或州长任命。州教育厅长是首席教育行政官员,由教育委员会任命或州长任命,对教育委员会负责。各州的教育行政权限并无统一规定。根据州教育厅长全国理事会提出的建议,州的教育行政职能一般包括:调节州内一切教育事业;确定基本计划的范围和性质;规定最低程度的学校标准;制订财政支出计划;提供咨询服务;管理联邦政府资助的项目;促进教育机会均等,有效利用地方、州和联邦提供的财源;帮助规划教育用品的生产。

尽管教育管理是州的专有权力,但美国各州对教育管理并不大包大揽,各州管理教育的力量也极不平衡。从20世纪60年代中期开始,随着联邦对地方学区增拨补助经费的急剧增加,州教育行政的作用也迅速加强,特别是70年代以来,基于消除州内学区间的教育差别的强烈社会要求,州的教育行政责任进一步增强。

美国的地方教育行政机构是学区。它同地方行政区域的划分不一定重合,是由一般行政区中分离、独立出来的教育行政上的特别区划。学区分为基层学区和中间学区两级。基层学区是最低层级的教育行政单位,是由州设立的直接经营管理学校的地方公共团体。中间学区是介于州和基层学区之间的教育行政单位,其主要职责是在州的监督下指导基层学区的教育行政。原则上它没有独立设置和管理学校的权力。

学区设教育委员会,管理学区内的教育事业。委员由选举产生或由市长或市议会任命的本区校外人士组成。学区教育行政的职能主要是制订教育计划,编制教育预算,征收教育税,管理教职员人事,维修管理校舍,购置教材教具,为学生提供交通工具等。

除少数州外,上述教育行政系统的管理权限范围一般不包括高等教育。1965年的《高等教育法》明确规定,该法的任何条款都不得解释为联邦政府有权对高等教育机构的教学、管理、人事以及其他事务发指示、监督或统制。高等学校的设立和授予学位权是由州政府批准的。多数州设有某种高教政策设计和协调系统,如高等教育协调委员会或统一管理委员会。有的州设立了高等教育局,指导本州的高等教育发展。在州的有关法律和政策指导下,高等学校享有很大的办学自主权。高等学校的内部政策和财政措施由学校董事会自主决定。

资料来源:萧宗六,贺乐凡.中国教育行政学[M].北京:人民教育出版社,2004:44-46.

第二节 我国现行教育行政体制

中华人民共和国成立后,我国的教育事业逐步发展壮大起来。我国的教育行政体制经过多年的摸索和改革,也已逐步建立起教育行政体制的雏形。本节对目前我国现行教育行政体制的性质、特征进行阐述,并从基础教育和高等教育两个方面对当前我国教育行政体制改革的有关问题进行探讨。

一、我国现行教育行政体制的性质

从总体上看,我国现行的教育行政体制属于中央集权的教育行政体制,这是我国众多学者的普遍看法。然而,与法国等国家典型的高度集权的教育行政体制相比,我国中央集权的教育行政体制又有所不同。法国的中央教育行政机构行使绝对的教育行政权,地方只有执行权。而我国的教育行政强调中央统一的教育方针、政策,同时也重视地方对教育的领导管理。目前,我国已经建立了一套清晰、有序的教育制度,总的是中央集中管理,但是有地方的分级负责。在国家中央宏观管理下,着重强调地方对教育行政管理的参与。

二、我国现行教育行政体制的特征[①]

教育行政体制是国家教育行政的一个重要组成部分,教育行政体制与国家政权的性质、政体形式都有着十分密切的关系。我国是人民民主专政的社会主义国家,实行"政府宏观管理、分级办学、分级管理"的教育行政体制。中央教育行政机构实行宏观管理、权力下放,但同时对地方相应职能部门直接进行政策干预的现状并没有改变。这就使得我国现行的教育行政体制呈现出以下特征。

(一)中央集权多于地方分权,中央集权与地方分权并存

现阶段,随着我国教育行政体制改革的深入,以往高度中央集权的现状有所改变。特别是 1985 年中央发布的《关于教育体制改革的决定》明确"把发展基础教育的责任交给地方"以后,中央在近二十几年的改革中,逐步将教育管理权限下放,实行中央宏观调控,地方分级办学;分级管理的教育行政管理体制。地方政府和教育行政机构遵循中央制定的教育发展规划、政策、法规,同时自身也有了一定的决策权和自主权,如学校建设、课程设置、教学计划

---

① 帅相志.现代教育管理改革与发展[M].济南:山东人民出版社,2006:113-114.

和大纲的审定、教育资源的开发利用等。当代我国呈现出中央集权与地方分权并存的局面。但是值得注意的是,我国在教育行政管理上仍是以中央集中管理为主,对地方的权力下放仍是有限的。我国是一个教育人口众多,地区发展极不平衡的国家,实行中央宏观调控,地方分权负责的教育行政体制对于我国的教育发展起着至关重要的作用。

(二)中央对地方的行政监督多于法律监督,实施行政干预

中央教育行政机构主要是通过公文的运转或运用会议下达指令性意见等形式,对地方教育行政实施行政监督。近10年来,虽然针对我国现有法律、法规不齐全,执法程序不规范等现象,国家逐渐出台了不少教育法律、法规,但是强大的行政干预仍然淡化了人们执法、依法的观念。全国行政监督替代法律监督的现象还比较严重,尚未真正形成依法治教、依法行政的氛围。

(三)下级对上级负责,一级管一级

教育部确定全国各级各类学校的教育大纲、德育大纲、教材、课程、学制等,领导并控制全国的教育事业,制定各类规章制度等。地方的省(市)级教育行政部门实施教育政务与事务时必须按照教育部的统一要求。中央教育行政部门领导省(市)级教育行政部门开展教育工作,省(市)级教育行政部门领导县(区)级教育行政部门开展教育工作。

(四)中央集权与地方分权程度呈周期性变化

20世纪50年代末到60年代初,为了满足地方广大劳动人民学知识、学技术的需要,实行地方分级管理的教育行政体制;60年代中期,为了解决由于50年代末权力下放而导致的教育管理失控的问题,为提高全国的教育质量,中央实行统一领导、分级管理的教育行政体制;"文革"期间,教育处在混乱与瘫痪状态之中;"文革"后至1984年,为了尽快恢复我国的教育行政管理秩序,修复"文革"对于我国教育行政体制的严重破坏,中央实行统一领导、分级管理的教育行政体制;1985年以来,为了适应我国经济迅速发展对于人才的迫切需要,同时也受到经济、政治等各个领域制度改革的影响,我国教育行政体制也进行了一系列的改革,强调地方分级管理。

三、当前我国的教育行政体制改革

改革开放后,我国的教育行政体制为我国教育事业的发展做出了积极贡献,取得了丰硕的成果。但随着社会主义市场经济的确立,地方管理社会事务职能的扩大,以及财政制度的改革,迫切需要我国的教育行政体制也作出相应的变革。1985年5月27日颁布的《中共中央关于教育体制改革的决定》(以下简称《决定》)是我国20世纪80年代教育改革和发展的蓝图,是我国教育行政体制改革的第一个纲领。1993年2月13日,中共中央、国务院又颁发了《中国教育改革和发展纲要》(以下简称《纲要》)是我国20世纪90年代教育改革和发展的蓝图,是建设有中国特色教育体系的纲领性文件。1994年,国务院又颁发了《纲要》的实施意见。2010年,国务院中国国务院办公厅印发的《关于开展国家教育体制改革试点的通知》。通知从专项改革、重点领域综合改革和省级政府教育统筹综合改革三个层面,确定了

改革试点的十大任务。以上这些文件均为我国整个教育工作的纲领,对我国教育行政体制改革做出了精辟的论述。当前,我国的教育行政体制改革要求简政放权,加强地方对教育的管理权、统筹权和学校办学自主权,这也是以上纲领关于教育行政体制改革的基本要求。下面是从基础教育和高等教育两个领域来分析当前我国的教育行政体制改革。

(一)基础教育行政体制改革

1985年以来,在"基础教育管理权属于地方""分级办学,分级管理"原则指导下,基础教育行政体制改革取得了重要进展。新的基础教育行政体制开始实施,并发挥积极的作用。

1. 当前我国基础教育办学和教育行政体制①

当前,我国大部分地区的城市和农村的办学及教育行政体制是有所不同的。在大中城市,一般实行市、区两级办学、两级管理;个别城市在区以下设学区管理自身基础教育的试点。在农村,基础教育办学和教育行政体制大致有以下四种形式。第一种,县(市)、乡(镇)两级办学,两级管理。重点中学、单设高中、师范学校、单设区初中、重点小学和示范幼儿园等由县(市)办学和管理;乡(镇)初中、中心小学和村小学等由乡(镇)办学与管理。第二种,县(市)、乡(镇)、村三级办学,三级管理。第三种,县(市)、区、乡(镇)、村四级办学,四级管理。第四种,多级办学,分工管理。比如,有的地区区初中由县(市)、区共管,以县(市)为主;乡(镇)初中和中心小学由区、乡(镇)共管,以乡(镇)为主;村小学由乡(镇)、村共管,以乡(镇)为主。

2. 当前我国基础教育行政体制存在的主要问题

目前,就全国来说,我国基础教育行政体制经历过一系列改革后正日趋完善,确立了"地方负责,分级管理,以县为主"的体制,但仍然存在一些问题有待进一步解决,主要表现在以下几方面。

第一,中央和地方各级教育行政部门的基础教育管理职权混乱不清。

第二,在教育欠发达地区"分级办学,分级管理"的措施还没有得到真正落实。我国幅员辽阔,各地区的政治、经济、文化、教育等方面发展都极不平衡,发达地区和欠发达地区教育发展的差距很大。各地对教育的需求和举办教育的能力也有所不同。因此,经济发达的地区,政府重视并有能力进行教育改革,基础教育行政体制改革措施的落实就会比较顺利;经济落后和办学能力较差的地区,改革的主动性和创造性还远远不够,"分级办学,分级管理"就难以落实。

第三,依法治教亟待加强。由于法制不健全、法律观念淡薄、监督体制不完善,造成了权限逐级下放过程中的随意性,严重影响了教育秩序的正常运转。

第四,各地教育行政部门处于领导和监督的地位,对学校实施行政干预,使得学校缺乏生机与活力。

3. 当前我国基础教育行政体制改革②

当前,我国要继续深化基础教育行政体制改革,这仍然是今后很长一段时期内的艰巨任

---

① 萧宗六,贺乐凡. 中国教育行政学[M]. 北京:人民教育出版社,2004:62.
② 萧宗六,贺乐凡. 中国教育行政学[M]. 北京:人民教育出版社,2004:62-66.

务。要顺利进行基础教育行政体制改革,完善我国的教育行政体制,应做到以下几方面。

(1) 加强和完善政府的宏观管理体系,继续推行基础教育管理地方化。

基础教育行政体制改革,需要加强和完善宏观管理体系,但关键是要推行基础教育管理地方化。以往中央教育行政部门对地方的教育事业进行行政干预,很大程度上影响了地方教育事业的发展和地方政府办学的积极性。现今转变政府职能,加强和完善政府的宏观管理体系,主要是政府从学校微观管理中解脱出来,不再进行直接的行政管理,给地方更大的空间发展教育。在基础教育方面,主要是推行基础教育管理地方化。

所谓基础教育管理地方化,就是地方政府在遵守国家教育法规,履行国家教育方针政策的前提下,自主管理本地区的基础教育,因地制宜地制定基础教育事业发展规划、法规制度,并组织实施、督导和评估。实行基础教育管理地方化,由地方负责的管理体制,适合我国现阶段的国情,这也是由我国目前和今后一个时期基础教育发展的形势所决定的。把基础教育管理权交给地方,有利于调动地方利用本地区优势发展教育事业的积极性;有利于结合地方的实际情况普及由本地区制定的九年义务教育的地方性法规或条例;有利于地方多渠道筹集基础教育经费,改善教师的待遇与学生的学习环境。

值得注意的是,中央实施宏观管理,减少对地方的行政干预,使基础教育管理地方化,并不是说中央不管、不顾基础教育。推进基础教育管理地方化,中央仍然有责任采取各种措施来促进基础教育的发展。因为基础教育是一种全国普及式的教育,它提高全体国民素质,增强国家劳动力的素质和竞争力,对社会的全面进步和发展起着至关重要的作用。中央政府在教育行政体制改革中需要做的就是简政放权,给地方更多的自主权。中央主要从宏观上管理好全国基础教育事业发展战略、基础教育立法、基础教育的重点援助项目等。

(2) 进一步明确地方各级政府办学和管理的职责权限,落实"分级办学,分级管理"。

实施基础教育管理地方化,由地方负责的基础教育行政体制根本要求就是明确划分地方各级政府及其教育行政部门的职责权限。职责权限不清,会给教育体制改革带来很大的困难。我国各级教育行政部门在教育行政系统中的地位不同,其所承担的基础教育行政职责和权力也各不相同,因此要对哪一级政府负有什么样的责任,有什么样的权力有明确的规定,以便各负其责。明确各级政府的职责权限,有利于进一步落实"分级办学,分级管理"的改革措施。

(3) 加强法制观念,使基础教育朝着法制化、规范化的方向迈进。

加强人民的法制观念,在我国的社会发展中起着举足轻重的作用,当然在教育领域也不例外。当前的首要任务是要认真并大力地进行普法宣传,使法制观念深入人心。通过建立、健全教育法规来规范教育行为,用法律来维护教育主体的责任、权利与义务,使我国在基础教育改革中有法可依、有章可循,努力形成依法治教的良好社会环境,推动我国基础教育事业朝着法制化、规范化的方向前进。

(4) 政校分开,加大力度实行学校自主发展。

政校分开,可以说是教育行政体制改革的一个重要问题。政校分开,一方面要求理顺教育行政与学校办学之间的关系,更要明确教育管理者与办学者的权限,使政校分开能够得以实施,学校能够自主发展。另一方面,需要在教育行政系统实施一系列的改革措施,才能使其得以实现。比如,就教育行政系统内部来讲,它涉及教育行政机构的变革,职能、手段的根本转变,教育行政机构内部各层级、各部门职责权限的重新分配组合等。就教育行政系统外部来讲,它需要以国家在教育领域的进一步改革为背景。

(二)高等教育行政体制改革

1. 20世纪80年代中期以来的高等教育行政体制改革①

1985年以来,我国高等教育行政体制进行了一系列的改革尝试。这些改革概括起来主要是以下几个方面。

首先,进行扩大高等学校办学自主权的改革,建立新型政校关系。这一措施旨在改善政府教育行政部门与高等学校之间的关系,扩大高等学校办学的自主性。其次,实施以共建、合并、划转为主要形式的联合办学的改革。这一举措重在建立适应市场经济体制的高等教育行政体制,调整高等教育宏观管理结构。再次,进行高等教育行政职能转换改革。这一项改革措施是以政府机构改革为背景,以精简机构,转变行政职能,改善行政方法,加强宏观管理为目标。最后,加强高等教育两级行政体系建设。这一措施是为了加强中央在法律政策、重大战略决策上的宏观领导和省级地方政府统筹协调各地高等教育的职能,突出高等教育两级管理,多级办学的特点。

2. 当前我国高等教育行政体制存在的主要问题

改革开放以来,随着社会主义市场经济体制的初步确立,我国高等教育的管理体制相比计划经济时代得到了相应的改善。高校办学自主权得到了进一步的扩大;实行中央与地方两级管理的体制改革;调动各方面积极性、主动性,深入参与高等教育办学,促进了高等教育民主化进程。然而,在我国高等教育行政体制改革取得显著成效的同时,也存在一些弊端。

(1)中央与地方各级教育行政部门和各类教育机构对高等教育过度统一,使高等教育办学缺乏自主权。

(2)实行中央统一领导,地方缺乏自主的统筹决策权。

(3)大学自身的性质和特点没有得到充分的认识,政府缺乏有效的干预手段,对大学的管理过于死板,使得高等教育办学缺乏民主化。

3. 当前我国高等教育行政体制改革②

20世纪80年代中期以来,我国的高等教育行政体制改革涉及高等教育的方方面面,改革已经取得了一定的进展,而且在某些方面也已取得了突破性的成就。但是,就总体而言,我国的高等教育行政体制改革仍然存在一些问题。当前以致今后一个时期,我国要努力解决高等教育行政体制改革中的一些主要问题,以建立科学合理的高等教育权力机构。

(1)政事分开,继续扩大高等学校办学自主权。

政事分开就是要明确划分行政事务与学校事务,明确政府和高等学校的关系,建立政府宏观管理,学校自理校务、自主办学的新型政校关系。扩大高等学校的办学自主权就是建立学校自我发展和自我约束的机制,充分明确高等教育行政职权范围和高等学校的自主权范

---

① 萧宗六,贺乐凡.中国教育行政学[M].北京:人民教育出版社,2004:66.
② 萧宗六,贺乐凡.中国教育行政学[M].北京:人民教育出版社,2004:67-69.

围。《中华人民共和国高等教育法》从招生录取、教学组织、科学研究与开发、对外交流与合作、组织与人事、财务管理与经营等方面确定了高等学校所拥有的自主办学权利，明确规定了高等学校自成立之日起享有社会法人地位。未来很长一段时间内，进一步落实法律规定，使政府和高校各谋其政，仍将是我国高等教育办学和管理体制改革的主要内容。

（2）继续加强地方的统筹决策权，中央和地方合理、适当地分掌高等教育行政权力。

以往的高等教育行政体制改革中，中央放权不够，统得过死；地方独立的教育行政制度仍未建立起来，改革过程中，在中央与地方的关系调整方面所做的努力并没有取得很好的进展。这就需要进一步理顺中央和地方的关系，保证中央的宏观管理，加强地方的统筹决策权，适度分权。社会主义市场经济体制的建立和完善以及现代科学技术的发展，促进了区域经济的进一步发展，同时也要求我们优化资源配置，深化和转变中央机构的改革与政府职能，加强和完善地方对教育的统筹决策权。但这并不是说，中央放弃对高等教育的管理。对于那些影响到国家高等教育事业建设与发展全局的权力仍然要集中在中央，做到"大权集中，小权分散"，这是符合我国经济、政治体制改革的目标和思路的。在保证国家对高等教育事业的宏观调控，保证高等教育事业在国家利益优先的原则和健康发展的前提下，适当放权给地方。密切高等教育与地方经济和社会发展之间的关系，以利于地方因地制宜地发展高等教育事业，增强高等教育的社会适应性。

（3）建立、健全高等教育行政的咨询、决策、执行、评估和督导组织体系，保障高等教育民主化。

自1985年以来，中央政府和教育部建立了许多的专家咨询、审议机构，发挥专家学者在促进高等教育改革与发展方面的重要作用，高等教育行政体制改革在民主化方面还是进行了一些积极的探索。但是，长期以来，我国高等教育以及高等教育行政体制存在的组织结构单一、行政权力过分集中、缺乏民主性等方面的问题还是没有得到根本的改善。建立、健全高等教育行政的咨询、决策、执行、评估和督导组织体系，是深化高等教育行政改革的重要举措，促进了高等教育的民主化进程。

案例讨论

九月刚开学不久，一所高中就爆发了非常严重的冲突，受到广泛关注。这件事情源于一场校长主持的行政会议。会议上校长表示，为了九年一贯制课程改革以及学校的未来，校方将以"校本课程设计，课程管理能力教学"的名义来要求教师将办公桌搬到各班教室。教师们以"没有必要"表示拒绝，但是校长为展现魄力，表现出强势的作风，直接指挥学生将教师的办公桌移至教室内，这个举动引起了全校教师的强烈反对，也使教师们纷纷将办公桌搬到走廊就地办公，以此表示无言的抗议。但是部分家长对教师的行为不以为然，认为学生的品质将会受到严重的影响。最后因为这件事教师集体向家长鞠躬道歉，但是仍有部分教师因心情尚未平复，在会议上哭泣。之后，教师们陆续将办公桌搬回教室，或者原来的办公室内。

此时校长正因感冒住院观察，然而教师们纷纷表示不愿意校长回来，如果校长继续留任，则不排除会发生更加激烈的抗争。所以教师们希望寒假时换新校长，教育部针对教师提出的校长不能够继续胜任的理由进行了商议。

尚在住院的校长得知自己被教师以"不能胜任"为由要求撤职，深不以为然，表示自己并没有做错事。校长认为他配合教改政策是没有错误的，所以想赶紧出院，重返学校，即使日后被教育局评定为不能够继续担任校长，也要留在这个学校任教，直到退休为止。

资料来源：谢文全.教育行政学：理论与案例[M].台北：五南图书出版公司，2006：60-61.

问题讨论：

(1) 说明什么是解决问题的机制？
(2) 结合案例说说什么应该作为教育行政机构建立的基础？

相关链接

肥城市教育评价机制改革

习近平总书记指出，"要深化教育体制改革，健全立德树人落实机制，扭转不科学的教育评价导向，坚决克服唯分数、唯升学、唯文凭、唯论文、唯帽子的顽瘴痼疾，从根本上解决教育评价指挥棒问题。"多年来，肥城市以往的教育评价，由于过程管理趋于弱化、虚化，往往以学生考试成绩评价学校和教师的优劣，这种片面做法影响了学生的全面发展，不利于立德树人根本任务的落实。

为切实扭转此局面，2017年10月，肥城市聚焦国家课程方案、课内教学与课外学习、学生分数与学生能力、学生分数与教师评价、教学装备与实际利用、教师与学生家长的关系等提出了"19问"，直击县域内教育多年来积存的问题和"痛点"，通过专题会议、现场观摩助推大反思、大讨论，为评价改革做好舆论引导。

2017年11月，肥城市遵循教育规律和学生成长成才规律，紧紧抓住影响教育内涵发展的人力因素，提出校长、教师、教辅、学生"四维""72字"工作要求，将立德树人的要求转化为易操作、可复制的总抓手。

校长维度：依标准、守规范、细管理、鼓干劲、把方向、提质量。

教师维度：弘师德、重师范、勤教研、善拓展、活方法、提效率。

教辅维度：优服务、强保障、讲公开、促勤廉、提效益、保安全。

学生维度：打基础、养习惯、善积累、激兴趣、勤实践、提能力。

该工作要求与国家、省、市教育评估考核指标有机融合，立好了教育评价指挥棒，形成了"用制度管人，靠机制办事，凭考核奖惩"的立德树人新机制。各学段分层施策，学前教育段重点抓习惯养成和专注力培养，突出有思维含量的"玩玩玩"；义务教育段重点抓学生素质涵养，突出有深度思考的"读读读"；高中段重点抓高考备考，突出分层达标的"练练练"，构建起学前教育、义务教育、高中教育基础牢固、良性衔接的高质量链条。

以"72字"工作要求为总纲，研究制定了独具特色的"千分制考核方案"，对中小学进行统一、全面的综合评价考核，引领校长潜心管理、教师精心育人、教辅用心服务、学生专心学习。分类分层评。对校长评价，重点破除重分数轻素质等片面办学行为，引导构建立德树人落实机制。对教师评价，重点破除重科研轻教学、重教书轻育人等行为。对教辅人员评价，重点破除教学装备和实际利用率不高、后勤管理效益差的问题。对学生评价,重点破除用分数给学生贴标签的不科学做法。"千分制考核方案"构成对学校的整体评价,将全市小学、初中分别按照"市直与镇街中心学校、镇街其他学校"两个组进行统一评价考核排序。强化过程评价。实行校长工作实绩月报制度,每月上报工作日志,作为检查工作、考核学校的总目录索引。教体局机关相关科室立足自身职能,强化对学校日常工作的管理评价,将结果纳入"千分制"考核。现场观摩评价。教体局每年组织一次"现场评估+集中观摩",根据现场得分加上过程评价得分,计算得出每个学校的综合得分。

抓住难点、热点、痛点问题系统施策,构建评价落实的新机制。党建统领铸师魂。在泰安市率先理顺教育系统党建管理体制,每个镇街都成立了教育党委,实行"一岗双责",以"分类管理、对口考核、评星晋级、达标进位"为抓手,建立了"明确目标、承诺践诺、细化任务、建立台账、挂账销号、领航创优"的工作机制。校长职级凭考核。将校长职级制与评价结果挂钩,校长年度考核排序后三名的,局党委对其约谈;连续两次考核最后一名的,实行末位淘汰。职称评审有真事。打出了教师职称评审的组合拳,采取"点刹、绝刹、手刹"的办法,严格要求一线任课不满5年、不满工作量的坚决不能评聘高一级职称,出台了《关于规范教师职称评审相关论文论著课题及荣誉认定工作的意见》,弱化论文、课题、荣誉,彻底改变了职称评审中的乱象。教师发展有平台。采取"请进来、走出去"的策略,引进了全国知名教育团队和专家,在肥城市建设全学科、全学段的师训基地。教师调配讲公平。有计划地安排镇街教师到城区挂职锻炼,鼓励城区优秀教师根据自己的意愿到农村支教,城区教师根据个人志愿互换交流工作单位,方便个人工作与生活。深化教研提质量。在各个学校公开选聘各科兼职教研员,市级教研员直接与学校兼职教研员联系对接,教研指导直接到学校、到学科、到教师,构建了"市—校"垂直、高效的教研体制。市级教研员下沉到市直学校,分学科建立教研基地,持续深化"教材、训练题、教法、学法"四项研究。家校共育聚合力。与肥城电视台联合开办《伴你成长》访谈栏目11期,邀请教育专家、校长、教师、家长、学生共同参与访谈,在电视台和肥城教育发布播放。

评价机制的科学运行,使得学校管理科学精细,教师素养明显提升,其中5名教师入选齐鲁名师、特级教师、泰山名师等各类拔尖人才及在职享受国务院特殊津贴和山东省有突出贡献的中青年专家达到197人。理顺了"先学生、教室,再教师办公,后校园建设"的财务支出顺序,严格财务管理审批程序,确保把教育的每一分钱都花到刀刃上。学生素质全面发展,在各级各类学科竞赛和艺体竞赛中,获奖率和获奖等次均居泰安市首位。

评价创新成果具有科学性,遵循教育规律和学生成长成才规律;具有原创性,实践策略接地气,突显内涵式可持续发展的本土特色;具有实践性,促使教学更加个性化、教育更加均衡化、管理更加精细化,便于各层面落实与推进;具有拓展性,涵育中小学校长的办学思想,增强教师的专业发展自觉,提高教辅人员的服务效能,提升学生的综合素质;具有可复制性,易于推广,对于引领立德树人、落地生根发挥重要作用。

案例来源:https://baijiahao.baidu.com/s?id=1690605320269298647&wfr=spider&for=pc,2022-10-22.

问题讨论:

1. 请你谈谈你对肥城市此次教育评价机制改革的做法?
2. 你认为在进行教育行政体制改革时需要注意哪些方面?

第三节 教育行政的性质及职能

一、教育行政的性质

从教育行政的字面上看出,只不过是在"行政"之前冠以"教育"两字,给其划定了特定的领域范围,由于是在教育中的行政自然就要追溯到国家的行政,国家行政必须体现、执行执政者的意志,所以国家行政的性质也就决定了教育行政的性质。

(一) 经济、政治、文化对教育行政的影响

教育行政是指国家对教育事业的管理,而教育事业与国家的经济、政治、文化有密切的联系,很显然,国家的经济、政治、文化会对教育行政产生重大影响。

1. 经济基础决定教育行政所管辖的事务

人类一切社会活动取决于直接的物质资料的生产,一个社会的经济基础不仅决定这个社会的上层建筑、政治制度,也决定了所有的社会事物。教育既是上层建筑领域内的一个分支,同时也是社会事物当中的一项,教育行政既要反映上层建筑的主张,同时又要反映社会对教育及教育行政的要求。在阶级、国家产生前,由于生产力不发达,人们的教育活动是自发自愿的,而且非常简单。"在人类文化尚不发达的时代,在氏族和种族的共同生活中进行的无意识的,带有社会职能性质的教育",这种教育是需要经济基础的,当生产力发展后,人们分出一部分精力来教育后一代,从而也就带上教育管理工作的性质,但还谈不上是上层建筑对教育的控制。这个时期对教育的管理纯粹是社会上人们对教育的一种需求,实际上是人们所从事经济活动和社会生活的需要。当生产力发展到一定的程度,由于人们拥有物质资料的差异,从而产生了阶级、国家及政权。当阶级之间产生矛盾冲突时,富有的阶级为了保障他们所拥有的物质资料,必定要强迫贫困阶级服从他们的统治,于是便出现了富有阶级制定的一整套维护他们权益的上层建筑。这个时期的教育活动既有自发自愿的成分,但更多的是由于统治者要追求更多的物质发展,而专门分出一部分人来从事教育及教育管理工作。这个时期的教育已经纳入了统治阶级管辖的范畴,即便如此,上层建筑是建构在经济基础之上的,经济基础仍然是相当活跃的,它决定了教育的发展水平,从而也就决定了管理教育的教育行政应管辖的事务。因此,认为无论在什么时期,什么社会,一个国家的经济基础决定其教育发展水平,从而也就决定了管理教育的教育行政所要管辖的各种事务。例如习惯上所讲,教育同生产劳动相结合,可以说贯穿在整个教育的历史发展中。

2. 上层建筑决定了教育行政的主张

上层建筑是建立在经济基础上从而反过来对经济基础产生能动作用意识形态的东西。人类早期的教育仅仅是由于维持生存发展的需要，它并不归属于上层建筑，当进入阶级社会以来，教育作为统治阶级奴役统治人的一种社会工具，从"无拘无束"的社会事物进入上层建筑领域，由于这种"无拘无束"的教育受到了上层建筑的控制，控制教育的教育行政自然必须要体现上层建筑的主张。很显然，一个国家的上层建筑、政治体制、政治主张在很大程度上决定了教育发展的方向和教育行政的主张。自从有阶级社会以来，教育一直在为上层建筑服务，教育行政的主张也是按照国家的政治主张而推行的。理论界曾一度对教育为政治服务的提法采取晦涩的态度。事实上，教育与生产劳动相结合，教育为经济建设服务的提法实质上也是国家上层建筑的政治主张。我们培养人才的教育方针"四有""两热爱""两献身""建设者""接班人"均反映教育及教育行政管理为国家政治服务的要求。一个国家一个时期的政治主张可能对教育行政提出某种要求，另一个时期的政治主张可能对教育行政提出另一种要求。不同性质的国家政治可能对教育行政提出的要求不一样，但是国家的上层建筑，政治制度总是要控制教育行政的主张。所以，教育行政的主张深深地打上国家政治的烙印。

3. 社会文化决定教育行政本身运作

教育既有经济基础的成分，又是上层建筑的内容，同时它又归属于社会文化系统。教育行政既受经济的影响，又受政治的控制，同时它又要按照文化的规律进行运作。众所周知，文化虽然也是上层建筑，但文化并不完全等同于上层建筑当中的政治，文化有自己本身的运行规律。原始社会的文化，也是处于自发自愿的状态，谈不上上层建筑的内容，而在阶级社会中，文化又必须反映统治阶级的意愿，归于上层建筑，但同样还有自发自愿的一面。教育是社会文化中的一个主要内容，教育也就必然要按文化的发展规律来运行，从而也就要求教育行政按文化教育规律来运作。上层建筑的文化主张是教育行政的主流，但传统的文化观念和外来的文化思想以及人们在实践中产生的文化意识也对教育行政产生重大影响。因此，文化教育的特点决定了教育行政必须按文化教育发展规律来进行管理。

（二）教育行政的特性

经济、政治、文化对教育行政的影响最终归结为两个方面的取向，即上层建筑取向和经济基础取向。上层建筑取向是强调国家对教育的控制，而经济基础取向则偏重社会对教育的管理。

1. 教育行政的国家性

从理论上讲，教育行政的国家性源自德国的行政学。16世纪末到18世纪末，在德意志、奥地利各邦建立发展了一门叫"官房学"的学问，其特点是在绝对君主制的国家中，君主具有绝对的统治权，行政是帮助君主统治国家的，所有的行政措施都是为了扩大君主的利益。1871年德意志帝国建立，国家宪法的颁布使"官房学"的研究上升到"公法学"的行政学，德意志在建立公共教育制度和用法律限制行政活动的背景下，针对任意行使权力的行为，重点地研究了教育行政的法律适应性问题。"与19世纪后半期发展起来的公法学的行政学相对立，以独立的见解对官房学与公法学进行批判，并把考察的对象从行政职能的独立性扩展到教育行政的特性的是施泰因"。施泰因认为,国家与社会,行政与市民是相互对立的矛盾存在,但这两者互相对立、互相制约,同时又都存在于共同体之中,要解决社会上存在的各种问题,必须通过国家的作用,必须通过行政措施和手段。"作为公共教育制度,能够在社会中存在下去,国家的存在是不可缺少的。只是在对它的干预方法上有着差异而已。"施泰因进一步认识到:"把国家干预国民教育的原理内容、根据及其界限等解释明白,就是教育行政学的使命。"对于教育行政的问题,施泰因"连续发表了教育行政论、陶冶论、职业教育论、教育制度论等成果",并鲜明地表达教育行政的国家性的主张。他认为,教育行政必须服从国家的政治要求,强调国家政权和行政对国民教育的直接干预与控制,也就是说"教育行政是在作为教育政策制定的法律下,遵循法律规定,具体执行教育政策的一种公权作用,是具体实现教育政策上所规定的教育目的的一种国家作用"。从实践的角度看,国家对教育行政的绝对控制被世界上许多国家所接受,如苏联、法国、中国等,而一些分权制的国家也逐渐表现出一种国家控制教育的趋向。

2. 教育行政的社会性

教育行政的社会性源自美国的行政学。美国是一个分权的新兴的资本主义国家,从1787年成立联邦制国家以来实行的就是一种分权式的管理,其教育行政"把地方分权和非专家管理作为基本原理,并且教育行政独立于一般行政之外"。到19世纪末和20世纪初,以泰罗为首兴起了科学管理运动,这种运动也使泰罗主义、经营管理进入了教育行政领域,此后美国不同时期的各种企业管理理论也不断地渗透进教育行政领域。因此,在美国的教育行政中看不出国家对教育的控制,美国的宪法中几乎不谈教育问题。"本来美国的政治情况是如果没有严峻的对立,即使国家不用政权去管理,也可以在社会内部培养出能够自觉处理教育问题的传统",美国的教育行政的实质是"限制国家政权和行政价值对考察对象的干预,着眼于行政工作的合理性和效率性的分析,所以称它为技术性的行政学、职能主义的行政学或组织论的行政学"。美国的教育行政学者卡巴利是教育行政的社会性的代表,他认为,合理性和有效性是教育行政工作的前提,教育必须要按社会的需求和自身的特点规律来进行,而不是依靠国家权力来左右其方向,"教育行政,就是在社会活动和公共活动中的教育工作中指出目标,为实现这一目标准备必要的条件,以促进其完成。"从实践的角度看,教育行政的技术性、职能性、社会性被世界上大多数分权制国家所采纳,如美国、加拿大等,而值得注意的是,许多主张对教育进行控制的国家也表现出一种强烈的分权制的倾向。

3. 教育行政的两重性

从现代社会经济、政治、文化教育发展的趋势来看,施泰因的主张仍然具有稳固的地位,而卡巴利等人的学说也不是毫无道理的。施泰因强调的是教育行政的国家性、政治性、统一性、计划性,而卡巴利注重的是教育行政的国民性、专业性、地方性、自由性。从当前教育行政的发展趋势来看,这两种观点开始逐步互相吸收与包容。因此,认为教育行政具有国家和国民的两重性,这种两重性主要体现在四个方面。一是统一性与多样性的统一。所谓统一性是指国家教育政策、教育方针、教育目标、教育发展规模由国家把握,而多样性则是由于各地教育发展的不平衡而允许地方多种形式多种模式的教育及教育管理。如果只是强调统一,那就不能调动地方积极性;如果只是强调地方多样性,那就会陷于各自为政的无政府主义状态,因此两者必须有机结合在一起。二是政治性与专业性的统一。众所周知,行政与政治十分密切,而教育行政同样与政治不可分割,任何一个国家的教育及教育行政都与其国家的政治有联系。例如,美国1958年颁布的《国防教育法》和日本政府20世纪70年代以来多次审定教科书的问题,都反映出国家政治对教育及教育行政的干预。但由于教育及教育行政又并不等同于国家的政治和行政机关的行政,不能用行政来代替教育行政,教育行政同国家机关其他行政相比,具有相对的专业性、独立性。反过来讲,如果抛开政治只是一味地追求专业性,那就背离教育与政治关系的初衷,国家的政治和权力就会失去作用,教育也就无法控制。三是国家性与社会性的统一。教育行政的国家性,是指教育行政机关是国家行政机关的部分。"它代表国家领导和管理各级各类学校,保证教育事业发展的社会主义方向,为社会主义现代化建设服务,因此,教育行政管理是一种国家职能。"而教育行政的社会性,是指教育行政管理不仅教育行政机关要管,而且国家所有的权力机关、行政机关、社会组织和群众团体都要积极参与、关心、支持教育行政管理,并相互协调地进行工作。如果只看到国家性,看不到社会性,就会使这方面的研究陷入僵化、封闭、落后的局面。如果只看到社会性,看不到国家性,就不能认清行政的本质,变成"无政府主义",就会迷失正确的方向。四是计划性与地方性的统一。计划性是指按照客观规律,根据客观条件,制订科学的教育事业发展计划和各种工作计划,有计划按比例地发展教育事业和有目的、有计划地开展教育行政管理活动。而地方性则是指我国幅员辽阔,经济文化发展很不平衡,实现普及九年制义务教育,发展职业技术教育和成人教育,都必须由地方负责,分级办学,分级管理,扩大地方对教育的管理权。

二、教育行政职能

一个国家的经济政治制度,决定了这个国家教育行政的性质,而教育行政的性质则决定了教育行政的职能。教育行政职能是教育行政学的核心,它既是教育行政机构设置的依据,又是教育行政决策的目标,更是行政管理的主要任务,因而对教育行政学的研究应当把其作为研究的重点。为了全面理解教育行政职能,首先应从行政职能入手,进而对教育行政职能进行分析,再论及教育行政的基本职能。

(一)行政职能概述

行政职能是行政学的核心,下面借鉴行政学的研究对行政职能的概念、特征、基本职能和具体职能进行分析。

行政职能有多种叫法,有的叫行政功能,也有的叫行政机能,还有的叫政府职能。尽管表述不一样,但其实质都是指行政管理活动中的职责、能量、效应。正如有的学者所述:"行政职能是政府职能的同义语,是指政府在国家社会生活中所具有的职责、作用和效能。"也就是说,国家各级行政机关为了完成自己的任务和使命,依照国家的法律和担负的行政职务而进行的一系列的管理工作。行政职能是行政学研究的核心,也贯穿于整个行政过程的始终。就行政组织而言,它是围绕着行政职能而设置的,这一点在我国多次的机构改革的经验教训中得以证实,行政机构的设置、撤并实质上就是要转变政府的职能。就行政领导而言,行政职能主要是由各级行政领导负责来实现的,因为行政领导是某项工作任务的承担者、组织者、指挥者,他们的主要职责是带领下属人员完成工作任务,从这种意义上讲,行政职能决定着行政领导的职权、职位、职责。就行政决策而言,行政职能就是行政决策的内容。行政机关的工作任务能否得以实现,在很大程度上取决于决策的科学性和正确性,科学正确的决策能有效地完成各项工作任务。就行政效率而言,行政职能也是衡量行政效率的根本标准。行政效率是一切行政管理活动的归宿,它是衡量整个行政管理活动的标准和尺度,离开了行政职能,工作任务、行政效率就会失去评价标准或依据,如果从事的行政活动,不是为了实现行政职能,那么,它的效率再高,也是没有意义的。

(二)教育行政职能的基本类型

教育行政职能可分为五种类型,分别是计划职能、立法职能、组织职能、协调职能、监督职能,如图1-1所示。

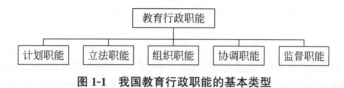

图1-1 我国教育行政职能的基本类型

1. 计划职能

计划职能是根据国家和地区经济等方面的实际情况和社会发展战略的需要,以及教育事业发展的客观要求,在一定时期内,对教育发展的速度和规模做出部署、设计和安排,以保证教育事业稳步、协调发展。计划是教育行政活动的中心环节,要实现管理的预期目标,就要对工作的目标和任务做出部署、设计和安排,对重大问题做出决策。通过计划和决策,确定教育行政的任务内容、工作步骤、工作方法和各种要求。同时,还要随时做出决议、指令,解决行政过程中出现的问题。教育行政任务的完成,在很大程度上取决于教育行政的计划和决策,以及行政过程中对计划和决策的修正。一个正确的决策和合理的计划,能为任务的完成奠定良好的基础。计划分指令性计划和指导性计划。无论是集权制、地方分权制国家,还是合作制国家,计划职能在其教育行政活动中都占有一定地位。所不同的是,有的偏重于指令性计划,有的偏重于指导性计划。

2. 立法职能

立法职能是指国家通过各级立法机关和政府部门制定各项教育法令和法规,并依法对教育实行管理。它是使教育行政活动正规化的一个重要职能。通过立法手段对教育的目的和方针、对社会教育和学校教育、对教职员的资格和待遇、对教育管理活动等,予以法律上的规定,并依法行事。完善教育法规,能保证全国教育的正确方向,做到活而不乱。同时,完备的立法也是进行法律监督的依据。所以,强化立法职能是国家管理教育的最强有力的措施。

3. 组织职能

计划和决策制定之后,就要付诸实施。列宁说:"要有成效地进行管理,……还必须善于实际地进行组织工作。"组织就是通过一定的机构和人员把已经拟订的计划和决策,化为具体的执行活动,指导计划的落实。组织活动包括对机构的设置、调整和有效运用;对工作人员的选拔、调配、培训和考核;对具体工作的推进和督导等。任何管理系统都需要通过具体的组织工作才能建立,任何管理任务都需要具体地组织、指导才能完成。因此,组织职能是教育行政管理活动的关键一环。

4. 协调职能

协调,就是改善和调整各个机关、各种工作人员、各项活动之间的关系,使各项管理活动分工协作,密切配合,步调一致,以实现共同的目标。教育行政管理涉及面广,事务复杂,在组织执行时,如不及时协调,很容易出现失去组织控制的倾向。通过政策、法令和各种具体措施,不断地调整组织之间、人员之间、活动之间的各种关系,以避免事权冲突或工作遗漏与重复,减少相互间的不和谐,形成纵向横向的良好关系,保证教育行政管理活动的正常有效运行。协调一般分为内部协调和外部协调两类。内部协调是指教育行政组织内部各种因素的配合一致,它是促进外部协调的基础;外部协调是指各行政组织之间的纵横配合。实现行政协调的途径和方法是多种多样的,主要是统一目标、统一政策、统一领导,加强组织的团结,注意有力的监督、充分的沟通,并兼顾各方面的利益和要求。

5. 监督职能

要使教育行政管理活动顺利进行并取得预期效果,就必须对行政活动的进程和结果加强监督。监督职能就是国家依据有关法令并采取有关教育行政措施,对地方和学校教育的实施实行监督。监督职能可以分为法律监督和行政监督两种类型。教育行政体制类型不同的国家,其监督职能的表现形式也各有特点。中央集权制国家强调行政监督的职能,如法国为了保证中央有关教育的指令得以贯彻执行,建立了从中央到地方较为完备的教育行政监督机构。地方分权制国家强调法律监督的职能,如美国教育行政的监督职能基本上是通过法律机关来履行的。中央与地方合作制的国家则既重视行政监督,又强调法律监督,如日本教育行政的监督职能就是通过法律和教育行政机关的指令等措施来实行的。

相关链接

A 区教育局各部门及其职责设定

局长办公室:设局长 1 人(兼任党委书记),副局长 4 人(其中一人兼任党委副书记和纪委书记)。

教育局办公室:负责公文发放与档案管理、对外宣传与交流、接待检查与信访、机关内务管理(包括财务)、综合治理与普法工作、后勤工作、车队管理等。

组织人事科:教师工资、培训、职称评定、工会、退休等相关工作,以及校长的考评、后备干部的选拔、纪检、年度培训等相关工作。

义务教育科:负责制订全区义务教育阶段的发展规划与实施计划,负责本区九年义务教育科综合教育科计划,区教育学院义务教育阶段及普通高中教育教学行政管理工作,全区中小学招生、考试、分配和学籍管理工作,指导学校贯彻教育方针、执行教学计划,减轻学生的学业负担,促进学生全面发展,负责中小学生德育工作,推进未成年人思想道德建设、安全教育工作等。

综合教育科:负责全区除义务教育之外的教育事业,主要包括全区学前教育、职业教育、社区教育、民办教育机构管理等。主要工作是学前教育的规划与实施、协调涉及区内对学前教育的有关工作、指导职业高中的教育行政管理工作和成人职业技能培训工作、指导做好社区教育、推进学习化社区建设等。

计划财务科：主要负责教育经费的筹措、使用与管理工作。具体包括基层单位的收费管理工作、监督管理所属基层单位的国有资产，负责国有资产处置审批工作、制订中小学幼儿园基本建设计划和校舍维修计划，落实经费，指导做好基本建设和校舍维修工作、制订全区教育装备计划，落实经费，指导做好教育装备工作、负责中小学和幼儿园教育资助工作。

教育督导室：基本职责包括对本区基层学校就教育法律和重大政策的落实情况进行检查、监督，对本区有关行政部门执行教育法律和重大政策情况进行监督，对基层学校的办学方向、日常管理和办学效益等方面进行指导、考核、评估，引导学校实施素质教育、开展办学水平评估，提高学校的办学水平，负责组织本区教育综合统计数据的采集与核查工作以及就本区教育工作中的重大问题进行调研，向区政府和教育行政部门提出意见和建议。

区教育学院：下设"一办二站五部"，分别是学院办公室、小学语文名师培养工作站、小学数学名师培养工作站、学科研究部、师资培训部、教育科研部、信息资源部、教学评价部。在"研究、培训、管理、评价、服务"五个平台上，负责全区义务教育阶段教学业务管理，承担基础教育课程研究、基础教育学科教育教学研究、基础教育师资培训、信息技术应用管理、基础教育教学学术团体管理，协助教育行政部门指导、管理教学业务。语文和数学名师培养工作站主要负责培养高端骨干教师，学科研究部负责提高全校教学水平、组织学校教学研究活动；教育科研部负责各类课题研究的管理与指导工作；师资培训部主要负责各级别的教师培训活动的组织与评估；信息资源部负责各类虚拟和实体学习资源建设以及信息化建设；教学评价部主要负责评估诊断教育发展情况等。

青少年活动中心：负责A区中小学生课堂教学之外的教育的职能机构，具体包括青少年校外教育场所建设、学生公益性活动的策划与组织、未成年人思想道德建设、新任班主任和骨干班主任培训，建设区域性德育品牌、家庭教育、心理健康教育、科技、艺术活动的组织与指导、图书工作、少先队工作、学生社会实践活动等。除了办公室之外，设有青少年活动部和德育研究部两个部门。青少年活动部还下设区少先队总辅导员、科技辅导员、艺术中心负责人、图书负责人等岗位；德育研究部还下设家庭教育指导中心、心理健康教育中心等岗位。

后勤管理中心：负责所有学校的正常运转的后勤服务，如校舍的维修、装备的采购、财务的结算等。具体职能包括：统筹教育局属各单位的基本建设与维修，配套项目的管理，负责学期采购计划的编制与实施，优化教育装备的管理和使用，负责区教育资产的管理和营运，教育局自管房的物业管理，教师住房补贴管理，全区教育房产所有权证的申领与管理，保证教育后勤管理人员的培训依法进行，负责教育局属各单位的会计核算和会计监督工作，管理使用好各单位经费。

后勤管理中心下具体还设综合管理部：负责全区教育系统后勤管理、干部的业务培训，开展教育局招商引资日常工作，负责校办企业退休职工管理，做好中心宣传、信访、综治工作，处理中心内部事务、对外合同及法律事务、文件收发和综合档案管理等事务。

学校建设部：为教育局规划学校布局提供依据，组织校园总平规划的审核，开展建设项目前期准备，落实新建、维修、配套项目计划的实施与项目管理，制定校舍排危抢险应急预案，办理新建房产所有权证申领等。

采购装备部：为教育局制订学校教育装备发展规划提供依据，制订年度教育装备计划，负责教育装备项目的审核，落实设备采购的招标、投标工作，配备并监管全区中小学普教仪器及专用教室设施、设备的建设与使用。

国资管理部：负责教育房产所有权证的申领与管理，组织落实教育资产的接收、调拨与报废，管理教育局自管房的物业，办理全区教师住房补贴。

国资营运部：经A区国资办授权，经营和监管教育国有资产，经营全区教育系统存量房产，管理教育局参股企业，收取民办学校国有资产有偿使用费。

会计结算中心：做好集中核算单位的会计工作，掌握各单位资金流向，定期复审、汇总各单位报表，不定期抽查未集中核算单位的记账凭证和原始凭证，负责对局属各单位财务人员进行业务指导和培训。

社区学院：负责义务教育阶段之外的教育工作，如幼儿教育、成人教育、老年大学等，具体分为学前教育部、社教联络部和技能培训部。学前教育部负责对全区各类幼儿园的保育、教育质量和管理水平进行督导和评估，关于幼儿教育的教研员、调研员岗位也设置在这个部门。社教联络部负责协同区有关部门、街道、社区分院策划组织开展各类文化教育活动，一些主要的街道都成立了社区学院的分院，在一些关于学校假期社区教育开展情况的检查与调研中，他们是主要力量。技能培训部负责整合教育资源，引进培训项目，规范培训管理，有目的、有计划、有步骤地开展学历培训、专项证书培训、在职人员的职业技能培训、弱势人群的培训以及外来人群适应城区社会生活的培训。

资料来源：胡伶.公共治理范式下的地方教育行政职能转变研究[D].上海：华东师范大学，2010.

思考与练习

1. 现代意义的国家教育管理制度是如何产生的？
2. 法国教育行政体制的中央集权制主要体现在哪些方面？
3. 法国的中央集权型的教育行政体制有何局限性？
4. 美国教育行政体制的地方分权制主要体现在哪些方面？
5. 美国的地方分权制有何局限性？
6. 新中国成立后，我国的教育行政体制改革主要经历了哪几个阶段？
7. 1985年我国教育行政体制改革主要是在哪些方面？

第二章
当前我国的教育行政机构设置

教育行政机构是作为一类行政机构或者国家行政机构的一个组成部分,可以把它定义为,根据国家制定的教育方针、政策、法令以及规章制度等,领导和管理教育事业的专门职能机构。在国家行政机构系统中,教育行政机构作为一个分系统,又自成体系,形成内部的一个由纵向和横向诸多教育主管机构组成的网络体系。纵向来看,从中央到地方依次分为五个层次,即中央、省(自治区、直辖市)、市(地)、县、乡(镇)横向来看,在每一层教育行政机构中,按一定标准进行水平方向的分化,设有职责分明、相互关联和相互协作的若干工作部门。我国设置教育行政机构,对于提高教育行政领导的决策水平,教育行政活动的效率,基层学校教育服务的质量等方面都有重要意义。本章内容主要包括中央教育行政机构的设置及职能权限、地方教育行政机构的设置及职能、中央教育行政机构的历史沿革和新中国成立后地方教育行政机构改革的历程。

第一节 中央教育行政机构

一、教育部的机构设置

教育部是国家专门性的一级教育行政机构。它是国务院主管教育工作的一个职能部门,负责全国教育工作,统筹规划、协调管理全国的教育事业。教育部内设机构有办公厅、政策法规司、发展规划司、人事司、财务司、基础教育一司、基础教育二司、职业教育与成人教育司、高等教育司、教育督导团办公室、民族教育司、师范教育司、体育卫生与艺术教育司、思想政治工作司、社会科学司、科学技术司、高校学生司、直属高校工作司、学位管理与研究生教育司(国务院学位委员会办公室)、语言文字应用管理司、语言文字信息管理司、国际合作与交流司(港澳台办公室)。

教育部的 22 个内设机构及其分工如下。①

1. 办公厅

办公厅负责文电、会务、机要、档案、财务、资产等机关日常运转工作以及政务公开、新闻发布、来信来访、安全保密等工作。

2. 政策法规司

政策法规司研究教育改革与发展战略并就重大问题进行政策调研;起草综合性教育法律、法规草案;承办全国教育系统法制建设和依法行政的有关工作;承担机关有关规范性文件的合法性审核工作,承担有关行政复议和行政应诉工作。

3. 发展规划司

发展规划司拟订全国教育事业发展规划;承担高等学校管理体制改革的有关工作;会同有关方面拟订高等教育招生计划和高等学校设置标准;参与拟订各级各类学校建设标准;会同有关方面审核高等学校设置、撤销、更名、调整等事项;承担教育基本信息统计、分析工作;承担直属高等学校和直属单位的基建管理工作;承担民办教育的统筹规划、综合协调和宏观管理的有关工作;承担高等学校的安全监督和后勤社会化改革管理工作。

4. 人事司

人事司承担机关和直属单位、直属高等学校、驻外使(领)馆教育处(组)等干部人事工

---

① 中华人民共和国国务院办公厅.国务院办公厅关于印发教育部主要职责内设机构和人员编制规定的通知[EB/OL].中华人民共和国教育部网站,http://www.moe.cn/publicfiles/business/htmlfiles/moe/moe_188/200904/46388.html,2008-07-10/2012-03-27.

作；规划、指导高等学校教师和教育行政干部队伍建设工作；承担指导教育系统人才队伍建设工作。

5. 财务司

财务司参与拟订教育经费筹措、教育拨款、学生资助的方针、政策；承担统计全国教育经费投入情况的有关工作；负责直属高等学校和直属单位国有资产、预决算、财务管理和内部审计；参与义务教育保障机制经费、有关教育专项经费管理；参与利用国际金融组织等对我国教育贷款的立项工作。

6. 基础教育一司

基础教育一司承担义务教育的宏观管理工作，会同有关方面提出加强农村义务教育的政策措施，拟订推进义务教育均衡发展的政策，提出保障各类学生平等接受义务教育的政策措施；会同有关方面拟订义务教育办学标准，规范义务教育学校办学行为，推进教学改革；指导中小学校的德育、校外教育和安全管理。

7. 基础教育二司

基础教育二司承担普通高中教育、幼儿教育和特殊教育的宏观管理工作；拟订普通高中教育、幼儿教育、特殊教育的发展政策和基础教育的基本教学文件；组织审定基础教育国家课程教科书，推进课程改革；指导中小学教学信息化、图书馆和实验设备配备工作。

8. 职业教育与成人教育司

职业教育与成人教育司承担职业教育统筹规划、综合协调和宏观管理工作；拟订中等职业教育专业目录和教学基本要求；会同有关方面拟订中等职业学校设置标准；指导中等职业教育教学改革和教材建设工作；指导中等职业学校教师培养培训工作；承担成人教育以及扫除青壮年文盲的宏观指导工作。

9. 高等教育司

高等教育司承担高等教育教学的宏观管理工作；指导高等教育教学基本建设和改革工作；指导改进高等教育评估工作；拟订高等学校学科专业目录、教学指导文件；指导各级各类高等继续教育和远程教育工作。

10. 教育督导团办公室

教育督导团办公室拟订教育督导的规章制度和标准，指导全国教育督导工作；组织对各地中等及中等以下教育、扫除青壮年文盲工作的督导评估和检查验收；发布国家教育督导报告；组织开展全国基础教育发展水平和质量监测；承担国家教育督导团的具体工作。

11. 民族教育司

民族教育司指导、协调少数民族教育的特殊性工作；统筹规划少数民族"双语"教育工作；指导中小学生民族团结教育；负责协调对少数民族和少数民族地区的教育援助。

12. 师范教育司

师范教育司规划、指导全国中小学教师队伍建设；拟订教师教育标准和各级各类师范院校培养目标、规格及师范教育基本专业目录；指导师范教育教学改革和师资培训工作；会同有关方面拟订各级各类教师资格标准并指导教师资格制度的实施。

13. 体育卫生与艺术教育司

体育卫生与艺术教育司指导大中小学体育、卫生与健康教育、艺术教育、国防教育工作；拟订相关政策和教育教学指导性文件；规划、指导相关专业的教材建设以及师资培养、培训工作；协调大中学生参加国际体育竞赛和艺术交流活动。

14. 思想政治工作司

思想政治工作司承担高等学校学生与教师的思想政治工作，宏观指导高等学校基层党组织建设、精神文明建设以及辅导员队伍建设工作；负责高等学校稳定工作和政治保卫工作，及时反映和处理高等学校有关重大问题；负责高等学校网络文化建设与管理工作。

15. 社会科学司

社会科学司统筹规划和协调高等学校思想政治理论课教育教学工作；规划、组织高等学校哲学社会科学研究工作，组织、协调高等学校承担国家重大哲学社会科学研究项目并指导实施；协调直属高等学校和直属单位出版物的监督管理工作，承担教育系统新闻电视的指导和协调工作。

16. 科学技术司

科学技术司规划、指导高等学校科学技术工作；协调、指导高等学校参与国家创新体系建设，以及高等学校承担国家科技重大专项等各类科技计划的实施工作；指导高等学校科技创新平台的发展建设；指导教育信息化和产、学、研结合等工作。

17. 高校学生司

高校学生司承担各类高等学历教育的招生考试和学籍、学历管理工作；指导地方教育行政部门和高等学校开展大学生就业指导与服务工作；参与拟订普通高等学校毕业生就业政策；组织实施国家急需毕业生的专项就业计划。

18. 直属高校工作

直属高校工作指导直属高等学校制定发展战略规划，规范并监督直属高校办学行为；承担直属高等学校管理体制调整和改革工作；配合有关方面加强直属高等学校领导班子思想政治建设等有关工作。

19. 学位管理与研究生教育司（国务院学位委员会办公室）

学位管理与研究生教育司（国务院学位委员会办公室）组织实施《中华人民共和国学位条例》；拟订全国学位与研究生教育工作的改革与发展规划；指导与管理研究生培养和学科建设的有关工作；承担研究生院的设置和国家重点学科的建设与管理工作；承担"211工程""985工程"的实施和协调工作；承办国务院学位委员会的具体工作。

20. 语言文字应用管理司

语言文字应用管理司拟订语言文字工作的方针、政策和中长期规划；组织实施语言文字规范化工作；监督检查语言文字的应用情况；组织推行《汉语拼音方案》，指导推广普通话工作以及普通话师资培训工作；承办国家语言文字工作委员会的具体工作。

21. 语言文字信息管理司

语言文字信息管理司研究并审定语言文字标准和规范，拟订语言文字信息处理标准；

指导地方文字规范化建设；承担少数民族语言文字规范化工作，指导少数民族语言文字信息处理的研究与应用。

22. 国际合作与交流司（港澳台办公室）

国际合作与交流司（港澳台办公室）组织指导教育方面的国际合作与交流，拟定出国留学、来华留学、中外合作办学、外籍人员子女学校管理工作的政策；承担教育涉外监管的有关工作；指导驻外使（领）馆教育处（组）的工作；规划、协调、指导汉语国际推广工作，开展与港澳台的教育合作与交流。

机关党委负责机关和在京直属单位的党群工作。

离退休干部局负责机关离退休干部工作，指导直属单位的离退休干部工作。

二、教育部的职能权限

关于教育部的职能，中华人民共和国教育法作了明确的规定，即"国务院教育行政部门主管全国教育工作，统筹规划、协调管理全国的教育事业。"[①]这项规定包括了如下方面的内容：第一，这是我国正式以法律的形式规定国务院教育行政部门对全国教育行政统筹管理的职责；第二，要使国家教育行政部门统筹规划、协调管理全国的教育事业，必须使事权和财权相统一；第三，国家教育行政部门要转变职能，实行有效的宏观管理。

根据第十一届全国人民代表大会第一次会议批准的国务院机构改革方案和《国务院关于机构设置的通知》（国发〔2008〕11号），设立教育部，为国务院组成部门。其主要职责如下。[②]

（1）拟定教育改革与发展的方针、政策和规划，起草有关法律、法规草案并监督实施。

（2）负责各级各类教育的统筹规划和协调管理，会同有关部门制订各级各类学校的设置标准，指导各级各类学校的教育教学改革，负责教育基本信息的统计、分析和发布。

（3）负责推进义务教育均衡发展和促进教育公平，负责义务教育的宏观指导与协调，指导普通高中教育、幼儿教育和特殊教育工作。制定基础教育教学基本要求和教学基本文件，组织审定基础教育国家课程教材，全面实施素质教育。

（4）指导全国的教育督导工作，负责组织和指导对中等及中等以下教育、扫除青壮年文盲工作的督导检查和评估验收工作，指导基础教育发展水平、质量的监测工作。

（5）指导以就业为导向的职业教育的发展与改革，制定中等职业教育专业目录、教学指导文件和教学评估标准，指导中等职业教育教材建设和职业指导工作。

（6）指导高等教育发展与改革，承担深化直属高校管理体制改革的责任。制定高等教育学科专业目录和教学指导文件，会同有关部门审核高等学校设置、更名、撤销与调整，负责"211工程"和"985工程"的实施和协调工作，统筹指导各类高等教育和继续教育，指导改进高等教育评估工作。

（7）负责本部门教育经费的统筹管理，参与拟定教育经费筹措、教育拨款、教育基建投资的政策，负责统计全国教育经费投入情况。

---

① 法律出版社法规中心．中华人民共和国教育法[M]．北京：法律出版社，2007：3．
② 教育部办公厅．教育部主要职责[EB/OL]．中华人民共和国教育部网站，http://www.moe.gov.cn/publicfiles/business/htmlfiles/moe/sl79/201001/xxgk_76195.html,2009-04-17/2012-03-27.

(8) 统筹和指导少数民族教育工作,协调对少数民族和少数民族地区的教育援助。

(9) 指导各级各类学校的思想政治工作、德育工作、体育卫生与艺术教育工作及国防教育工作,指导高等学校的党建和稳定工作。

(10) 主管全国的教师工作,会同有关部门制订各级各类教师资格标准并指导实施,指导教育系统人才队伍建设。

(11) 负责各类高等学历教育招生考试和学籍学历管理工作,会同有关部门制订高等教育招生计划,参与拟定普通高等学校毕业生就业政策,指导普通高等学校开展大学生就业创业工作。

(12) 规划、指导高等学校的自然科学和哲学、社会科学研究,协调、指导高等学校参与国家创新体系建设和承担国家科技重大专项等各类科技计划的实施工作,指导高等学校科技创新平台的发展建设,指导教育信息化和产学研结合等工作。

(13) 组织指导教育方面的国际交流与合作,制定出国留学、来华留学、中外合作办学和外籍人员子女学校管理工作的政策、规划、协调、指导汉语国际推广工作,开展与港澳台的教育合作与交流。

(14) 拟定国家语言文字工作的方针、政策,制定语言文字工作中长期规划,制定汉语和少数民族语言文字规范与标准并组织协调监督检查,指导推广普通话工作和普通话师资培训工作。

(15) 负责全国学位授予工作,实施国家的学位制度,负责国际学位对等、学位互认等工作。

(16) 负责协调我国有关部门开展与联合国教科文组织在教育、科技、文化等领域的国际合作,负责与联合国教科文组织秘书处及相关机构、组织的联络工作。

(17) 承办国务院交办的其他事项。

上述是教育部职能的具体权限,如果简单地理解其主要职能则可以概括为以下几点:①研究并拟定教育工作的方针、政策,起草有关教育的法律、法规草案并监督实施;②研究并提出教育改革与发展战略,对全国教育事业进行统筹规划和协调管理;③拟定教育体制的改革和政策,确定教育发展重点、结构、速度,指导并协调实施工作;④负责本部门教育经费的统筹管理;⑤负责对外进行教育交流与合作,促进我国教育事业的发展并同国际接轨。

本次机构改革对教育部的职责调整如下。①

(1) 取消已由国务院公布取消的行政审批事项。

(2) 将举办国际教育展览审批的职责交给省级教育行政部门。

(3) 将博士学位授权点的审核权交给部分学位授予单位。

(4) 加强基础教育工作,以农村教育为重点,推进义务教育均衡发展,促进公共教育资源进一步向农村、中西部和民族地区倾斜,促进教育公平。深入推进基础教育教学改革,切实减轻中小学生的课业负担,加强中小学德育,全面实施素质教育。

(5) 大力发展职业教育,坚持以就业为导向,深化职业教育教学改革,努力提高职业院校的办学水平和质量,积极推进体制机制创新,进一步增强职业教育发展活力。

(6) 深化高校管理体制改革,落实和扩大高校办学自主权。建立符合中国实际的高等

---

① 教育部办公厅. 教育部主要职责[EB/OL]. 中华人民共和国教育部网站. http://www.moe.gov.cn/publicfiles/business/htmlfiles/moe/s179/201001/xxgk_76195.html,2009-04-17/2012-03-27.

教育质量评估指标体系,改进并创新评估方式,切实提高高等教育质量。按照"政事分开""管办分离"的原则,深化直属高校管理体制改革,在坚持"中央与省级人民政府两级管理,以省级人民政府管理为主"的基础上,加大地方统筹力度。

(7)加强民办教育的统筹规划、综合协调和宏观管理,完善民办教育宏观管理的政策措施,规范办学秩序,促进民办教育事业健康发展。

三、教育行政机构配置的基本原则

教育行政机构的配置必须适应管理科学化的要求。实现管理科学化,必须建立相应的行政管理运行机制,包括信息、咨询、决策、执行、监督五个环节,并使之形成序列,前后连贯配套。信息化是现代化的"助生婆",是当今时代的重要特征之一,同时也是实现行政管理科学化的前提条件和主要标志之一。教育行政部门特别是地方各级教育行政部门,需要开辟多种信息渠道,掌握灵活的信息。在制定政策时,除根据上级文件外,还要掌握实践中反馈的信息,并确保信息掌握得充分及时,这对经济建设和社会发展尤为重要。因此,重视和加强信息工作,建立专门的信息机构十分必要。

当今时代的重要特征之二是科学技术知识的复杂化、现代管理知识结构的多元化和综合化,以及管理领域的多维化。在这样的情势下,决策咨询是实现决策科学化和民主化的必要条件,是科学管理过程中一个很重要的环节。教育决策,如果只依靠上级指示和自己的经验来进行,特别是比较重大的决策,不依靠决策咨询机构提建议、拟方案、论证,就不可避免地会发生失误。重视决策咨询,依靠智囊团作为教育行政决策的咨询机构十分必要。

当今时代的重要特征之三是行政管理法制化。法制化要求对行政决策进行强有力的监督。因此,监督就成为科学管理过程中的一个很重要的环节,它的重要作用不只是对"令不行,禁不止"的现象和对决策中发生的偏差现象予以及时纠正,还要对不恰当的决策采取防范措施,避免造成工作上的失误。

总之,教育行政机构的配置必须遵循整体化的原则。因为各级各类学校、各学科,以及德智体美劳之间既有区别又有联系,是统一的整体。这种整体性要求管理教育事业的行政机构在配置上要处理好结构性与相关性的问题,这是增强教育行政系统的整体性功能的关键。在一般情况下,结构愈合理,整体性愈强,相关度愈大,其整体性功能就愈好。反之,其整体性功能就愈差。在改革和配置各级政府教育行政机构和各产业部门、企事业单位的教育行政机构时,都应尽可能地减少按科类分设的专职机构,加强综合管理机构;尽可能地减少按层次分设的专职机构,加强系统管理的机构。

案例讨论

在芬兰,教育现状的立法架构和普遍原则都是由国会立法。政府部门、教育部和国家教育委员会负责中央行政层级的政策实施。

教育部是芬兰的最高教育决策部门,几乎所有公款资助的教育都是由教育部来管理或督导。教育部负责教育立法,教育部的行政领域不仅包括初等、中等教育,还包括对青少年和成人的职业教育,以及高等教育研究,包含文化、教会、体育事务。目前有两位部长,教育部部长负责教育科学和教会事务,文化部部长负责文化、体育事务。两位部长的责任是由新内阁分别决定的,国家教育委员会专家机构负责综合学校、高中学校职业训练以及成人教育的教育目标制定,内容和方法的发展。这个委员会也协助教育部进行教育政策确定事宜,国家教育委员会是由理事长和管理委员会负责,管理委员会成员包括教育专家、社会人士代表、自治区行政官员和教师,国家教育委员会一般分为教育组、职业教育组、成人教育组、教育计划组、行政服务组。全国教育指南是关于高中和高等教育机构设立以及职业教育的行动指南,并由政府和教育部所颁发。

在区域的层级,芬兰分为12个省,每一个省都有省政府,由省长领导以及每一个政府部门或单位负责学校的文化行政。

政府管理在省辖区内的全国性学生选拔分配制度,职业训练的学生名额数量以及分配额外政府赞助款,省对教育行政的参与持续减少,目标在于建立只包含国家中央行政和地方的二元教育行政制度。

资料来源:谢文全.教育行政学:理论与案例[M].台北:五南图书出版公司,2006:181-182.

问题讨论:芬兰和中国教育体制的异同。

教育部机构变迁历程

每逢换届年,都是机构改革最引人注目的时刻。随新中国一路走来,教育部的机构设置与管辖职能也经历过多次变迁。

作为国务院主管教育工作的综合部门,教育部成立于1949年10月,现有22个内设机构,主要职能有拟订教育改革与发展的方针、政策和规划,起草有关法律法规草案并监督实施,负责各级各类教育的统筹规划和协调管理,教育基本信息的统计、分析和发布等。

设立初期的教育部曾与1952年增设的高等教育部有过多次的分分合合。1959年,高等教育部、教育部合并为教育部。1964年,高等教育部获得恢复。但仅仅两年后,高等教育部便又重新并入教育部。

20世纪70年代后,教育部经历了两次整体的机构撤并。第一次是在1970年,教育部、高等教育部及中国文字改革委员会合并为国务院科教组,5年后又恢复了教育部的独立机构设置。另一次撤并发生于20世纪80年代。1985年,全国人大常委会决定撤销教育部,设立国家教育委员会。直至1998年3月,九届全国人大一次会议通过《关于国务院机构改革的决定》,国家教育委员会更名为教育部,与此同时,国家语言文字工作委员会并入教育部。除了幅度较大的撤并外,伴随着国务院历次机构改革,教育部内设部门及职能的小规模调整也持续不断,理顺部门间的权责关系,确保机构能有效履行其职责。2008年,以精简机构、职能转变为核心的大部制改革在万众瞩目中正式启动,此后教育部有过多次内设机构及职能的调整。

大部制改革是一项复杂的系统工程,涉及不同层级政府中的多元主体及其互动关系,包括职能转变、机构整合、治理结构优化等诸多内容,还包括规划、实施、监测评价与反馈等诸多环节。

根据 2008 年 7 月国务院印发的《教育部主要职责内设机构和人员编制规定》,在职责调整方面,教育部取消了部分行政审批事项,并将博士学位授权点的审核权下放给部分学位授予单位,并开始逐步探索高校放权之路。同时,教育部进一步深化对直属高校的管理体制改革,在中央与省级人民政府两级管理的基础上,以省级人民政府管理为主,加大地方的统筹力度。总体而言,2008 年后,教育部的机构调整主要向学前教育、义务教育、职业教育、特殊教育领域倾斜。2012 年,教育部经历了一次较大范围的内设部门调整。当年 7 月,为了进一步加强教师工作,教育部将内设的师范教育司更名为教师工作司,并将人事司、职业教育与成人教育司中有关教师工作职责划转到教师工作司。

2012 年 11 月,教育部新成立了综合改革司、巡视工作办公室。综合改革司负责承担国家教育体制改革的研究、推进及宣传工作,而巡视工作办公室则承担教育部直属高校、直属单位、驻外机构的巡视工作。

在此次的机构调整中,教育部还撤销了直属高校工作司,在高等教育司设立直属高校工作办公室,并将原直属高校工作司承担的直属高校管理体制调整和改革工作职能划转到综合改革司,直属高校领导干部的考核、培训等职能划转到人事司。为进一步加强对学前教育、特殊教育、继续教育的宏观指导,教育部增设了教育部学前教育办公室、教育部特殊教育办公室、教育部继续教育办公室。

2016 年 2 月,教育部教育督导团办公室更名为教育督导局,加挂国务院教育督导委员会办公室牌子。其职责主要包括拟定教育督导的规章制度和标准,指导全国教育督导工作;实施对各级各类教育的督导评估、检查验收、质量监测等工作。

机构改革并非一蹴而就,教育部内设部门调整有时也会遭遇反复的更迭。在 2008 年国务院机构改革后,教育部内设的基础教育司一分为二,变为基教一司和基教二司。而在 2017 年较近的一次的内设机构调整中,教育部恢复了基础教育司并新增教材局,而 2008 年后分设的基础教育一司和基础教育二司撤销。

案例来源:https://baijiahao.baidu.com/s?id=15937187721816974124&wfr=spider&for=pc,2022-10-26。

问题讨论:针对案例中的教育部机构改革历程,谈谈你所理解的教育行政机构改革。

第二节 地方教育行政机构

依据我国《地方各级人民代表大会和地方各级人民政府组织法》规定,地方人民政府是地方最高行政机构,在不与国家宪法、法律、政策、法令、政令等制度相违背的前提下,可以根据本行政区的具体情况和实际需要，不仅可以制定和颁布地方性法规，决定本行政区域的政治、经济等重大事项，还可以对其管辖地区的文化、教育等事项发布决定和命令，改变或撤销所属教育行政部门不恰当的决定和指示，并依据规定权限可以任免和奖罚教育行政人员与执行教育计划和预算。可见，地方教育行政机构是地方行政机构的一个分机构，专门用来管理教育事业的一个行政部门。它不仅接受上级主管教育部门的领导或业务指导，也受同级人民政府的统一领导。

在教育行政机构这个内部已经自成体系的大网络系统中，地方教育行政机构是相对于中央教育行政机构而言的，它是地方各级教育行政机构的统称。具体而言，它包括：省、自治区、直辖市教育行政机构；地级市、自治州、省辖市教育行政机构；县（市）教育行政机构；乡（镇）教育行政机构。

一、省、自治区、直辖市教育行政机构设置及其职能

省、自治区、直辖市教育行政机构一般称为教育厅。它是在省、自治区、直辖市人民政府的统一领导下，管理教育事业的职能部门和办事机构，同时也接受上级人民政府教育行政部门的领导或业务指导。

由于我国幅员辽阔、人口众多，各地区的经济发展不平衡，教育发展水平也有很大差异。根据各省、自治区、直辖市教育情况的不同，各省、自治区、直辖市所设置的教育机构和工作部门也有相应的不同。但是，各省、自治区、直辖市教育行政机构设置基本上多参照教育部的机构来设置，一般设有办公室、督导室、政策法规处、人事处、财务处、国际交流处、高等教育处、基础教育处、师范教育处、职业教育与成人教育处、政治思想教育处、学生工作处、体育卫生处、审计处、监察处等。在一些少数民族较多的省（自治区），还设有民族教育处、安全保障处等。在其直属事业单位里，一般设有少年宫、教育学院、教育科学研究所、电化教育馆、教育期刊编辑部、教学仪器公司、广播函授学院、省高校招生办公室和省高等教育自学考试指导委员会办公室等。

其主要职能一般包括以下几个方面。

（1）贯彻执行党和国家有关的教育方针、政策、法令和规定，从本省（自治区、直辖市）实际情况出发，依法拟定本省教育工作的政策、法规和重要规章制度，并实施。

（2）依据中央和省（自治区、直辖市）人民政府的要求，编制有关教育事业的发展规划，研究确定本省教育事业的发展重点、规模、速度和步骤，指导辖区内的各市、区、县做好教育事业发展计划的综合平衡工作。

（3）与有关部门协同管理本省（自治区、直辖市）各级各类教育机构的财务、基建、教职员工编制、劳动工资计划及其分配工作。管理国家和省财政给本省教育的基本建设投资以及境外对本省的教育贷款和援款，组织推动改善办学条件。

（4）负责组织全省的教育科学研究和教学研究，协助地（市）县（市）进行教育部门的思想政治工作。领导各级各类学校的教育教学工作和教育改革工作。总结推广其工作经验，并进行督导、评估，组织编写教科书。

（5）拟定教育系统劳动、人事管理的具体政策和规章制度，统筹规划指导各级教育行政干部的培训工作，提高各级教育干部、教师的思想水平、业务水平和工作能力。

（6）负责领导组织本省（自治区、直辖市）高等院校、中等专业学校、技工学校等的考试、录取工作；负责全省的自学考试及其他的学历考试；同计划部门管理各类高等学校、中等职业技术学校及普通高中毕业生分配计划派遣工作；负责教师职称评定工作。

（7）组织和管理学校的教学仪器、设备的采购、生产、分发供应工作，组织各级各类学校开展勤工俭学集资办学活动。

（8）承办省委、省政府交办的其他事项。

二、地级市、自治州教育行政机构设置及其职能

地级市、自治州教育行政机构称为教育局，负责领导管理本地区教育事业。其内部机构的设置由当地人民政府决定，故各地设置的机构不完全相同，一般设有办公室、普通教育科、职业教育与成人教育科、体育卫生与艺术教育科、人事科、计财科、小教科、中教科等职能部门。其直属事业单位一般有教研室、教育学院、电教馆、电大分校、教学仪器站、函授站和招生办公室等。

其主要职能包括以下几个方面。

（1）领导所辖县、市、区教育行政部门，贯彻执行国家的教育方针、政策、法律、法规和决定指示。制订本地区教育工作计划和规章制度。

（2）统一部署和指导本地区的教育教学工作与教育教学改革试验，开展教育理论和教材教法研究，协助县、市、区进行教育部门的思想政治工作。

（3）在当地政府和上级教育行政部门领导下，对所属师范学校、高中、完全中学和直属小学、幼儿园的领导班子建设、师资配备、财务拨款进行管理，检查所属县、市、区执行教育事业发展规划、财务管理和基建情况及教育行政工作情况。[①]

（4）对所辖地区的教育行政部门和学校的各项工作进行检查、督导，总结交流经验，表彰先进，研究解决共同性问题。

（5）制定本地区中小学校长、教师和教育行政干部队伍建设的规划，并组织对教师和教育行政干部培训和建设规划的实施工作。

（6）承办上级教育行政部门和当地政府交办的其他各项工作。

三、县（市）教育行政机构设置及其职能

目前，我国县（县级市）教育行政组织机构称为教育局。它由县级人民政府和上级教育行政机构双重领导，负责管理本辖区的教育工作。局内组织机构和人员编制由省、自治区或地、县有关部门确定。它是广大中小学最直接的管理机关，拥有比较完整的教育行政职能，其机构设置因各地地域大小、人口数量等情况有所不同。一般都设有办公室、督导室、人事科、财务科、中学教育科、小学教育科、幼儿教育科、成人教育科、体育卫生科等科室，有的地区将科称为股。此外，一般还设有教研室、信访室、高招办公室、教学仪器站、教师进修学校、函授和电大辅导站、劳动服务公司等直属单位。

[①] 孙绵涛.教育行政学[M].武汉：华中师范大学出版社，2007：159.

其主要职能包括以下几个方面。

(1) 贯彻落实上级教育方针政策、法律、法规、决定、指示、规划、计划和规章制度,结合本地实际制订具体的实施办法和有关补充规定。

(2) 在当地政府和上级教育行政机关的领导下,制定本地区教育事业的发展规划,协调全县(市)各类教育事业的发展,指导乡(镇)教育行政组织机构制订教育事业发展计划。

(3) 统筹管理本地区的幼儿教育、九年制义务教育、高中教育、成人教育和职业技术教育,并指导其在本乡(镇)发挥教育行政、教研中心和教学示范作用。

(4) 做好教育督导工作,督促所属学校认真执行国家的教学计划、教学大纲和上级教育行政部门制订的学年学期工作计划。

(5) 统一指导本县各级各类学校的各项教育教学工作,开展各种教研活动,推进教育改革,提高教育质量。

(6) 加强本县(市)学校校长、教师和教育行政干部的培训、管理工作。

(7) 做好教育经费的分配工作,检查、监督教育事业费的使用,改善办学条件。

(8) 组织本县(市)各学校的招生工作,对各级各类学校的工作进行指导、检查和考核。

(9) 承办当地政府和上级教育行政部门交办的其他工作。

四、乡(镇)教育行政机构设置及其职能

乡(镇)是我国基层行政建制,设有基层政权机构。乡(镇)一级的教育行政事务主要由乡长、镇长主管,设有助理,负责协助日常的教育管理工作。教育教学业务管理由乡(镇)中心学校校长负责。一些乡镇还设有学校管理委员会、成人教育委员会、学前教育委员会。

其主要职责包括以下几个方面。

(1) 认真贯彻执行上级政府的教育方针、政策及中小学工作条例。

(2) 协助上级教育行政部门制订教育事业发展计划,并编制和实施本乡(镇)的教育事业发展规划,重点抓好普及九年义务教育、幼儿教育和农民教育。

(3) 协助当地政府和上级教育行政部门做好本乡(镇)教育行政干部和教师的管理,做好培养提高工作,组织学校教师的在职进修工作。努力改善本乡(镇)教师工作和生活条件,不断提高教师社会地位。

(4) 组织和指导全乡镇的教学工作,坚持以教学为中心,正确处理各项工作之间的关系,切实提高教育质量。

(5) 切实抓好普及小学思想政治教育工作,既要抓入学率、巩固率、合格率、毕业率,也要抓好扫盲工作。

(6) 做好本乡(镇)各项教育事业的统计工作。加强对学校各项工作的检查、督导,解决存在的共同性问题。

(7) 切实管好用好教育经费。积极且多渠道的筹集教育经费,建立、健全财务管理制度,对教育费附加收入要坚持乡征乡用的原则。

(8) 承办乡(镇)政府和上级教育行政部门交办的其他工作。

相关链接

新中国成立后地方教育行政机构改革的历程

一、省(自治区、直辖市)级教育行政机构改革的历程

新中国成立后,省、自治区、直辖市一级政府中即设教育厅(局),有的称为文教厅(局),兼管文化和教育事宜。1952年,根据中央人民政府《关于调整地方人民政府机构的决议》精神,省级曾设文教委员会,1955年改为文教办公室,作为协助省长工作的办事机构。之后,部分省级政府中又增设高等教育局。20世纪50年代中期,教育部曾颁发《中央教育部与省(市)教育厅(局)之间职权范围的规定(试行方案)》等文件,对省级教育行政机构的职责范围和工作内容,以及向中央教育部请示报告问题做出规定。"文革"期间,省级政府遭到严重冲击,一度出现"大组辖小组"、党政机构合署办公等形式,致使教育行政机构设置状况混乱。以后虽有变化,但直至1976年才逐步恢复正常建制。在1983年省级党政机构改革前,有的省级人民政府中设文教委员会(或办公室、教育卫生办公室)作为省级最高教育行政机构;有的独立设置高等教育厅(局)或高教办公室;各省级人民政府都设教育厅(局),主管中小学教育,有的则兼管高等教育;有的还设第二教育局或工农教育办公室(或委员会)等机构。自1985年后,随着国家教委的成立,大多数省级教育行政组织相继改为教育委员会。

省级教育委员会(或厅局)是省级人民政府的专门职能机构,受同级人民政府统一领导,并受国家教委的领导和业务指导。在省级教委(或厅局)内部分设若干职能机构,如办公室、幼教处、普教处、人事处、政教处、督导室等,分担各项工作任务。由于各省、市、自治区实际情况不同,所设机构的数量和名称并不一致。多数在教委主任之下设处室,少数保留局级建制,作中间层级,下再设处。未设教委的省(市、自治区),教育厅、局下的处室划分同教委下的处室划分相近。此外,省级教育行政组织还有多种直属事业单位,如教育科学研究所、教学研究室、教育报刊编辑部、电化教育馆、教育技术装备站(公司)、高校招生考试办公室、高等教育自学考试指导委员会办公室、教育学院、函授院校和广播电视大学等。

省级教委的主要职责尚无新的全国性统一规定,根据各地实际情况可概括如下:贯彻执行中央的教育方针、政策和法律、法规以及国家教委的工作指示;贯彻执行省级人大通过的地方性教育法规和省级政府的决定;负责本地区教育事业发展计划、教育基建、教育经费、教育行政干部和教师的管理工作;领导本地区的各级各类学校和直接管理省属学校,对下级教育行政组织和厂矿企业在本地区举办的各级各类教育进行业务指导;协调本地区的教育事宜;组织教育督导等。

随着我国中央教育行政机构发展变化的同时,地方教育行政机构也不断进行相应的调整。根据1998年3月10日九届全国人大一次会议通过的《关于国务院机构改革的决定》,国家教育委员会更名为教育部,省、自治区也将教育委员会更名为教育厅,直辖市未改变,仍然为教育委员会。省级教育行政机构管理教育事业的权限也随着我国教育行政管理体制改革的逐步深化而逐渐扩大。1999年6月《中共中央国务院关于深化教育改革全面推进素质教育的决定》指出,要进一步简政放权,加大省级人民政府发展和管理本地区教育的权力以及统筹力度。今后三年,继续按照"共建、调整、合作、合并"的方式,基本完成高等教育管理体制和布局结构的调整,形成中央和省级人民政府两级管理、以省级人民政府管理为主的新体制;经国务院授权,省级人民政府具有发展高等职业教育和大部分高等专科教育的权力以及责任;省级人民政府在对当地教育资源进行统筹时,可以举办综合性、社区性的职业技术学院(或职业学院),并依法管理这类学院和高等专科学校;高等职业教育(包括高等专科学校)的招生计划由省级人民政府制订,其招生考试事宜由省级人民政府自行确定等。

二、市(地、州)级教育行政机构改革的历程

新中国成立初期,省县之间设行署机构(后称专署),内有文教科。到1954年,根据《地方各级人民政府组织法》规定,省在必要的时候,经国务院批准,可设立若干专员公署,作为派出机关。此后,部分省的专署文教科分别设立文化科和教育科,另增设文教办公室。在1956—1966年间,专署中出现教育局建制,依然是省级派出机关性质。在"文革"时期,专区改称地区,专署变成"地区革命委员会",具有一级政权的性质。其时,一般在政工组下设文教组。1979年,《地方各级人民代表大会和地方各级人民政府组织法》改称行政公署,是省和自治区的派出机关,下设教育局(处),有些地区在局之上设文教办公室。此后,行署不再行使一级政权职能,主要任务是协助省级国家机关监督检查当地各县、市的工作。从实际情况看,地区教育局(处)在一定程度上仍具有贯彻上级的教育规划和大政方针,统筹本地区教育事业发展,协调教育工作和指导下属教育行政组织工作的作用。1985年后,有的改为教育委员会,有的仍保持教育局建制,两者并存。这级教育行政组织的内部机构有人事秘书科、计划财务科、普通教育科、职业教育科、成人教育科、督导室等,此外还有教研室、教育学院、招生考试办公室、教学仪器供应站,电化教育馆等直属单位。与地区同级的州和地级市,设教育委员会或教育局,内部机构同地区相仿。在民族自治地区,还专门设立民族教育方面的办事机构。1998年后,根据1998年《关于国务院机构改革的决定》的规定,各市(地、州)将教育委员会和教育局两者并存的机构名称逐步更名为教育局。

自1983年起,中央提出地、州、市党政机关的机构改革问题,出现地市合并,撤销地区,由市领导县的形式,即"市管县"。把一级城市政府变为辖县的一级政府,管辖原属地区管辖的县,成为省、县之间的一级政权组织。进行这种体制改革,使市一级的教育行政组织不仅主管本市区域的,而且管理所辖县的教育事宜,对这些县的教育行政组织具有领导和业务指导作用。其内部机构设置状况,大体同地区级教育行政组织相仿。

三、县、乡(镇)教育行政机构改革的历程

新中国成立后,县级设教育科(或文教科),后一般改为教育局,是县人民政府下属的专管教育的职能机构。除"文革"时期外,变化不大。1985年后,有些县(或县级市)改为教育委员会,有些仍维持教育局建制,两者并存。1998年后,逐渐将教育委员会更名为教育局。县教育行政机构的主要职责是:贯彻执行中央的教育方针、政策和法律、法规,以及上级政府和教育行政组织布置的工作任务;在县人民政府统一领导下,制订本县教育事业发展计划,推行普及义务教育,并检查落实施情况;在本县党政领导机关的统一部署下,对所属单位和学校人员进行思想教育工作,领导本县所辖学校的育人工作,不断提高教育质量;在职权范围内进行学校行政人员和教师的人事管理工作、培训工作,教育经费管理和财务监督工作,物材管理以及勤工俭学活动的指导工作;组织教育督导活动;管理直属教育单位和其他事业单位,指导乡镇教育工作等。为承担上述职责,县教育行政组织内一般设有人事秘书股、普教股(或分设幼教初教股与中教股)、职教股、成人教育股、计划财务股、视导组(室),有的还设专管勤工俭学活动、招生工作的办公室(股),此外有教研室、进修学校、教学仪器供应

站、电教站等直属单位。有些大县或地域较广的县,在县乡之间的区设派出机构,称为教育办公室或教育组。

乡(镇)是我国基层行政建制,设有基层政权组织。新中国成立后,为了适应学校教育、工农成人教育与学前教育事业的迅速发展和提高,我国一些地区的乡镇(公社)设置有学校管理委员会(组)、工农成人教育委员会(组)、学前教育委员会(组)等组织,协同乡镇(公社)各有关部门的力量,进行指导、配合、支持各类教育工作。一些地区的乡镇(公社)设置了"公社总校长"(或"联校校长""学区校长")等职务。他们是公社中小学行政负责人,副校长则是公社工农教育或学前教育负责人。在党委、政府的领导下,负责管理全公社中小学教育工作,重点抓好普及小学教育。

随着1985年《中共中央关于教育体制改革的决定》颁布后,在乡(镇)人民政府中,教育行政机构的形式多样:设教育组(或文教组),或教育办公室。在乡政府领导下成立乡教育委员会,下设办事机构,配备专职人员。一般来说,在乡政府领导和县教育行政部门指导下,乡教育行政机构负责管理本乡各类教育事宜。因为各地情况差异较大,其具体组织形式和工作职责主要由省、市(地)、县各级研究确定。

为了整合全县教育资源,提升教育管理水平,提高教育财经能力,避免教师工资的拖欠等问题,全国进行了乡(镇)教育机构改革,于2001年《国务院关于基础教育改革和发展的决定》中,明确提出了农村义务教育要实行在国务院领导下,地方政府负责、分级管理、"以县为主"的基础教育管理体制。明确要求乡(镇)人民政府不设专门的教育管理机构,乡(镇)有关教育工作由乡(镇)长直接负责,乡(镇)可在核定的行政编制内确定一名或两名助理或干事协助乡(镇)长管理具体教育事务,并接受县级教育行政部门指导。教育教学业务管理由乡(镇)中心学校校长负责。这种新的管理体制基本上取代了乡镇教育部门的行政职能,许多地方的教委会从此消失,而通过委托乡中心学校管理教研等事宜,由县级政府和县教育局统筹教育规章、教育经费和教师工资。今后,如何保持和发扬乡(镇)的办学积极性与热忱度,是我们各地值得深思的重要课题。

资料来源:国家高级教育行政学院.新中国教育行政管理五十年[M].北京:人民教育出版社,1999:173;张济正,周立,李权.教育行政学通论[M].上海:华东师范大学出版社,1992:127-131.

思考与练习

1. 当前我国教育行政机构的纵向结构是什么?
2. 简述我国中央教育行政机构的设置和主要职责权限。
3. 我国当前各级地方教育行政机构的主要职能是什么?

第三章
教育政策、法规的制定与实施

教育政策与教育法规是国家管理教育事业的主要手段和基本依据。简而言之,教育政策是国家根据教育形势和任务,针对某些教育问题所制定的,而当教育政策经实践证明是行之有效并已成熟,可以经一定法定程序上升为教育法律、法规。在当今世界,法律作为一种高度专门化的社会组织手段,对各种社会活动起着越来越大的组织和调节作用。改革开放三十多年来,我国制定了有关教育的基本法律、一系列单行法律、行政法规、地方性法规和政府规章,教育法体系的框架已初步建立,标志着我国全面走上依法治教之路。本章将就教育政策和教育法规两方面的问题进行分析阐述,主要弄清以下问题:教育政策、教育法规的含义;制定教育政策、教育法规的机关分别是哪些;教育政策、教育法规的制定要依照哪些程序;教育政策、教育法规制定出来以后,如何保障其有效实施等。

第一节 教育政策的制定与实施

政策是政党实现其对国家进行政治领导的重要措施,也是国家实现其统治职能的基本手段,对现代国家的政治、经济、社会生活等方面的影响都十分重大。教育则是现代社会中与经济发展、国防建设具有同等重要性的一种活动,对国家社会的发展起着巨大作用。新中国成立以来,党和政府所制定颁发的各种教育政策数以千计,涉及教育的各个领域、各个方面。从世界范围内看,教育政策在现代社会的政策系统中地位逐步提升,功能也日益增强,成为影响教育系统乃至整个社会能否持续发展的重要因素。那么,什么是教育政策、教育政策有何特点、制定教育政策的程序如何、怎么样保障教育政策的实施,这些是本章要解答的主要问题。

一、教育政策的含义及特点

(一)何为"教育政策"

对于教育政策的定义,学术界目前并没有一个一致的认识,以下是不同学者提出的关于教育政策的见解。

(1) 政府或政党制定的有关教育的方针、政策,主要是某一历史时期国家或政党的总任务、总方针、总政策在教育领域内的具体体现。(叶澜)[1]

(2) 一个政党或政府为教育事业的运行与发展所制定的规划、方针和原则。(郑新立)[2]

(3) 负有教育法律或行政责任的组织及团体为了实现一定时期的教育目标和任务而规定的行动准则。(成有信)[3]

(4) 针对教育工作的目标、途径和方法的总体规定,是国家或政党为实现教育目标而制定的行政准则。(萧宗六)[4]

(5) 教育政策乃是实现教育目的公共方策之体系。([日]村田冀夫)[5]

(6) 教育政策是一种有目的、有组织的动态发展过程,是政党、政府等政治实体在一定历史时期,为了实现一定的教育目标和任务而协调教育的内外关系所规定的行动依据与准则。(孙绵涛)[6]

---

[1][2][3][5] 孙绵涛.教育政策学[M].武汉:武汉工业大学出版社,1997:4.
[4] 萧宗六,贺乐凡.中国教育行政学[M].北京:人民教育出版社,1996:294.
[6] 孙绵涛.教育政策学[M].武汉:武汉工业大学出版社,1997:8.

(7) 教育政策是政府在一定时期为实现一定教育目的而制定的关于教育事务的行动准则。(吴志宏)①

(8) 从教育政策的内涵角度讲,教育政策是有关教育利益表达与整合的政治措施和政治行为,是通过保证和促进教育的生存与发展而培养全面自由和谐发展的人,从而促进社会政治经济文化可持续发展的战略性和准则性的规定和行为。从教育政策的外延角度讲,教育政策不仅指一种静态的文件组合,而且包括其真实运行过程教育政策不同于教育法律,表现在制定主体、调整范围、执行方式、稳定性,以及规范性和确定性特征等方面有所不同,教育政策是指规范两个或两个以上教育组织的规定和行为,不包括学校内部制定的各种规章制度;教育政策不是一般公共政策简单演绎的结果,它在利益分配上有更强的公益性,在活动特征上有更广泛的参与性。(祁型雨)②

(9) 从国内学者对教育政策的定义来看,主要是从内涵和外延的角度入手,大多数学者对教育政策的定义都突出了教育政策作为行动依据和准则的意义。为了普及和发展教育,现代各国无一例外地借助国家的力量对教育实施计划、指导、协调和控制。各国对教育事业的领导,从根本上来说是政治领导,这种领导主要是通过制定教育政策来实现的。(袁振国)③

尽管众学者对教育政策定义的表述各有不同,但是从不同的定义中不难看出他们对教育政策概念的理解相对来说还是比较一致的,从中可以归纳出关于教育政策的基本含义。综合各种看法,可以认为教育政策的内涵应包括以下几点。第一,教育政策是一种行动准则,是一种策略或者计划,也就是说,教育政策不是具体的解决问题的方法,而是行动的纲领或者路线。第二,教育政策有明显的目的性,直接服务于教育目标,是为了解决特定的教育问题。没有目标(通常是为了解决某一教育问题),当然不需要教育政策。第三,教育政策是由一定的政策主体所制定,一般是国家、政党、教育行政部门等权力机构。根据这种理解,可以认为,教育政策是国家政府等权威为实现教育目标、解决教育问题而制订的行动计划、方案和准则。

(二) 教育政策与教育方针的关系

平时经常见到教育政策与教育方针连在一起使用,谓之"教育政策方针",那么这两者之间究竟有哪些联系与区别呢?弄清两者的关系有利于更好地理解教育政策的概念。

教育方针是国家和政党在一定历史阶段提出的教育工作发展的总方向,是教育基本政策的总概括④。教育方针规定了教育工作的总方向和总目标,所以是教育工作的根本指导思想。制定教育政策和教育法规是为了更好地贯彻教育方针,最终实现教育目标。从这一点看,教育政策不得与教育方针相背离。由于教育方针是教育基本政策的总概括,从本质上来说教育方针与教育政策同属一个理论范畴,也可以说,教育方针是一种特殊的教育政策。

另外,教育方针与教育政策又有所区别。教育方针规定了教育的性质、目的,并指出实

---

① 吴志宏.新编教育管理学[M].上海:华东师范大学出版社,2000:97.
② 祁型雨.利益表达与整合——教育政策的决策模式研究[M].北京:人民出版社,2006:45.
③ 袁振国.中国教育政策学[M].北京:教育科学出版社,2000.
④ 中国大百科全书总委员会.中国大百科全书(教育卷)[C].北京:中国大百科全书出版社,1985:159.

现教育目的的基本途径。而教育政策的内容则相对较为广泛,而且涉及教育的方方面面,所要解决的教育问题多种多样。教育方针一旦形成,就相对较为稳定,在一个特定的历史时期教育方针只有一个。教育政策有较大的变通性和灵活性,一般允许多种教育政策并存,表现为政策体系。在现实复杂的教育实践中允许有一定的调整空间。此外,教育方针主要由政党和国家的最高领导机关制定。教育政策则既可以由中央级的领导机关制定,也可以由地方权力机构和政府部门制定。

(三) 教育政策的特征

1. 教育政策的目的性与可行性

教育政策在一定程度上反映了人们对教育规律的认识。教育规律是教育现象、教育活动内在的必然联系,这种联系在一定条件之下出现并发挥作用。教育政策的制定应该基于对教育规律的认识。人们经常把艺术性和科学性的统一看作是教育政策的一大特点,认为教育政策不同于教育规律,后者是客观的,而教育政策要以教育规律为基础,此外也受到制定者价值取向的影响,具有明显的价值倾向性。

很明显,教育政策不同于教育规律,是人们出于一定的需要而制定出来的,是政策制定者主观意识的体现和主观能动性的产物,具有明确的目的性。制定教育政策,为具体行动做设计谋划,总是为了解决某类问题,达到某种目的,明确的目的性是教育政策的基本特征。没有目的性的教育政策是不存在的。例如,2010年中国国务院办公厅印发的《关于开展国家教育体制改革试点的通知》(以下简称《通知》)。通知从专项改革、重点领域综合改革和省级政府教育统筹综合改革三个层面,确定了改革试点的十大任务。通知的出现也是适应当今形势的教育发展需要,促进教育高质量发展,实现教育现代化。教育政策的内容必须具有较强的针对性,这一点与教育政策的目的性相对应。即根据教育政策所要解决的问题和期望要实现的目标,提出有针对性的问题解决规划与解决方法,注意避免表达含糊不清和泛泛而谈的状况。

要使教育政策的目的实现,教育政策还必须具有可行性。毋庸置疑,若缺少必需的条件,再好的目的也是很难实现的,这项政策就必将失败。因此,这就需要决策者在制定教育政策时,将其目的性和可行性有机地结合起来,系统地论证。为此,全面理解目的本身所包含的内容和相关因素,把握其实质,以及对实现目的所必需的相关条件、手段和可能性进行仔细考察就具有非同寻常的意义。

2. 教育政策的稳定性与可变性

教育政策一经制定公布必须保持一定程度的稳定,在一定时期内不能随意变动。如果教育政策朝令夕改,变更频繁,将使政策执行者和一般民众无所适从,教育政策也就失去作为规范和准则的作用,进一步将影响民众对教育政策的信任程度和执行政策的坚定性。

当然,教育政策的稳定性是相对的,实践中没有绝对不变的教育政策。随着外部环境的变化以及教育内部因素的变化,通常情况教育政策都要做出或大或小的调整。教育事业、教育活动的运动性、发展性决定了教育政策的这种可变性。辩证唯物主义认为,事物总是在不断变化发展的,其内部矛盾同样在不断地变化发展着,人的认识也在实践中不断地接近事物的本质。依据矛盾分析而制定政策这种人类意识活动也必然要相应做出调整,以保证政策的科学性。教育政策就是在这种不断变化、修改、调整中走向成熟和完善的。

3. 教育政策的权威性与实用性

我国的教育政策一般是由党的领导机关、人民代表大会或者政府部门制定和发布的。党和国家行为的合宪性决定了它们所颁发的教育政策的合法性，由此决定了教育政策具有权威性。

由于教育政策具有权威性，所以对于政策执行者和普通民众来说，它是实用的、有指导意义的。而且教育政策与教育理论不同，它不是概念、范畴、体系的组合，而是联结理论与实践的中介。教育政策的各项内容，不是以抽象的概念出现的，而是以具体的行为准则、规范出现的，是关于"应怎样做"的规定，而不仅仅只是做一些理论上的论证、解释和批判，这是教育政策实用性的第二个方面。另外，教育政策的有效与否，还要经过具体的教育实践来检验。所以，教育政策是教育实践的依据，规定着教育实践的方向，同时教育政策也要接受教育实践的检验，以评估教育政策的实用性及效果。

4. 教育政策的系统性与多功能性

现代国家都已形成一个庞大而复杂的政策系统，教育政策的制定实施不可避免地要受到其他政策的影响，也是在与其他政策相互作用的过程中发挥其功能的，它既是一般政策体系中的一个有机组成部分，同时自身又构成了一个相对独立的体系。教育政策的系统性，一是表现在它与其他公共政策有密切联系，各种政策之间相互支持也相互制约，组成了有关社会运行与发展的整体政策，没有其他公共政策，教育政策也难以独自发挥作用。二是从教育内部来看，教育政策也是一个结构严谨的体系，教育体制政策、教育经费政策、教师政策、学校政策等共同构成了国家基本的教育政策。

教育政策的系统性决定了教育政策具有多样化的功能。主要表现为以下三个方面。第一，导向功能。教育政策通过为教育事业的发展提出明确的目标，并且出台一整套旨在促进教育事业发展的措施或行动规划来指导教育教学活动。第二，协调功能。现实教育教学活动中的各种关系，主要通过制定较为完整、全面的教育政策体系来加以协调和平衡。第三，控制功能。教育政策的控制功能，是通过约束和规范人们的行为而实现的，其目的是解决或预防某些教育问题的出现。

二、我国制定教育政策的机关

我国制定教育政策的机关主要有三类。

（一）党的机关，包括党的最高领导机关和党的地方各级领导机关

党对教育事业的领导，主要是以马克思列宁主义、毛泽东思想、邓小平理论为指导，结合我国教育领域的实际情况，并根据我国教育事业发展的规律和特点，通过制定和实施教育政策来实现的。党的教育政策针对的是教育工作原则性的问题，主要是指明教育工作的方向和路线，因此在内容上具有原则性、概括性、全局性等特点。

党的最高领导机关是党的全国代表大会及其产生的中央委员会，所制定的教育政策是全国性的重大政策，如中共中央于1985年发布的《中共中央关于教育体制改革的决定》，

1999年发布的《中共中央国务院关于深化教育改革,全面推进素质教育的决定》,2019年中共中央、国务院发布的《中国教育现代化2035》。党的地方各级领导机关可以在自己的职权范围内制定地区性的教育政策,所制定的教育政策具有地区性的特点,只在本地区范围内有效,是重大的、基本的教育政策在某一地区的具体化和补充。党的基层负责宣传和执行上级组织的政策,无权制定政策。

党的教育政策,在文件表现形式上主要有以下几种:①《中国共产党党章》中有关教育的内容;②党的全国代表大会的决议中有关教育的内容;③中共中央以及中央各部门制定或批准的有关教育的决议、指示;④党的地方各级领导机关制定或批准的有关教育的决议。另外,除《党章》以外,各级党的领导机关所制定或批准的教育政策在文件名称上通常以方针、路线、决议、决定、纲领、纲要、报告、纪要等来表示。[1]

(二)国家权力机关,包括全国人民代表大会和地方各级人民代表大会

中华人民共和国全国人民代表大会是最高国家权力机关,它的常设机构是全国人民代表大会常务委员会。全国人民代表大会及其常设机构是制定国家政策,包括教育政策的重要机构。地方各级人民代表大会是地方国家权力机关,在不违背宪法、法律的前提下,可以制定本地区范围内的教育政策。

(三)国家行政机关,包括中央人民政府和地方各级人民政府

中华人民共和国国务院,即中央人民政府,是最高国家权力机关的执行机关,是最高国家行政机关。它在自己的职权范围内制定全国性的教育政策,如由教育部制定,国务院批转的《国家教育事业发展"十三五"规划》。地方各级人民政府依照法律规定的权限制定仅在所辖区域内有效的教育政策。

三、教育政策制定的原则和程序

(一)教育政策制定的原则

1. 目标和内容明确原则

公共政策制定的一个首要前提是要有明确的目标。这是由公共政策制定的目的性所决定的。遵循目标性原则,公共政策的制定才能够避免舍本求末的现象,才能使公共政策制定的整个过程主次分明,重点突出。

政策目标体现在政策内容上就是明确具体的条文。所谓明确性,首先要求公共政策的制定者本身对某一事物的性质和规律有清楚的认识,并能做出明确的表述;其次要求公共政策所指示的目标明确,公共政策中关于人们行动的方针明确,实现目标的条件明确等。

2. 系统性与连贯性原则

事物作为一个系统,其所固有的各个组成部分相互作用、相互依赖,共同结合成一个具有特定性质和功能的有机整体。所以在政策的制定过程中,要注意从系统的观点出发,考虑

---

[1] 周卫勇. 论党的教育政策和教育法的相互关系[J]. 山东师大学报(社会科学版),1995(3).

到各种层次系统间纵向与横向的关系。抓住重点,但不以偏概全,要使所制定的政策具有较普遍的指导意义。同时还要注重政策系统的相互配套与协调。

政策在内容上也应当具有继承性和在某一时期内的持续有效性,它是公共政策稳定性的动态表现。这种连续性关系到国家政局的稳定,也影响国家经济、文化等事业的发展。现实中,公共政策往往要依据客观情况的变化而有所发展。但一般来说,这种发展不是对原先公共政策的否定,而是对它的"扬弃",即一项公共政策在制定时,要保留之前已有公共政策的合理内容,同时对不合适的内容予以修正。

3. 科学性与合法性原则

政策是为人们指明行动将要达到的目标,以及如何行动的原则、方法,为了指导以后的工作。所以对未来某一段时期的发展情况、对事物的发展趋势把握得如何,决定着政策的成败。可以说,政策的有效与否,在很大程度上取决于人们对事物未来发展趋势和结果判断、预测的正确程度。

政策的科学性是保障其预测性的重要基础。马克思辩证唯物主义的基本原理是科学决策的方法论基础;现代科学预测技术是进行科学决策的手段和工具。在制定政策的过程中,把定量分析和定性分析相结合,把短期利益和长远目标有机地结合起来,才能制定出科学合理的政策。

公共政策通常体现着国家的意志和利益,从这一点看其具有权威性以及合法性。公共政策的制定是在宪法和法律规定的范围内,按照一定的程序进行的。因此,公共政策制定者要全面考虑本部门或本地区的法律地位和权限,避免政策制定活动超出权限范围之外,与此同时还必须遵循党和国家的方针、政策,依据国家有关法律、法规。除了保证政策内容上的合法性外,政策制定的过程也要依据合法的程序。

4. 集体决策原则

集体决策是制定政策的一项重要原则。管理学所讲的决策是广义的,它包含着领导者个人的决策;而政策学讲的决策则主要指领导集体的决策。政策是指导党、国家和人民行动的准则,其重要性和影响力可想而知。而且现代社会是高度复杂的巨大系统,社会各个方面相互联系、相互制约。因此,在决策过程中必须把握好系统内、系统间的各种关系,避免顾此失彼,甚至微小失误引起连锁反应造成政策失败。所以制定政策这项工作,对决策能力的要求是十分高的,必须由整个决策集体组织好各方面资源,发挥集体智慧才能完成。

5. 可行性原则

可行性是指决策的方案要符合实际情况,实施决策过程中的人、财、物等各种因素要通盘考虑,保证决策方案顺利实施的条件齐全。制定决策时,要认真研究各方面的影响因素,分析可能存在的发展趋势,预测决策在实施之后,对政治、经济、文化等方面所带来的影响。要使政策可行,在制定政策时要坚持实事求是的原则,要认真开展调查研究,反复分析利弊,广泛组织讨论,科学论证评估,使所制定的政策能够实施,并能够达到预期效果。

(二)教育政策制定的影响因素

由于受到多方面因素的影响,教育政策的制定是非常复杂的。教育政策的制定过程在现实社会当中,受到多种因素的影响和制约,可以说,教育政策是众多因素综合作用的结果,在此我们从以下几个方面进行探讨。

1. 政治因素

政治因素对制定教育政策的影响主要表现为以下几个方面。

(1) 影响对教育政策目标和最终方案的选择。

教育政策目标的确定和方案的选择,是多种利益集团博弈的结果。教育政策的目标主要反映在政治上居统治地位的社会阶级和集团的利益或愿望。不同阶级、社会集团及其成员享受教育资源的机会和权利是存在差异的,而这种差异在很大程度上受政治因素的影响。以战后日本为例,战后日本教育政策是在不同力量的互动与制衡中形成的。虽然在议会中占有多数议席的执政党在教育政策制定中发挥着主导作用,但是,它也在很大程度上顾及国民的政策期待,更多的是在满足国民的政策期待和利益要求的旗号下,争取自己所属党派或所代表的利益团体的利益。由于政策的结果会影响到多个集团的利益,因此他们都积极通过各种途径影响教育政策的制定过程,以将自己的利益反映在新的改革政策之中。这样,不同利益集团的代言人在关于政策的攻防中都必须做出妥协,最终求得一个能够代表各方利益的方案。[①]

(2) 影响教育政策制定的方式和效率。

教育政策制定的方式和效率在很大程度上受到政治体制的影响。社会成员与政权之间的有效沟通,是制定政策过程中获得充分信息的基础和前提。教育决策是对来自社会各方面的教育信息的综合和反映,政策制定者只有获得了全面而充分的信息,才能够以之为依据制定出质量和效率兼顾的政策。政治体制是影响社会成员与政权之间有效沟通的主要因素。研究表明,集权决策和以计划为主的国家,政府教育决策对教育信息的高度依赖性与在获得教育信息上的严重体制性障碍之间的矛盾,导致一些教育政策出现偏差;开放民主的社会和政治体制,往往呈现广开言路、集思广益、百家争鸣、百花齐放的特征。

2. 经济因素

一个国家的经济总量决定了这个国家教育资源的多寡,同时也是教育政策制定和实施的物质基础与保障。经济因素也直接影响国家的教育投入状况。一般来说,经济发达的国家或者经济发展呈上升趋势时,其教育投入占 GDP 的比率也较高,反之则会缩减教育经费的投入。此外,在对教育政策方案进行选择时,只有在本国的经济能力范围内能够保证实施的政策方案才是可行的,才有可能上升为一项具体的政策。20 世纪 80 年代后的英国,教育经费的减少对英国中等教育发展政策产生了重要影响。面对日益严峻的经济形势,撒切尔政府竭力削减公共开支,使教育经费占 GDP 比率从 1978—1979 年度的 5.3% 下降到 1985—1986 年度的 4.8%,占总公共开支的比率也从 12.3% 下降到 10.9%。[②]

3. 文化传统的影响

文化传统对教育政策制定的影响,首先表现在文化传统对人们特定的思维方式和价值观念的影响上,这些思维方式和价值观念在一定程度上决定着具体政策目标和方案的内容,文化传统常常是国家制定教育政策的导向。陈寅恪先生曾经一针见血地道出以儒学为核心

[①] 河源. 简析日本教育政策的制订[J]. 国家高级教育行政学院学报,2001(4).
[②] 艾萨克·康德尔. 教育的新时代——比较研究[M]. 王承绪,等译. 北京:人民教育出版社,2001:127.

的中国传统文化思想的利弊:"中国古人,素擅长政治及实践伦理学,与罗马人极相似,其言道德唯重实用,不究虚理,其长处短处皆在此,长处即修齐治平之旨,短处即实事之利害得失观察过明而缺乏精深远大之思。"正是这种功利的思想,曾经导致20世纪50年代的院系调整政策的出台,并在实践中严重地损害了我国高等教育的文科教育,结果是"自20世纪50年代末之后整整20年,我国所受到的巨大破坏之中即包括削弱乃至取消伦理教育、艺术教育等典型的人文教育内容,在世界上绝无仅有的和平时期让大学停办,数年之后恢复之时也仅只恢复理工科大学,人文教育的悲惨地位导致了民族的悲惨结局;人文和科学同时遭到大破坏"。①

4. 教育观念与现实要求

教育观念与教育政策之间存在着密切联系。综观20世纪美国基础教育的发展,政治体制和国际竞争对美国基础教育改革政策的影响,在一定程度上是通过美国教育家的教育观念来折射的。美国教育家科南特提出的关于《改进公立中等教育的建议》的政策性报告就是其要素主义教育思想的反映。他既是第二次世界大战后要素主义教育思想的主要代表人物,又是战后20世纪50年代末全国教育协会教育政策委员会的委员。

另外,现实的教育中存在一些问题、矛盾和要求,而它们又是制定教育政策的前提和基础,在某种意义上,教育的现有水平从客观上制约教育政策目标的确定和方案的选择。当现实中的教育矛盾激化,依据现有的政策已经不能进行调整和解决时,就需要重新调整修订已有的政策,从而使其适应新形势的需要。当政策环境发生重大变化,仅对原有政策进行修订不足以解决问题时,就必须重新制定一项新的教育政策。

5. 教育决策组织的结构

教育决策组织是教育决策活动的主体,它根据法律来制定教育政策,具有决策权力。科学合理的决策组织结构是教育政策制定的保证。决策组织结构包括组织的人员结构和管理结构两方面。人员结构指的是决策组织内部各类型人员的组合和构成,具体来说涉及成员的知识背景、年龄构成、性格特征、性别差异等方面。当代教育政策的制定原则上是通过集体决策的方式来进行,所以决策群体内部的人员结构影响着教育政策的制定过程。管理结构则是指决策组织的程序、管理层级和幅度、机构设置、组织结构等。从管理学的意义上来说,教育政策的制定也是组织的行为,所以与组织的管理结构也密切相关。

6. 决策者的个人因素和权威人物的影响

在某种意义上,政策的制定实际上是一个对问题、信息的认知和对方案进行选择的过程。认知涉及信息的获取、加工、储存以及信息对进一步认识的指导等,它既是一个过程,也是一种结果。但信息呈现出广泛和变化迅速的特征,决策者不可能收集到所有的信息,这样决策者能否依据有限资料作出合理的决策,成为政策制定的关键点。因此,决策者的知识结构、思维方式和能力对政策的制定过程会产生深远的影响。

虽然政策制定主要是一种理智行为,但政策制定者的情感偏好以及个人的感召力也容易影响决策集体中其他的决策人员。决策者对某事某物的特殊感情会使他较多地关注某些问题,接受这方面的信息,于是该问题就容易进入决策人物的视野,上升为政策问题。

此外,政治领导人、国家教育行政机构的主要负责人的个人素质和理论素养、权威地位、

---

① 张楚廷.教育论[M].长沙:湖南教育出版社,2000:134.

对国家教育事业的整体把握等,使他们具备了预测影响社会发展的若干重要教育问题,进行政策发动的能量。他们是使教育政策问题进入政策议程的重要影响因素之一。[1]

(三)教育政策制定的程序

查尔斯·林德布洛姆在他的著作《决策过程》中提出了一个关于政策制定过程的经典描述:面对一个存在的问题;澄清目的、价值或目标,然后在头脑中将这些东西进行排列或用其他方法加以组织;然后列出所有可能达到目的的重要政策手段;审查每项可供选择的政策会产生的所有重要后果;将每项政策的后果与目的进行比较;选出其中结果与目的为最佳目标的政策。[2]

从这个描述可以大概了解政策制定的一般过程。政策的制定是个十分复杂的过程,存在众多的影响因素,所以一般要依据一定的程序,以求制定出来的教育政策是科学的、合理的、有效的。这里我们综合相关学者的看法[3],把教育政策的制定过程概括为以下 5 个阶段,即教育政策问题的确定,政策议程的进入,明确政策目标,设计和选择政策方案,政策的合法化,如图 3-1 所示。

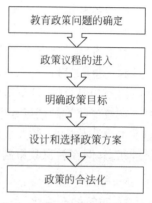

图 3-1　教育政策制定的程序

1. 教育政策问题的确定

确认教育政策问题是教育政策制定过程的第一步。在任何教育政策开始制定之前,首先当然是要弄清究竟为何要制定教育政策,面对的是什么教育问题,如果不存在什么问题,也就没必要制定政策了。教育领域存在各种问题,并不是所有问题都是政策问题,只有当其被教育决策部门所考虑时,才有可能上升为教育政策问题。教育政策问题的认定,就是决策者以一定的理论和政策评价资料,对教育政策问题的存在、存在形式、范围或性质进行系统的分析,找出问题产生原因的过程。

2. 政策议程的进入

一般的教育问题上升为政策问题之后,还要以一定的形式,经过一定的渠道进入政策议程,才能得到解决或处理。进入政策议程,就是将教育政策问题纳入政策机构的行动计划中去。一般来说,教育政策问题要进入政策议程,必须具备六个条件:①问题的内容能引起决策者的足够兴趣,至少已为决策者所注意;②问题的脉络比较清晰,问题的主要矛盾已经凸显,决策者相信已掌握问题的实质;③决策者相信能够找到一个比较理想的解决方案;④决策者意识到该问题的严重性;⑤决策者认为具备解决该问题的客观条件;⑥该问题属于政策机构的权限范围之内。只有具备这 6 个条件,政策问题才有可能进入政策议程。

3. 明确政策目标

当问题进入政策议程之后,决策者下一步要做的是确定政策目标。政策目标实际上体

---

[1] 刘桂玲,杨晓明.影响教育政策议程建立的因素分析[J].北京联合大学学报(自然科学版),2006(3).
[2] 林德布洛姆.决策过程[M].乾威,等译.上海:上海译文出版社,1988:19-20,43.
[3] 袁振国.教育政策学[M].南京:江苏教育出版社,2005:37-39.

现了决策者的政治倾向及价值偏好,也反映了其对该政策问题的认识程度。目标往往是根据问题而确定,所以决策者要运用各种研究方法,对问题的性质、特点和范围作全面的分析,找出问题产生的原因,并以一定的方式把问题的症结罗列出来。制定政策目标是出于两方面的考虑:为下一步的政策方案设计提供方向性的指导和为政策方案的规划及实施提供核心的评估标准。

4. 设计和选择政策方案

方案设计是决策者大胆运筹规划、寻求方案途径,创立新方案解决各种新的教育政策问题的过程。这一阶段的工作包括:对原来的政策问题作出更细致的界定;对问题的成因进行更精确的分析;确定行动的原则、纲领;考虑可行的、有可能采取的各项基本措施;将可能采取的各种措施综合起来形成一个初步的方案。一般来说,教育政策的方案设计要遵循四个原则:科学性原则、合理性原则、可行性原则和政治上可接受性原则。

政策方案设计出来之后要进行可行性分析,方案的可行性分析是指围绕政策目标,运用定性和定量的分析方法,对政策方案实际上是否行得通进行系统的论证研究。方案不仅要有政治上的可行性,还要有经济与技术上的可行性。

在教育政策制定过程中通常会设计多个解决方案以进行比较择优。对备选方案的衡量标准主要涉及成本、效益、效率、公平等因素。决策者对于政策方案的选择,一般都追求一种最佳状态,但在教育政策制定中,一般教育方案很难达到最佳,方案选择只能服从满意标准而不能是最佳标准。

5. 政策的合法化

教育政策方案的选定并不意味着政策制定过程已经完成,还必须将该方案合法化为真正具有权威性的政策,使之能够得到有效的执行,这需要一个合法化的过程。政策合法化是指经政策规划所得的政策方案上升为法律或获得合法地位的过程。应该指出的一点是,政策合法化并不等于政策法制化,政策合法化只要求政策方案获得合法地位,具有执行效力,并不要求把所有政策都转化为法律,唯有那些有重大影响,具有长期稳定性和为实践证明是合理可行的才有可能转化为法律、法规。所以教育政策的合法化主要涉及两个过程:行政机关的政策合法化过程与立法机关的政策合法化过程。

我国教育政策合法化的行政审批程序是在国务院、教育部及地方政府和教育行政部门等几个不同的层次上展开的。从宏观上讲,教育政策合法化的行政程序发生在中央与地方这两大层次上;从微观上讲,教育政策合法化的行政程序发生在教育部各司、处、科等部门的各个行政系统环节中。

教育政策经过一定实践检验、并具有相对稳定性之后,可以上升为教育法律。凡是以法律形式体现的教育政策,都必须经过立法机构法律程序的审批。立法机构审批通过的教育政策,便完成了合法化过程。对于必须立法的议案,按照人大立法程序,一般要经过提案、预备会议列入议程、审议、通过等程序,如《中华人民共和国教育法》和《中华人民共和国义务教育法》都经过了这样的程序。

四、教育政策实施的保障机制

实施教育政策,简单来说就是实施者依据政策的指示和要求,采取积极行动实现政策目标,将教育政策内容转化为教育现实的过程。早期的政策研究者大多把主要精力放在政策形成方面,较少研究政策的实施问题,后来才逐渐发现很多政策目标无法实现,不仅有制定方面的原因,还有实施方面的原因。美国政策学者艾利森曾指出"在达到政策目标的过程中,方案确定的功能只占10%,而其余90%取决于有效的执行"。政策实施的重要性可见一斑。总结起来,政策实施在整个政策过程中的意义主要有三:一是实现政策目标、解决教育政策问题的基本途径;二是检验政策方案正确与否、质量如何的标准;三是后继政策制定的重要依据。

(一)影响教育政策实施的因素

现实中并不是所有教育政策都能得到有效的实施,有很多因素会影响教育政策的实施效果。

1. 教育政策的性质和特点

教育政策的有效实施是以高质量的政策为前提的,而高质量的政策至少应有以下几个特点。一是合理性。教育政策要针对具体、客观的问题,所规定的内容要反映现实情况,提出的行动措施应当符合客观事物的发展规律。合理性还包括政策的实施具有现实的可能性。二是明晰性。作为人们行为的一种规范,政策必须明确、清晰,绝不能模棱两可、含糊不清,以避免政策执行者对政策目标或内容产生误解从而造成政策实施的阻滞。三是协调性。一项可行的教育政策在其适用的时空范围内不应当与其他政策相抵触。四是稳定性。教育政策在其有效期限内应当处于一种相对稳定的状态,政策的稳定程度影响着政策执行者对政策的认同、接受程度。

2. 执行机关的效能

影响执行机关效能的因素包括执行人员的素质和工作态度、执行人员的角色关系、组织内部的沟通协调、执行者的管理组织水平等。

3. 教育政策的实施步骤

政策能否得到有效实施,还取决于所采取的实施步骤。教育政策的实施过程要依据一定的逻辑顺序,一般分为政策理解、制订实施计划、组织落实、政策宣传、具体实施、监督检查、政策调整、实施情况总结、巩固提高等阶段。这里的每一个步骤都会在不同程度上影响政策实施的效果。

4. 环境和资源因素

教育政策的施行不可避免地要受到所处环境的影响。在诸多环境因素中,最为重要的是政治环境和经济环境,其次是文化和社会心理等环境,不可忽视的是,大众媒体对包括教育政策在内的公共政策产生的影响也越来越大。政策实施还必须有相应的配套资源,包括人力资源、财物资源和信息资源。所以资源条件也是影响政策实施效果的主要因素之一。

(二)教育政策实施的保障机制

由于受到诸多因素的影响,教育政策在实际的实施过程中往往会出现执行过程及结果偏离原来政策目标、实施效果不理想的不良现象,这就是所谓"政策失真"。教育政策失真的表现包括政策完全偏离,即政策完全没有实施,或者政策实施的实际状况与原来所策划的完全不同;政策表面化,即只是将教育政策进行宣传,政策中规定的具体措施却没有实行,政策问题没有得到切实地解决,更甚者问题会越发严重;政策扩大化,即政策在实施过程中被附加了额外的内容,使政策的调控对象、范围、力度、目标超越原定政策的要求;政策残缺,即一个完整的政策在实施的过程中,并没有完全执行,而只实施一部分,另外一些部分被忽略,实施的政策在内容体系上存在缺陷;政策替换,即政策在实施过程中被其他内容所替换,这些内容看起来似乎与原政策一致,但事实上无法体现原政策的精神与宗旨。

为了避免种种政策失真问题,教育政策在实施过程中必须要有相应的保障机制。

首先是资源上的保障。政策的有效实施需有必要的资源作为支持,包括财力资源、人力资源、信息资源和权威资源四种。人力资源和财力资源是政策实施中两种最基本的政策资源,也是政策实施的物质基础。信息资源是公共政策实施活动的必要条件,政策实施可看作是一个信息控制的过程,政策实施过程中,需要政策实施者和接受者的信息沟通与交流,否则,政策实施将会失去控制。在政策实施中,非常重要的一点就是掌握充足的信息和拥有畅通的信息渠道。权威保证公共政策的实施,它是一种特殊的资源。要使政策实施活动顺利进行,需要赋予负责实施政策的人员相对的权威,以便更好地执行工作上的任务。

其次是完善的管理体制和方法保障。在政策实施的过程中,政策实施机构内部、政策实施机构与其他组织机构之间的各种关系都需要理顺,这样才能够使实施的过程更加协调、工作更加灵活,正是在这种意义上,完善的管理体制是政策实施的重要保障。为了使政策有效,良好的控制和政策实施技术也是必不可少的。正确的方法推动着政策的有效实施。政策能否顺利实施、政策目标能否成功实现,取决于政策实施主体对政策的认知水平和认同程度,也取决于政策实施主体的行为方式。

最后,科学有效的监督机制。一套完善的监督体系是建立科学有效的监督机制所必不可少的基础,它有利于强化政府内部监督,从而能够促进政策的有效实施。与此同时,制定必要的实施制度,各职能部门要明确职责,监督实施情况,对政策实施不力和违反政策者依法进行处罚。

英国教育政策制定的一般程序

教育政策的制定受到多种因素的影响,不可能遵循同一个制定模式。但是从总体上看,英国教育政策制定的程序一般分为四个阶段:政策问题的产生、专家咨询、社会辩论、政策文本的出台。

1. 政策问题的产生

教育问题要上升到国家政策的层次并不是非常容易。在众多问题中,只有一部分问题能进入政策制定者的视野,继而进行政策方面的酝酿。政策问题的产生可以分为两种情况。一种是政府被动式地产生,在这种情况中,某个特定教育问题的利益相关者产生了一定的影响力,或者是引起了广泛的社会关注,要求政府作出相应政策调整,从而迫使政策制定者重新安排某一范围内的秩序和利益关系。例如,19世纪英国高等教育领域内经费短缺的问题日益突出,大学发展急需资金,英国工业的先进地位受到德国先进科技的挑战,在这样的背景下,英国国会于1889年批准财政部拨款1.5万英镑,分配给所有大学。另一种情况则是政府主动式地产生,政策制定者从国家教育需要的角度或者是从自身代表的利益群体的角度出发,酝酿一项政策以便于改善教育去适应未来发展,或者是实现自身的利益最大化。例如,英国保守党在20世纪80年代执政后,首先以"公助学额"计划为预演,并最终在《1988年教育法》中提出了"直接拨款公立学校"的政策。当时的教育部部长贝克后来在接受采访时说,当年的计划就是要"惩罚教师协会,消灭地方教育当局,以及悄悄地消灭综合学校"。可见,这个政策的产生过程反映的是保守党政府所代表的大资产阶级的利益和教育观。

在许多政策的制定过程中,可能以上两种情况同时存在,即政策的确立兼具社会的压力和政府的动力。但从总体上来看,"二战"之前英国教育政策更多是在社会压力的情况下产生的,"二战"之后英国教育政策的产生和制定过程越来越具有前瞻性,政府主导的趋向越来越明显。

2. 专家咨询

确定了政策问题之后,英国政府下一步就会组织专家对这一问题作出咨询报告。在正式制定政策前,组织专家小组进行调查研究是英国教育政策制定的一大特色。在英国教育历史上,一系列具有影响力的教育政策都是以专家组报告书的形式开始的,如"哈多报告""斯宾斯报告""克鲁塞报告""罗宾斯报告"等。

根据具体情况的不同,政府也有可能对专家的报告书做出一定的修改然后形成书面文件。这种专家咨询报告大多以绿皮书的形式发布。英国的绿皮书是一种政府提出的咨询文件,其中包含未来政府政策的建议,公众可以对这些建议进行探讨和辩论。绿皮书中的每一项建议通常都包含若干选择,公众可以对这些选择进行公开讨论,从而方便政府确定哪一条建议是最好的。

对于大多数政策问题而言,进行政策咨询的专家组成员来自各个领域,反映出专家的个人研究背景和所代表的利益群体。当不同利益群体对某一政策问题产生争议时,政府会请若干组专家同时进行咨询,不同的专家组代表不同的利益群体和观点,从而形成一种相互辩论的机制,便于保证对政策问题的咨询足够全面。但是,有时政府也会极力促成一项争议很大的政策,在这种情况下专家组的成员结构就会偏向于政府的需要,甚至不通过专家进行咨询,直接由政府提出议案。例如,1988年的《教育改革法》出台之前,因为其中涉及的国家课程和直接拨款公立学校政策会引发极大的社会争议,撒切尔夫人领导的保守党政府没有采取专家咨询的方式,而是直接由教育大臣和高级公务员提出教育议案并提交议会。当然,这样的情况非常少见。如果政府采用这种专断的做法,将会引起社会各界的反感。英国教育领域内很多知名教授对撒切尔夫人的教育政策非常不满,原因就在于此。

3. 社会辩论

在绿皮书或专家咨询报告向社会公布之后,反对党、相关利益群体、社会公众可以通过各种媒介与其辩论。这种辩论可以是个人发表文章,也可以是一些专家组成研究小组对绿皮书的内容进行调查研究,并提出反对意见或修正意见的报告。有时公众的辩论甚至会使专家咨询报告流产。例如,工党在1964年的竞选宣言中曾经做出承诺,要将公学合并到公立教育制度之中。为了实现这一政策,1965年工党政府组织了一个专家小组进行调查。该小组被命名为公学委员会,以纽瑟姆为主席。该委员会在1968年出版了调查报告,建议将一部分公学合并到公立教育之中,合并的方法是让公学留出至少一半的学额,用来录取国家资助的学生。报告出台之后,引发了舆论的批评和反对。媒体也认为该报告自相矛盾,回避问题,不能变成法律。结果,当年的工党年会否决了纽瑟姆委员会的报告。

然而,并不是所有的政策建议都会被用于公众辩论。一般来说,用于公众辩论的政策建议包括以下情况:①政策问题超越了政府内部专家意见所能涵盖的领域;②政策问题所涉及的责任是跨部门的;③可能存在更多方面的专家观点和不确定性;④牵连到公共政策领域的敏感问题;⑤独立于政府的分析能够加强公众对政府建议的信心。

4. 政策文本的出台

经过了广泛的社会辩论,英国政府根据各方的意见对原有的绿皮书内容进行一定的修改,然后形成正式的政策文本。这种政策文本通常是以白皮书的形式出现。与绿皮书不同的是,白皮书中含有具体的立法建议。因此,白皮书既可以作为最后的政策文本,也可以以议案的形式提交议会,从而形成一项法律。在把白皮书提交议会时,部长需要写一份对白皮书的说明,说明中一般包括白皮书的内容概括,还包括将该政策建议付诸立法的意义。在提交议会时,政府可以选择将议案提交给上院或是提交给下院,但大多数情况下是提交给下院。

下院议会接受了政府的议案之后,首先要对议案进行"一读"(first reading)。这个阶段主要是把议案打印出来分发给各个议员,宣布议案的名称,然后规定"二读"(second reading)的日期。在"二读"阶段,议员们会对议案中的主要原则进行讨论,一般来讲,很少有议案会在这个阶段被否决。之后议案要被提交给一个常务委员会(standing committee),对议案的详细内容进行审查,并在必要的时候进行修改。常务委员会由18名下院议员组成,其人员构成反映下院中的党派状况。常务委员会对议案做出修改之后,将修改稿向下院议员进行报告,进入报告阶段(report stage)。在这个阶段,每一个议员都有机会对议案提出自己的看法,并进行投票。此后就进入到下院讨论的最后一个阶段"三读"(third reading)。这个阶段一般非常简短,不会对议案做出大的修改,如果有大的修改的话,议案就必须回到常务委员会,进行更深入的考虑。

下院的立法程序结束之后,议案会被提交给上院。上院可以对议案进行修改,然后把修改意见返回到下院,由下院来考虑是否接受上院的修改意见。下院一般不会否决上院的修改,因为这些修改通常没有太大的分歧。最后,议案会被提交给英国国王,经过国王的批准正式成为法律。

从理论上讲,议会可以否决政府的议案。但是在实践当中,议员的反对意见往往只能起到一定的制约作用,如果政府坚决要通过某一项议案,议会很难否决。这是因为英国首相是由占下院多数席位的政党党魁担任的,政府提出的议案完全可以凭借执政党在下院的多数席位强行通过。同时,根据英国1911年的议会法,如果一项议案通过了下院的三读程序,即便上院表示反对,也可以提交给国王申请批准。而英国国王自从1707年以来就从未否决过任何一份议会通过的议案。因此,当今英国议会的功能实质上已经不是"立法",而是将政府的议案宣布为合法。

例如,1987年11月,英国教育与科学部部长贝克向英国议会提交了保守党政府的教育议案,该议案在英国社会引起极大反响,许多个人、利益群体和政治派别参与讨论,提出了大量的反对意见。1988年7月,该法案提交议会讨论,尽管反对声此起彼伏,但是保守党仍旧凭借其在下院的多数席位强行通过了该法案,从而形成了英国1988年《教育改革法》。

资料来源:吕杰昕. 英国教育政策的制定过程分析[J]. 教育发展研究,2006(19).

第二节 教育法规的制定与实施

一、教育法规的含义及层次

（一）教育法规的含义

"教育法规"有广狭二义。广义的"教育法规"是指由国家依照一定程序制定或认可并由国家强制力保证实施的，调整教育活动中各种社会关系的法律规范的总和，包括各种教育法律、教育行政法规、教育部门规章、地方性教育法规、地方政府规章等。狭义的"教育法规"仅仅指教育法律，即教育基本法和各教育单行法。通常情况下我们都是在广义上来理解"教育法规"的概念。广义的教育法规具有以下一些基本含义。

首先，教育法规是由国家立法机关制定或认可的。教育法规的制定是国家机关依照法定的权限和程序形成教育方面的具有法律效力的规范性文件的过程。而教育法律认可则是有权制定法律规范的国家机关将社会中存在的教育方面的规范、习惯、判例等上升为法律规范，赋予其法律效力。由于教育法规由国家立法机关制定或认可，体现了国家在教育领域的意志。

其次，教育法规调整的对象是教育活动中各种权利与义务关系。教育法规所调整的并不是教育活动中所有的社会关系，只有当国家立法机关针对教育活动中的某种社会关系制定了法律、法规进行规范时，这些社会关系才成为教育法规调整的范畴。这些社会关系涉及的主体主要有国家机关、教育行政部门、各级各类学校及其他教育机构、教职员工、学生、学生家长、社会团体和公民，他们之间构成了各级政府之间在教育行政方面的职权分工关系、行政机关与学校的关系、学校与教职工的关系、学校与学生的关系、学校与社会的关系等。

再次，教育法规是由国家强制力保证其实施的。所谓国家强制力是指国家通过监狱、法庭、军队、警察等机构所体现出的国家暴力，这是法律权威存在的制度基础。无论是法律的产生还是法律的实施都离不开国家强制力的作用。教育法规的强制性表现在以国家的名义规定人们在教育活动中的权利与义务地位，并由相关的国家机关保证其实施，对于违反教育法规的行为，这些机关有权做出一定处理。

最后，教育法规是按照一定程序制定或认可的。国家的一切立法活动都应当严格按照法律所规定的立法程序进行，教育法规的制定也不例外。教育法规制定的程序是指国家机关在制定、修改或废止教育法律规范时必须遵循的法定步骤、程式和方法。

（二）教育法规的特征

教育法规的特征是指由教育法规特定的调整对象和内容所决定的不同于其他法律规范的个性特点。作为法律整体的一部分，教育法规具有一般法的强制性、规范性和普遍约束性；而作为法的一个独立组成部分，教育法规又有其自身的特殊性，主要有以下几点。

1. 行政主导性

教育法律关系以教育行政法律关系为主，这一点与民事关系所特有的双向性和刑事关系的触犯刑律有一定区别，而与行政法规有较强关联。

2. 教育性

教育法规主要通过宣传教育和行政措施来加以贯彻，只有涉及民事责任或刑事责任时才分别依法追究民事责任和刑事责任。通常情况下，在解决某些教育问题时较多采用学术研讨、公开辩论、科学评估或者思想沟通、说服教育等措施。这是一般行政法、民法和刑法所难以具有的特征。

3. 广泛性

教育法规涉及的法律关系主体和适用范围都十分广泛。这是因为教育是一件社会性事业，涉及千家万户和社会各个方面，已经成为一种最普遍的社会活动。从教育法规涉及的内容来看，它规定了教育的目标、任务、原则、学校设置的条件、教育主管机关的权限、教育教学、科研、行政管理等工作，以及教师、学生、职工等的权利与义务，还确定了教育的基本制度、规定了学校与社会、与国际交往的关系准则等。可见，教育法调整对象是非常广泛的、复杂的。

（三）我国教育法规的层次和体系

新中国成立后，尤其是改革开放以来，教育法制建设取得了长足发展，到目前为止，具有中国特色的社会主义教育法律体系的基本框架已经初步形成。所谓教育法律体系是指一国现有的教育法律、法规所构成的完整的、内部协调一致的有机统一体。

各种教育法律、法规依据其制定机关的性质和法律地位的不同，具有不同的法律效力。我国教育法律体系根据法律效力不同可以分为纵向四个层次，如图 3-2 所示。也有的学者把教育基本法单列出来作为第一层次；第二层次是部门教育法（教育单行法）；第三层次是教育行政法规和规章；第四层次为地方性教育法规。[1]

这里简单介绍一下教育法律。教育基本法是依据宪法制定的调整教育内部、外部各种社会关系的基本法律准则，也可以说是"教育的宪法"，或教育法规体系中的"母法"。教育基本法通常规定一个国家教育的基本方针、基本任务、基本制度以及教育活动中各主体的权利与义务等。

1995 年全国人大制定和颁布实施的《中华人民共和国教育法》，规定了我国教育的性质、地位、任务、教育方针、教育基本原则、教育管理体制、教育基本制度以及教育关系主体

---

[1] 劳凯声.教育法论[M].南京：江苏教育出版社,1993：250-255.

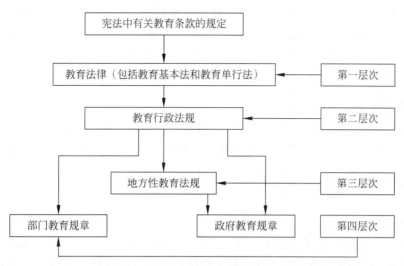

图 3-2　我国教育法体系纵向四个层次[①]

(学校、教师、学生)的法律地位、教育投入与条件保障、教育对外交流与合作等方面。这些都是我国教育根本性、全局性的重大问题,因而《中华人民共和国教育法》就是我国的教育基本法。

部门教育法是根据宪法和教育基本法规定的原则制定的调整某一类教育或教育的某一具体方面中各种社会关系的教育法律。前者如《中华人民共和国义务教育法》《中华人民共和国职业教育法》等,后者如《中华人民共和国教师法》《中华人民共和国学位条例》。完备的教育法规体系,在教育基本法之下,其教育单行法应基本覆盖教育的主要门类和教育的主要方面。

从教育法规体系内部横向关系的角度来看,教育法规的结构体系由下列教育法律子部门组成(宪法中规定的教育法律规范和教育基本法例外)。

1. 基础教育法

基础教育法是调整基础教育部门内部关系的部门法。基础教育包括通常意义的普通初等教育和中等教育,所以基础教育法应包括学前教育、普通小学教育、普通中学教育等方面的教育单行法。1986 年全国人大颁发实施、2018 年修正的《中华人民共和国义务教育法》应属于基础教育法,也是基础教育法的一个主要代表。该法规定了我国义务教育的性质、形式、学制、管理体制、保障措施等方面的内容。

2. 高等教育法

高等教育法是调整高等教育部门内部关系的部门法。我国高等教育通常包括专科教育、本科教育和研究生教育,所以高等教育法应包括这几个层次的教育单行法,此外有关学位授予的相关问题也应属于高等教育法的调整范围。1998 年全国人大常委会通过并颁发实施的《中华人民共和国高等教育法》就属于高等教育法,也是高等教育法的主体。该法规定了高等教育的发展原则、办学体制、基本制度、学校内部管理体制、教师和学生的权利与义

---

① 林天卫,吴华钿.教育法规读本[M].广州:广东高等教育出版社,2005.

务等方面的内容。作为高等教育法的另一重要组成部分，1980年全国人大常委会通过并颁发实施的《中华人民共和国学位条例》，将我国的学位分为学士、硕士和博士三级，对授予各级学位的条件、学位的评定、学位授予机关、授予程序和方法等作了明确的规定，《学位条例》的颁布和施行确立了我国学位制度，保证了我国学位的质量。

3. 职业教育法

职业教育法是指调整各级各类职业技术教育和各种正式的职业培训中各种社会关系的部门法。1996年全国人大常委会通过并颁发实施的《中华人民共和国职业教育法》，是职业教育法的主体。该法规定了职业教育在我国教育体系中的地位、发展方针、管理体制、实施和保障条件等方面的内容。

4. 终身教育法

终身教育法是指对各级各类成人教育、继续教育中的社会关系进行调整的部门法。1988年国务院颁布的《扫除文盲工作条例》《高等教育自学考试暂行条例》，原国家教委1988年颁布的《成人高等学校设置暂行条例》等，这些教育行政法规和教育行政规章就属于终身教育法的组成部分。从内容上看，这些法规是横向部门法不可缺少的方面。终身教育理念的提出、倡导、普及，以及各个社会阶层民众的教育需求不断提高，亟须国家出台相关的法律、法规对高等教育后的各项教育活动进行规范。

5. 教育人员法

教育人员法是规范和调整各级各类教育教学活动中以教、职、学员为主体一方而产生的社会关系的教育法律、法规。1993年全国人大常委会通过并颁布实施的《中华人民共和国教师法》是教育人员法的主要代表。该法对教师的职业性质、权利和义务、资格和任用、培养和培训、考核和奖励、待遇以及有关法律责任等作了全面的规定。

6. 教育财政法

教育财政法是指为保障教育事业的发展，保证教育法律关系主体的权益，确保教育方面的经费投入等方面作出规定的教育法律、法规。它规定了教育经费的来源、分配、使用、管理等方面的问题。由于各国体制的不同，其教育经费的来源也不同。我国的教育经费由于缺乏法律保障，在国家财政支出中比例一直偏低，在一定程度上阻碍了我国教育的普及和发展。另外，教育经费来源渠道单一、社会投资办学积极性不高、经费管理体制不完善等方面的问题都反映了我国立法对教育财政问题进行规范的必要性。

7. 教育行政组织法

教育行政组织法是指调整、规范教育管理活动的教育法律、法规。它规定了各级教育行政组织机构的设置、管理权限的划分、人员条件、管理职能等方面的内容。

8. 民办教育法

民办教育法是调整民办教育的投资、所有关系、规范民办教育机构教育教学行为的法律、法规。2002年第九届人大常委会通过的《中华人民共和国民办教育促进法》就属于民办教育法，它详细规定了民办学校的组织与活动、资产与财务管理、变更与终止、法律责任等内容。

二、我国教育立法的机关

立法机关是有权制定、修改和废止法律的国家机关。依据权限的不同，我国教育立法的机关可分为以下几类①，具有不同立法权限的国家机关制定具有不同效力的教育法律、法规。

（一）最高国家权力机关及其常设机关

中华人民共和国全国人民代表大会是我国最高权力机关，它的常设机构是全国人民代表大会常务委员会。全国人民代表大会以及常务委员会行使国家立法权。全国人民代表大会的立法权限包括：修改宪法；制定和修改刑事、民事、国家机构的和其他的基本法律；改变或者撤销全国人民代表大会常务委员会不适当的决定。全国人民代表大会常务委员会的立法权限包括：解释宪法，监督宪法的实施，制定和修改除应当由全国人民代表大会制定的法律，对其进行部分补充和修改，但是不得同该法律的基本原则相抵触；撤销国务院制定的同宪法、法律相抵触的行政法规、决定和命令；撤销省、自治区、直辖市国家权力机关制定的同宪法、法律和行政法规相抵触的地方性法规和决议。教育法律由全国人民代表大会或全国人民代表大会常务委员会制定。

（二）最高国家行政机关

中华人民共和国国务院，即中央人民政府，是最高国家权力机关的执行机关，是最高国家行政机关。国务院的立法权限包括：根据宪法和法律，规定行政措施，制定行政法规，发布决定和命令；改变或者撤销地方各级国家行政机关的不适当的决定和命令；改变或者撤销各部、各委员会发布的不适当的决定和命令、指示和规章。国务院制定的行政法规的法律效力仅次于国家法律，除最高国家权力机关外，任何机关无权予以改变或者撤销。教育行政法规由国务院制定。

（三）地方国家权力机关

省、直辖市、县、市辖区、乡、民族乡、镇设立人民代表大会和人民政府。地方各级人民代表大会是地方国家权力机关，县级以上的地方各级人民代表大会设立常务委员会。省、自治区、直辖市的人民代表大会以及常务委员会根据本行政区域的具体情况和实际需要，在不同宪法、法律、行政法规相抵触的情况下，可以制定地方性法规。较大的市（省、自治区的人民政府所在地的市，经济特区所在地的市和经国务院批准的较大的市）的人民代表大会以及常务委员会根据本市的具体情况和实际需要，在不同宪法、法律、行政法规和本省、自治区的地方性法规相抵触的前提下，可以制定地方性法规，报省、自治区的人民代表大会常务委员会批准后施行。据此，地方性教育法规要由法律规定的有权制定地方性法规的地方国家权力机关制定。

---

① 刘明利.立法学[M].济南：山东大学出版社，2002：82.

（四）民族自治地方的自治机关

民族自治地方的自治机关是自治区、自治州、自治县的人民代表大会和人民政府。民族自治地方的人民代表大会有权依照当地民族的政治、经济和文化的特点，制定自治条例和单行条例。自治区的自治条例和单行条例，报全国人民代表大会常务委员会批准后生效。自治州、自治县的自治条例和单行条例，报省、自治区、直辖市的人民代表大会常务委员会批准后生效。自治条例和单行条例可以依照当地民族的特点，对法律和行政法规的规定作出变通规定，但不得违背法律或者行政法规的基本原则，不得对宪法和民族区域自治法的规定以及其他有关法律、行政法规专门就民族自治地方所做的规定作出变通规定。据此，教育自治条例和单行条例要由有权制定自治条例和单行条例的地方自治机关制定。

（五）国务院所属机构及地方国家行政机关

国务院各部、委员会、中国人民银行、审计署和具有行政管理职能的直属机构，可以根据法律和国务院的行政法规、决定、命令，在本部门的权限范围内，制定规章。部门规章规定的事项应当属于执行相应法律或者国务院的行政法规、决定、命令的事项。涉及两个以上国务院部门职权范围的事项，应当提请国务院制定行政法规或者由国务院有关部门联合制定规章。省、自治区、直辖市和较大的市的人民政府，可以根据法律、行政法规和本省、自治区、直辖市的地方性法规，制定规章。据此，教育规章要由有权制定规章的国务院各部、委员会、中国人民银行、审计署和具有行政管理职能的直属机构以及省、自治区、直辖市和较大的市的人民政府制定。

三、教育立法的程序

教育立法指特定的国家机关在其法定的权限范围内，依照法定的程序，制定、修改和废止有关教育的规范性法律文件的活动。这里只谈教育法律、法规的制定。不同层次的教育法律、法规是由具有不同权限的国家机关依据不同程序制定的，下面简单介绍教育法律、教育行政法规、教育部门规章的立法程序。

（一）教育法律的立法程序[①]

在我国，教育基本法的立法权属于全国人民代表大会，教育单行法的立法权属于全国人民代表大会常务委员会。但也有重要的教育单行法是由全国人大通过的。例如，《中华人民共和国义务教育法》就是第六届全国人民代表大会第四次会议通过的，其他教育单行法则均是由全国人大常委会通过的。教育法律的立法程序基本上要经历以下步骤。

（1）全国人大代表或国务院提出教育法律案。
（2）国务院向全国人大常委会报送教育法律草案。
（3）全国人大常委会分组初步审议。
（4）全国人大教科文卫委员会审议。

---

① 吴志宏，等.教育政策与法规[M].上海：华东师范大学出版社，2003：186-187.

(5) 全国人大法律委员会统一审议提出法律草案修改稿。
(6) 全国人大常委会会议进一步审议。
(7) 法律委员会修改教育法律草案形成草案表决稿。
(8) 全国人大或全国人大常委会表决通过教育法律案。
(9) 国家主席签署主席令公布教育法律。

通常来说，由人大代表提出的法律案不会同时附带法律草案，而由国家机关，如国务院提出的法律案，则既提出法律案议案也附有法律草案[①]。教育法律案一般由国务院或全国人大代表提出。国务院提出教育法律案，通常是已经完成某部教育法的起草工作，并征求多方意见以及反复修改之后，向全国人大或全国人大常委会提交教育法律草案，提请审议通过。人大代表提出教育法律案，通常是提出制定某部教育法的要求，说明立法的重要意义和理由，其作用在于启动某部教育法的起草工作。

在审议教育法律案阶段，如果是教育基本法律，还需由全国人大审议，法律委员会听取各代表团审议意见，对法律草案进行修改，然后向主席团提出审议结果报告和法律草案修改稿，各代表团再行审议，最后由法律委员会修改和形成草案表决稿。

（二）教育行政法规的立法程序[②]

国务院行政法规的立法程序，由《中华人民共和国立法法》第三章和《行政法规制定程序条例》规定。国务院实行总理负责制，因此行政法规的制定程序与权力机关立法程序存在不同之处。教育行政法规同其他行政法规一样，其制定需要经过立项、起草、审查、决定、公布等步骤，具体内容如下。

(1) 教育部向国务院报送教育行政法规的立项申请。
(2) 国务院批准教育行政法规的立项申请。
(3) 教育部起草教育行政法规。
(4) 教育部向国务院报送行政法规送审稿。
(5) 国务院法制办审查送审稿并发送各部委等征求意见。
(6) 国务院法制办修改送审稿形成行政法规草案。
(7) 国务院常务会议审议教育行政法规草案。
(8) 国务院法制办修改草案形成草案修改稿，报请总理决定。
(9) 国务院总理签署国务院令公布教育行政法规。

教育行政法规的内容如涉及国务院其他部委的事务管理权，则应与有关部委共同起草，国务院法制机构起协调作用，也可以确定由国务院法制机构起草。法规内容涉及其他部门职责的，应与有关部门协商一致，协商不能取得一致意见的，应当在上呈行政法规草案送审稿时说明情况和理由；对涉及需要国务院决策的重大问题，应提出解决方案，报国务院决定。

国务院实行总理负责制，行政法规草案是否通过，由总理作最后的决定，而不像国家权力机关通过法案那样实行表决制。行政法规草案由国务院常务会议审议或由总理审批。一

---

① 谷安梁.立法学[M].北京：法律出版社，1993：101.
② 吴志宏，等.教育政策与法规[M].上海：华东师范大学出版社，2003：189-191.

般而言,行政法规草案大多要经国务院常务会议审议。

有关行政法规的公布,2000年7月1日起施行的《中华人民共和国立法法》及2002年1月1日起施行的《行政法规制定程序条例》均规定由国务院令发布。

(三) 教育部门规章的制定程序[①]

按照2001年11月16日国务院令第322号公布的《规章制度程序条例》,部门规章的制定要经过立项、起草、审查、决定、公布等步骤。具体到教育部门规章,其制定程序如下。

(1) 教育部内设机构向教育部报送规章立项申请。
(2) 教育部批准规章立项申请。
(3) 教育部内设机构起草部门规章。
(4) 起草单位报送规章送审稿。
(5) 教育部法制机构负责统一审查并征求意见。
(6) 教育部法制机构修改规章送审稿形成规章草案。
(7) 教育部部务会议审议并由法制机构修改草案形成草案修改稿。
(8) 教育部部长签署命令公布教育部门规章。

如果教育部门规章是与其他部委联合制定的,由国家教育行政部门与联合制定的部门首长共同署名公布。例如,《社会力量办学印章管理暂行规定》(1991年8月21日国家教育委员会令、公安部令第17号发布)。

四、教育法规的执行

教育法规的执行,也称为教育法规的实施,是指教育法规在现实中的实现。法律的制定只是将社会关系上升为法律规范,更加重要的是使制定出来的法律、法规在社会生活中得以贯彻实施,规范人们的行为,调整社会关系,维护各方利益。教育法律、法规的实施(执行),一般分为两种方式:一种是教育法律关系主体自己自觉实施(执行),即教育法规的遵守;另一种是教育法律关系主体自己不去实施,由国家专门机关强制实施(执行),即教育法规的适用。

(一) 教育法规的遵守

教育法规的遵守是教育法规实施的一种基本形式或方式。它是指公民、社会团体和国家机关等相关主体自觉遵守教育法规,按教育法规规定的要求去行为或不行为。这一概念包含三层含义。首先,它以教育法律关系主体的自觉性为特征。也就是说,教育法律关系涉及的人员、机构不是迫于其他直接行政或司法手段的压力而按照教育法规的要求去行为。他们的行为源于自身对教育法律规范的认识和认同,或是源于间接的外在压力。其次,它以现行教育法规为依据或标准。在此要强调的是,教育法律关系主体的行为要遵循现有法律规范的要求。依法行为就是守法,不依法行为就是不守法。再次,守法的表现形式可以是依法作为,也可以是依法不作为。换言之,只要是依法行为,不管是作为还是不作为,都属于守

[①] 吴志宏,等.教育政策与法规[M].上海:华东师范大学出版社,2003:191.

法的范畴。

与教育法规的遵守相对的,是教育法规的违反。简单地说,教育法规的违反就是教育法律关系主体的行为违反了相关教育法律规范,从而危害了正常的教育法律关系,危害了正常的教育教学活动等。

从法律规范的性质和法律的调整方式来看,遵守教育法规的内容大致包括履行义务、遵守禁令和正确行使权利。

1. 履行义务

履行义务是义务性规范实施的方式,即教育法律关系主体自觉做教育法规要求必须做的行为,履行作出法律规定行为的义务。例如,依照《义务教育法》,地方政府应自觉履行设置学校,筹措并保证教育经费等各项义务,适龄儿童家长应履行按时送子女入学并保证其接受法定年限教育的义务等。

2. 遵守禁令

遵守禁令是禁止性规范实施的方式,即不做教育法规禁止的行为。例如,按照《义务教育法》的规定,任何组织或者个人都不得侵占、克扣、挪用义务教育经费,厂矿企业应自觉拒招童工等。

3. 正确行使权利

正确行使权利是授权性规范实施的方式,即所有教育法律关系主体必须依照教育法的规定,在自己的权利(职权)范围内,按照法定程序或条件行使权利,使授权性法律规范得以正确施行。在现实生活中,正确行使教育法规所赋予的权利,有一些事项需要注意:首先,在行使自己的权利时不要侵犯他人的权利;其次,不得超出教育法规规定范围行使权利,也就是说不能越权。应当指出,守法首先是严格遵守宪法和法律,同时包括广义的教育法所指的一切规范性文件,还包括一些非规范性的法律文件,如行政处罚通知书、行政复议决定书等。

(二)教育法规的适用

法律的适用是法律实施的另一种基本方式。教育法规的遵守可以看作是相关主体自律性地执行教育法规,而当这些主体自己不去执行相应法律规范时,则要由国家专门机关采取一定措施,强制执行教育法规,这则是他律性执行,也称教育法规的适用。所谓教育法规的适用,是指特定国家机关依法排除教育法规执行中遇到的阻力,强制性保证教育法规贯彻的法律实践活动,它是教育法规实施的一种必要方式。

教育法规的适用根据适用机关的性质,可以分为行政适用和司法适用两种,适用机关分别对应行政机关和司法机关。而不管是哪一种适用,都是指国家机关及其工作人员以国家的名义实施法律规范的活动。就教育法规的适用而言,行政适用是主要方式,司法适用也是不可缺少的重要方式。两者的结合,最终确保了教育法律规范的贯彻与执行。

适用法律的专门的国家机关可以是权力机关、行政机关、公安机关、检察机关和审判机关。教育法作为行政法,它的适用也是由以上国家机关来实现的,但教育法规更多地牵涉依法行使其管辖权的国家行政机关。专门的国家机关适用教育法规一般来说有以下几种情况。

其一，当公民、社会团体和一般的国家机关在行使法律所规定的权利与义务需要取得有专门权限的国家机关的支持的情况下，必须由有专门权限的国家机关来适用法律。例如，公民有参加高等教育自学考试的权利，但如果没有高等教育自学考试机构来主持这项工作，确定开考专业、统筹安排考试、建立考籍管理档案等，那么，公民就不可能实际地获得通过自学考试而学有所成的权利。

其二，当公民、社会团体和一般的国家机关在相互关系中发生纠纷或争议，不可能自己解决时，必须由有专门权限的国家机关来适用法律。例如，根据教育法规的规定，当事人对行政处分、处罚决定不服的，可以依照法律、法规的规定申请复议。当事人对复议决定不服的，可以依照法律的规定向人民法院提起诉讼。当事人在规定的期限内不申请复议，也不向人民法院提起诉讼，又不履行行政处理、处罚决定的，由作出处罚决定的机关申请人民法院强制执行，或者依法强制执行。在这里，行政复议机构、法院以及作出处理、处罚决定的国家行政机关都属于有专门权限的国家机关。

其三，当公民、社会团体和一般的国家机关在其活动中发生各种违法行为时，必须由有专门权限的国家机关来适用法律，对违法行为进行制裁。教育法规所规定的法律责任主要是行政法律责任，法律制裁也主要是行政处罚。这些都是由行政机关来实现的。但如果违法行为同时涉及民事范围或触犯了刑法，那么，除了由行政机关追究行政责任外，还要由法院追究民事法律责任或刑事法律责任。

以上几个方面说明，法律的适用是一种特殊的国家管理活动形式。适用法律的机关要以法律规范为根据来采取措施。因此，为了维护公民、社会团体、国家机关各个方面的权益，正确、有效地适用法律就是法律适用机关及其工作人员的基本职责。

五、教育政策与教育法规的关系

教育政策与教育法规有很密切的关系，但又有明显的区别。

（1）教育政策是由党、国家、政府等政治实体制定的，教育法规是由国家权力机关和国家行政机关按法定程序制定的，与教育政策相比，教育法律制定的程序更严格，从而有力地保证了教育法律、法规的严肃性和权威性。

（2）教育政策是制定教育法规的依据，教育法规是教育政策的具体化、条文化和定型化。在实践中证明是行之有效的、成熟的教育政策，可通过法定程序转化为教育法规，但一旦形成法规之后，教育政策不得与教育法规相抵触。也可以认为，教育法规是在教育政策指导下，并在教育政策实践中，通过总结成熟经验和认识而形成的。教育政策决定了教育法规的性质，教育法规内容则体现党和国家的教育政策。

（3）教育政策多以指示、决议、决定、纲要、通知、意见等形式来表现，教育法规则以法律、行政法规、规章等形式来表现。教育政策的种类和形式要比教育法规更丰富多样。

（4）从执行机关上看，教育政策的执行者是各级党政机关，而教育法律的执行者只能是国家机关。执行教育政策，主要靠宣传教育和深入细致的思想工作，而教育法律、法规则带有强制性，要求相关人员、组织都必须遵守，违法者要予以法律制裁。

（5）教育政策比较概括，通常是一种原则，并带有一定的灵活性，实施过程可以有一定的调整空间。教育法规则比较明确、具体，具有稳定性和连续性。

(6) 在教育管理的实践中,有法依法,无法依政策。当教育政策与教育法规发生冲突时,应以教育法规为准绳,依法办事。

在实践中,要求教育行政管理人员既要有政策观念,又要有法制意识;既不要把两者等同起来,又不要把两者对立起来;既要发挥政策对教育改革与发展的指导作用,又要维护教育法律的权威,严格依法办事,发挥教育法律的规范性作用。只有把两者结合起来,才能更好地促进我国教育事业的发展。

相关链接

《中华人民共和国教师法》的制定过程

1986年3月,在六届全国人大四次会议和六届全国政协四次会议上,张承先、杨辉、陈日亮等全国人大代表和政协委员415人,分别提出了关于尽快制定《教师法》的建议提案。陈日亮是挑头提出《教师法》提案的人大代表,当时他是福州一中的特级教师。按规定,提案必须由一个代表团或代表30人以上签名才生效。结果,仅福建代表就有50多人在陈日亮的提案上签了名。全国人大教科文卫委员会还提出尽快起草《教师法》的议案。

国家教委成立了教师法起草工作领导小组和起草小组,同时在全国范围内分别成立北京、江苏、辽宁和华东师范大学四个起草小组。1987年3月国家教委在南京师范大学召开会议,征求各方意见后将各起草小组提交的《教师法(草案、调研讨论稿)》综合形成"征求意见稿",提交起草工作领导小组讨论并印发教委各司局征求意见。1988年10月、1989年3月国家教委又分别在武汉、北京召开研讨会,征求教育界、法学界意见,根据会议讨论的结果,国家教委会同国务院法制局经反复修改,形成《教师法(草案送审稿)》,由国家教委办公会议通过后于1989年4月30日正式上报国务院。

国务院将教师法列入1989年立法工作重点,征求各省、区,国务院有关部委和全国人大代表、政协委员中部分提案人的意见。1990年5月,国务院法制局局务会议通过了《教师法(草案)》,报国务院常务会议讨论。国务院常务会议对《教师法(草案)》进行了三次讨论,根据讨论精神,国务院法制局和国家教委对有关问题作了进一步论证和修改。1991年8月9日,国务院常务会议通过《教师法(草案)》,由国务院总理李鹏提请全国人大常委会讨论。

1991年8月,七届全国人大常委会第21次会议对《教师法(草案)》进行了审议,常委们提出了许多好的意见,总的来说是希望进一步明确提高教师待遇和推行教师聘任制的问题。由于七届人大任期已满,全国人大在换届前夕要求国务院撤回了《教师法(草案)》。1993年的八届全国人大一次会议上,人大代表分别提出第68号、285号、341号议案,要求尽快制定《教师法》。此时,出现了两个有利于《教师法》修改的条件,一是党的十四大确定了建立社会主义市场经济体制的工作目标;二是1993年2月13日中共中央、国务院发布了《中国教育改革和发展纲要》,这对于进一步明确教师待遇标准和实行教师聘任制提供了依据。国家教委、国务院法制局依据国家有关政策对《教师法(草案)》作了进一步修改后,报1993年10月4日国务院常务会议讨论,国务院常务会议原则通过,提请八届全国人大常委会审议。1993年10月八届全国人大常委会四次会议上,委员们对《教师法(草案)》进行了热烈的讨论。根据讨论意见,全国人大教科文卫委员会、法律委员会进行了审议并召集国家教委、国务院法制局等单位进行了修改,最后于 1993 年 10 月 31 日下午由全国人大常委会全体会议表决通过。

资料来源:周立人.《中华人民共和国教师法》知识读本[M].南京:南京出版社,1993:185-188.

思考与练习

1. 依据你的理解,教育政策是什么,有哪些特点?
2. 简述教育政策制定的一般程序。
3. 教育政策的制定会受到哪些因素的影响?
4. 我国教育法规可分为哪些层次,分别对应哪些立法机构?
5. 如何理解"教育法规的实施",可以采取哪些措施保障教育法律、法规的有效实施?

第四章
教育规划的制定与实施

子曰:"人无近忧,必有远虑。"教育活动也是如此,进行良好的教育规划将是教育活动中极其重要的首要环节。教育规划的制定与实施将会在特定的环境,根据具体的情况由专门人员来进行。本章主要阐述了教育规划的概念、具体制定标准以及后续实施保障机制等,通过本章的学习将会对教育规划的制定与实施提供一定的理论指导,更好地完成教育规划等相关活动。

第一节 教育规划的作用与类型

一、教育规划的含义和特点

(一)教育规划的含义

什么是规划?把"规划"二字拆开就是"夫""见""戈""刀"。"夫"指人,"见"指意见,"戈"和"刀"都是工具,合起来就是听取每个人提出的意见,然后拿起工具努力去干。从国家层次来讲,教育规划一般指一个国家或一个地区在一定时期对教育事业的发展规模、规格要求和所采取的重要措施等拟定的计划或纲领,是国民经济和社会发展规划的重要组成部分。在社会主义国家,制定教育规划,是有计划按比例地办教育事业的一个重要标志。规划通常分长期规划(10年及以上)、中期规划(5年左右)和短期规划(1年左右)。

教育规划是根据社会发展和教育进步的需要,在确立教育发展总目标的同时,还要对教育发展的子目标,相关因素进行必要的划分和分析,以此为基础提出实现规划目标的合理方法和途径。教育规划既为教育事业确定了行动的指南,又为教育提供了重要的理论依据。

制定教育规划必须有科学依据。在中国制定教育规划的主要依据:一是根据教育在建设社会主义精神文明、物质文明,发展科学技术,培养人才和可供社会咨询等方面的功能来制定教育规划,使教育在中国社会主义现代化建设中发挥应有的作用;二是依据教育必须与经济发展相适应,使社会的人才供需在数量上和规格上基本平衡。在制定教育规划时要摸清各部门现有科技干部队伍的状况。这是确定新的人才需求量的出发点。要以国民经济发展规划为依据,做好人才预测。要对本国或本地区的教育培养能力做出客观估计。要正确理解教育规划的含义,需要与教育规划有关的教育计划、教育政策等进行横向比较,并就教育规划自身的发展和内容进行纵向比较。

从字面上看,教育规划和教育计划比较接近,它们是依据相同的原理对未来一段时间内教育事业发展状况的设计和安排。但是,国内学者认为,教育规划和教育计划在表述和内容上都有一定程度的区别,教育计划是一种在工作或行动之前预先拟订的工作要求、内容、步骤和方法。教育规划则是根据社会发展和教育进步的需要,为实现教育的总目标和子目标而对未来教育的发展所作出的全面分析,并在此基础上提出合理的途径和方法,它规定教育发展在一个较长时期内的目标、路线、规模、速度和要求达到的水平等。规划是计划的依据,计划是规划的具体安排和落实措施,也就是说,教育规划偏向宏观,教育计划偏向微观。

教育规划与教育政策有较大区别。教育政策研究是20世纪60年代以来发展最快的学科领域之一,它是国家或政党为实现一定历史时期的教育方针而制定的具体行动准则。我国政府的教育政策主要包括教育事业的管理政策、民族教育政策、各级各类教育事业发展政策、学校思想政治教育政策、学校的体育卫生和军事训练教育政策、教育基本建设、教学设备和电化教育设施的政策、教育人事劳动政策、教育体制改革的政策等。[①] 教育规划则是对各种教育政策的步骤和措施所做的部署、设计和安排。因此,教育政策是一种思想性强、带有约束力的行为规范;教育规划是一种具有操作性的理想或规划。教育政策是教育规划的重要依据。但是,教育规划与教育政策不可以互相代替。

具体性程度比教育政策高但又比教育规划低的是教育战略。一般来说,教育战略所研究的主要内容是具有全局性、长远性和根本性的教育发展方向、总的路线方针和目标;并就主要矛盾提出应当采取的重大手段和行动等。一项教育战略往往体现在一系列的教育规划之中。可以说,教育战略是纲,教育规划是目。可见,教育规划是教育战略的具体化。

教育规划与教育预测之间密不可分。教育预测是指根据教育事业发展的历史和现状,运用现代预测科学的技术和方法,综合影响教育的各种因素去判断和推测教育事业的未来发展状况。它有着发现问题,激发想象的作用,为确定合理的教育事业的发展目标,制定科学、切实可行的教育规划提供客观依据。因此,教育预测是教育规划的基础和前提条件。

从内容来看,教育规划的内容主要包括四方面:一是教育事业发展目标,主要涉及各级各类学校的情况(包括在校生的数量、层次结构以及学校数量、规模、布局等)和各级各类教育适龄人口的入学率;二是实现教育目标的措施,主要是教育措施和社会措施;三是投资预算,主要是确定必需的教育经费数量、主要来源以及设计好如何分配和使用;四是教育发展目标的实施计划,主要是确定年度发展速度,各项工作指标以及相应的工作方法、程序和步骤等内容。

综上所述,教育规划与教育计划、教育政策、教育战略和教育预测之间有相同之处,但也有自身的独特之处。从教育规划的起源来看,教育规划起源于20世纪20年代。1928年,苏联编制了第一个教育规划。随后,发展中国家、第三世界国家纷纷开始制定教育规划,到了20世纪60年代至70年代,教育规划工作已经在世界范围内广泛展开,逐渐成为国家优化教育资源配置、对教育事业进行宏观调控的重要手段。概括地说,教育规划也称教育事业的发展规划,是国家各级政府根据国家的教育方针、政策和法律、法规,为实现一定的教育目标,促进国家或地方经济与社会发展,而对有关教育事业的发展目标、规模、速度以及实现的步骤和措施等所做的部署、设计与安排。[②] 制定和实施教育规划是教育行政部门的重要职能。教育规划不但是国家和地方在一定时期内发展教育的依据,而且也是实现一定时期国民经济和社会发展战略目标的重要手段,使教育与国民经济和社会之间保持一种平衡。简单地说,教育规划既为教育事业确定了行动的指南,又为教育提供了重要的理论依据。需要强调的是,教育规划不是一成不变的,它作为国家促进教育事业发展政府对教育事业进行宏观调控的重要手段,在不同的历史时期,教育规划的性质、形式、内容、方法等必须顺应形势发展的需要,不断进行规划理论和实践的研究与创新。

---

① 萧宗六,贺乐凡. 中国教育行政学[M]. 北京:人民教育出版社,2004:353.
② 萧宗六,贺乐凡. 中国教育行政学[M]. 北京:人民教育出版社,2004:352.

（二）教育规划的特点

1. 教育规划更加注重提高教育质量

质量是教育的生命。第二次世界大战以后，尤其是 20 世纪五六十年代，随着国民经济的高速发展，许多国家的教育都得到了很大的发展。但是，20 世纪 70 年代后期以来，由于不少国家经济发展趋缓，国家财政趋紧，教育经费减少，社会失业人口增加，学校毕业生就业困难，甚至部分大学毕业生身价不如农民工。加上新科技的迅速发展，社会用人单位对学校毕业生的素质提出了许多新的要求。因此，提高教育质量是解决问题的根本，教育发展的重点也应当逐渐转为提高教育质量而不仅仅是教育发展速度和规模，从而增强教育的社会适应性。

2. 教育规划已逐步向教育系统的纵横两个方向扩展

在纵向方面来讲，教育规划重视把教育体系的各级组织（中央的、地区的和地方的教育行政机构和各级各类教育机构）全部包括进来，加强上下各方面的参与。从横向方面来说，主要表现在：第一，教育规划已经成为许多国家经济和社会一体化发展规划不可分割的一部分；第二，许多国家成立了各级各类教育规划的专门机构，不少国家的教育部和教育委员会的教育规划司往往由几个处或局组成，分别负责制定义务教育规划、高等教育规划、技术教育规划、成人教育规划、师资培训规划和扫盲教育规划等。

3. 教育规划与教育研究之间的联系更加密切

规划学是一门预测未来的学科。教育规划能充分反映新观点、新思想，并使之付诸实践。教育科学的研究成果被各国教育规划广泛地应用，教育科研人员在教育规划中的作用越来越重要。可以说，为保证科学地制定教育规划，教育科学研究功不可没。

4. 教育规划具有多指标性

在制定教育规划时，既要考虑社会经济发展方面的要求，又要考虑社会政治、思想、文化、民族传统特点等方面的要求以及现实可能提供的各种条件。因为教育同时有两种社会职能：一方面，教育担负着熟练劳动力的再生产，是促进生产力发展和国民经济增长的重要因素之一，所以它执行着经济职能或生产职能；另一方面，教育又满足社会成员的精神需要，促进社会精神文明的发展，因而它又执行着思想文化建设方面的职能。① 除此之外，为了适应社会、经济的要求，还要研究不同专业劳动未来的变化。

5. 教育规划具有长期性

教育不同于生产，不能立竿见影，更不能一蹴而就，而是一个艰难而长期的过程。因为教育人才的培养、训练的周期性比较长，培养人才所必需的师资队伍、科研队伍及管理队伍的形成，也需要较长的时间。国外流行这样一种说法："今天的教育决定明天的科技，后天的生产。今天的工业水平，反映了昨天的教育质量，而今天的教育质量就是二十年后的工业水平。"

6. 教育规划具有不确定性

由于教育规划只是整个国民经济和社会发展计划的一个分支，国民经济和社会发展计

---

① 林昌华.教育行政学[M].成都：成都科技大学出版社，1992：135.

划的任何一部分的变化,都会不同程度地影响到教育规划,加上教育规划本身周期性较长,我们对教育规划的性质、特点,特别是教育对象的动态变化研究得不够充分,而当前影响教育事业发展的多种因素,比如所有制对教育需求的性质、种类、程度和人事等都在不断地变化,这就提高了教育培养人才规划的不确定性。教育规划的不确定性要求教育行政部门更加密切地与计划部门、劳动部门、经济部门、人事部门等有关方面合作,主动地调查研究客观情况的变化,把握发展变化的趋势,不断提高规划工作的水平。除此之外,规划人员还要随时做好应付产生误差的准备,使教育规划真正成为为国家政治、经济服务的工具。

二、教育规划的作用

自20世纪60年代以来,教育规划随着国家教育行政职能的扩展和加强受到世界上大多数国家的普遍重视。教育规划在国家教育事业发展中起着举足轻重的作用。在我国,新中国成立以后,政府开始编制国民经济五年计划,教育计划是其中的一部分。1983年,国家又开展了全国范围的专门人才现状调查和人才需求预测,并在此基础上进行了全国中长期教育规划的编制工作,从中央到地方,各级教育行政部门陆续成立了负责教育规划的工作部门。几十年来,教育规划工作对于凝聚教育战线的共识,指导我国教育事业的健康发展起到了重要作用。一般来说,教育规划的作用主要包括以下几方面。

(一)教育规划有助于教育与经济和社会相互协调

国民经济和社会发展不仅为教育事业的发展提供必要的社会环境和条件,而且对教育事业的发展提出相应的要求,包括对教育事业的发展规模和速度、教育结构和教育内容以及人才规格和质量等多方面的要求。[①] 为了避免教育发展上的拖后和盲目超前等问题,必须根据客观社会环境和条件举办教育事业;为了保证教育事业的发展与社会发展相适应,必须根据经济和社会发展的要求举办教育事业,形成教育发展与社会发展之间的良性互动关系。谋求教育事业的发展与经济和社会发展相适应是教育规划开始的目标之一,经过数十年的努力,已经形成一套根据经济和社会发展提供的条件和要求制定教育规划的技术和方法,并有力地促进了教育发展与国民经济和社会发展相协调。

(二)教育规划有助于提高教育事业的科学管理水平

教育规划是以教育发展客观规律为依据的,所以,它可以推动教育行政机关从权力决策、经验决策向科学决策方向转化和从权力管理、经验管理向科学管理方向转化,保证教育行政机关尊重客观规律,克服在教育管理方面的主观随意性及瞎指挥、"浮夸风"等,从而保证教育事业的正常发展。

(三)教育规划有助于教育发展的连续性

"十年树木,百年树人。"保持教育事业发展的连续性是百年大计的内在要求。教育规划以未来一定年份为规划时间,根据统一的规划目标,设计教育事业发展的方向和进程,分阶

---

① 萧宗六,贺乐凡.中国教育行政学[M].北京:人民教育出版社,2004:360.

段、分步骤实施教育事业发展目标，这样不仅可以保证在一定时期内教育事业的发展目标始终如一地实行，保持教育事业发展的统一性，而且在法律的基础上，它还可以保证教育事业的发展不会因政府或教育行政部门的人事更迭而改变方向或政策，从而保持教育事业发展的稳定性。

（四）教育规划有助于充分利用教育资源

教育发展中的一个不可回避的矛盾是：教育事业发展具有无限性，而教育资源却是有限的。教育规划为我们有效地利用有限的教育资源，获得教育事业的无限发展提供了教育资源分配的基础。根据教育规划的目标和要求，合理分配各种教育资源，对可能获得的教育资源进行重点投资，能够保证教育事业得到最有效的发展。

（五）教育规划有助于保证培养人才预定目标的实现

人才预定目标包括人才数量目标、结构目标和质量目标。教育的预定目标是以两个文明建设对人才数量、结构、素质要求为依据的，又是以一定的教育规模、内部结构和教育内容、措施、手段来实现的，并以一定的人、财、物力和时间的组合来保证的，教育规划是有计划按比例来发展教育的，所以，教育规划有利于保证预定教育目标的实现。

（六）教育规划有助于教育改革

教育规划与教育改革是相辅相成的。从一定意义上说，教育规划的制定过程也就是教育改革的酝酿过程，教育规划的执行过程与教育改革的过程几乎是同时进行的。不具有改革性质的教育规划不是好的规划。因为教育规划是对未来更好的预测和发展。任何教育规划都包含对旧的教育体制的改革和发展。当然，教育规划与教育改革之间的区别也是显而易见的，不能以教育规划代替教育改革。它们之间的主要区别在于教育规划十分重视在现行教育体制基础上设计未来教育事业的发展，注重教育事业发展的连续性、稳定性。而教育改革则侧重于改革不合理的现行教育体制，建立新的教育体制。尽管如此，教育规划对教育改革的促进作用是不容忽视的。

另外，教育规划作用的发挥在一定程度上也受到教育改革的影响。近十多年来，各级政府教育行政部门普遍开展了教育规划工作。有的教育规划发挥了很好的作用，但也有一些教育规划，制定时轰轰烈烈，但是并没有能够得到理想的效果。造成这种状况的很大一部分原因是受到旧的教育传统和体制的制约。教育规划是指向未来的，其出发点是根据未来发展的需要安排现在的工作。而传统的教育当中，常常是问题出现之后才引起重视，着手进行解决。这与教育规划的目的背道而驰。因此，这种传统不改变，教育规划也难以有效地发挥作用。

总之，教育规划是国民经济和社会发展规划的重要组成部分。它勾画了不同时期教育发展的蓝图，以其宏观性、指导性、预测性和可操作性，成为中国教育工作的重要依据，是国家促进教育协调发展的重要工具。同时，教育规划阐述了规划期间国家对教育事业的发展意图和预测目标，并明确了相应的政策、措施和工程，是各级各类教育行政部门对教育事业进行宏观管理的重要调控手段之一。此外，教育规划作用的发挥受到很多因素的影响，如上述所说的教育改革就是其中的因素之一，各教育部门和教育规划编制人员必须处理好它们之间的关系,尽量把负面影响降到最低。教育规划又是一个社会公众民主参与的决策过程。众所周知,教育涉及千家万户,也离不开各行各业的支持。教育规划的编制和实施都是在社会各界的参与下进行的,是广泛协作的过程。所以,从中央到地方,从政府到个人,都要自觉地把目标转成行动方案,共同努力,才能更好地使教育规划发挥更大的作用,使我国的教育事业更上一层楼。

三、教育规划的类型

(一) 按照管辖范围分类

按照管辖范围,教育规划可以分为宏观教育规划和微观教育规划。宏观教育规划以一个国家或一个地区的整个教育事业为规划单位。微观教育规划则以一个学区或一所学校为规划单位。我国的教育规划主要是宏观教育规划,包括国家教育发展规划和地方教育发展规划。宏观教育规划主要研究教育与国民经济和社会发展的相互关系,研究如何使教育事业与经济和社会发展在宏观上相互协调。微观教育规划主要研究一个学区或一个教育机构如一所学校的教育问题,协调并处理人、财、物之间的各种矛盾,使学区或学校教育得到健康发展。可以说,宏观教育规划是质,微观教育规划是量。只有把宏观教育规划做好了,才能保证微观教育规划顺利进行,也只有把各个微观教育规划做好了,宏观教育规划才能得到体现。

(二) 按照规划周期的长短分类

按照规划周期的长短,教育规划可以分为长期教育规划、中期教育规划和短期教育规划。长期教育规划的周期一般为 10 年左右或更长,中期教育规划一般为 5 年左右,短期教育规划一般为 1~3 年。新中国成立以来,我国已制订了多个教育事业五年计划和几个中期规划。而国外应用较多的是长期和中期教育规划,尤其是长期教育规划,目前,不少国家已经制定了五十年的长期规划。

长期教育规划、中期教育规划和短期教育规划三者之间是相互影响、相互补充和相互依托的。短期规划可视作长期规划的实施计划。长期规划和短期规划在编制过程中互为依据。没有短期规划的长期规划,是难以实现的规划;没有长期规划的短期规划,是缺乏远见的规划。中期教育规划是短期和长期之间必不可少的中介,而且它和国民经济的五年计划相对应,因而具有很强的实际指导意义。①

(三) 按照教育系统的结构分类

按照教育系统的结构,教育规划可以分为综合教育规划和分类教育规划。综合教育规划是对教育事业发展的一种全面规划。分类教育规划是对某一阶段或某一类教育的发展速度和规模以及人员、图书、经费等方面的要求的规划。综合教育规划涉及面广,内容复杂,其中,各级各类教育发展的速度和规模是综合教育规划的核心,其他内容如教育机构的设置、

---

① 孙成城.中国教育行政概论[M].合肥:安徽教育出版社,1998:101.

行政人员与教学、研究人员的配备、图书资料和教学设施的购置等是实现各级各类教育发展的速度和规模的基本要求与条件。分类教育规划主要包括义务教育规划、职业技术教育规划、高等教育规划、成人教育规划、继续教育规划和校外教育规划等。教育的总体规模较小时,适合制定综合规划;教育的总体规模较大时,适合制定分类教育规划。国外早期的教育规划多为综合教育规划。20世纪60年代末期以来,分类教育规划逐步引起人们的重视。

(四)按照规划覆盖的范围分类

按照规划覆盖的范围,教育规划可以分为全国、省级、县或城区和学校四级,各级教育行政部门都有相应的负责规划工作的机构和人员。[①] 全国教育规划的宏观性和指导性较强,重点在于教育发展战略与大政方针的研究和指出不同的历史时期有不同的侧重点。例如,《全国教育事业第十个五年计划》把发展西部教育和教育信息化问题放在了很重要的位置。全国教育规划的编制由教育部发展规划司负责。省级教育规划的一个显著特点是操作性较强,全国教育规划提出的各级各类教育发展目标和各项方针政策是通过省级规划的实施来实现的,但不同的省份在规划目标和政策措施等方面存在一定的差异。发展规划处即计划财务处负责省教育规划的编制和实施,并负责组织和协调县或城区级教育规划的编制以及人员培训等工作。县或城区级教育规划范围比较小,所以一般以基础教育、中等职业教育和学前教育为主,因此更加具体,便于操作和评估。县或城区教育局负责县或城区级教育规划的编制和实施。此外,省级教育规划目标需要通过各个县或城区规划的实施来实现。教育规划最基本的编制单位和执行单位是学校,因此,学校规划是微观规划。学校规划目标明确,措施具体,具有很强的可操作性。

(五)按照规划覆盖的对象和功能分类

按照规划覆盖的对象和功能,教育规划可以分为各部门或行业教育规划和区域教育规划。在计划经济时代,由于很多学校隶属于各部门或行业管理,各部门或行业根据全国本行业对人才的需求来制定各部门或行业的教育规划。随着市场经济的逐步完善,很多部门或行业已经不再直接管理学校,教育规划的内容和方法等也随之改变。区域教育规划是指以跨行政区的特定经济区域为对象编制的教育规划,是国家总体规划或者省级总体规划在特定经济区的细化和落实,具有战略性、空间性和约束力。跨行政区的特定区域主要是指经济联系紧密的城镇密集地区,以及对区域经济发展有较大作用的特大型城市为依托的都市经济圈地区和待开发的重点地区等,如西部地区、长江三角洲等。

(六)按照规划涉及的教育级别、类型和特定领域分类

教育规划除了以上几种分类之外,按照教育级别、类型又可以分为若干子规划,如高等教育规划、基础教育规划、成人教育规划等。这与上面所说的分类教育规划有相同之处。另外,如果把教育规划的范围再缩小,按照教育特定领域又可以分为若干专项规划,如师资规划、经费规划等。

---

① 杨晓青,管西亮,等.教育规划理论与实践[M].北京:中国大百科全书出版社,2006:11.

案例讨论

工薪家庭如何积累子女大学教育金

望子成龙、望女成凤,是每一个为人父母者的心愿。然而,对于工薪家庭来说,子女的教育金无疑是一个不小的经济负担。以上海为例,当前一个公立学校的大学生 4 年的学杂费及基本生活费大约需要 10 万元,如果就读于私立大学或出国留学,这个数字还要成倍增长。不过,只要尽早规划、理性投资,工薪家庭也可以轻松筹集子女教育金。下面做一个简单的测算。由于通货膨胀的存在,未来就读于公立大学所需的费用将高于目前的 10 万元。2004 年前 3 个月国内居民消费价格指数同比增长约 3%,以此为标准,假设孩子 18 岁上大学,现年 9 岁的孩子将来上大学时所需的费用为 13 万元,而今年刚出生的婴儿将来的大学教育金恐怕就需要 17 万元。父母乍一看,可能觉得心灰意冷——这可不是一笔小数目!但是,如果将家庭的结余合理投资,善用时间所带来的复利效果,还是可以轻松圆孩子的大学梦的。

首先,子女教育准备金的投资应以稳健方式为主,但如果完全依靠定期储蓄,其利率很难对抗通货膨胀,享受不到投资的效益。工薪族在收入有限的情况下,要想维持生活质量,同时又积累下足够的子女教育金,以定期定额方式投资基金不失为一种有效的方法。所谓定期定额,是指在指定的期间内,每月从投资人指定的银行账户中扣取一定金额的款项投资于某只基金。

目前国内的基金主要有股票型、平衡型和债券型三大类,它们的风险性依次减小,报率也依次降低。工薪族父母可根据家庭的财务状况和风险承受能力,选择适合自己的基金组合进行投资,而且,随着实际使用期的临近,为了避免前期投资收益化为乌有,应及时减少股票型基金的持有量,降低投资的风险性。

假设父母的投资组合平均年报酬率为 8%,以前面的通货膨胀率计算,如果从孩子刚出生甚至更早时即开始积累教育准备金,每月投资不超过 365 元,若等到孩子 12 岁才开始筹集这笔教育资金,每个月至少需要投资 1 300 元。由此可见,子女教育资金的准备开始得越早,家庭财务安排就可以越从容,父母也能越安心。

资料来源:张慧.金融理财[M].合肥:合肥工业大学出版社,2018:66-67.

问题讨论:分析普通家庭的教育规划行为。

 相关链接

中国教育现代化 2035

《中国教育现代化 2035》分为五个部分:一、战略背景;二、总体思路;三、战略任务;四、实施路径;五、保障措施。

《中国教育现代化2035》提出推进教育现代化的指导思想是：以习近平新时代中国特色社会主义思想为指导，全面贯彻党的十九大和十九届二中、三中全会精神，坚定实施科教兴国战略、人才强国战略，紧紧围绕统筹推进"五位一体"总体布局和协调推进"四个全面"战略布局，坚定"四个自信"，在党的坚强领导下，全面贯彻党的教育方针，坚持马克思主义指导地位，坚持中国特色社会主义教育发展道路，坚持社会主义办学方向，立足基本国情，遵循教育规律，坚持改革创新，以凝聚人心、完善人格、开发人力、培育人才、造福人民为工作目标，培养德智体美劳全面发展的社会主义建设者和接班人，加快推进教育现代化、建设教育强国、办好人民满意的教育。将服务中华民族伟大复兴作为教育的重要使命，坚持教育为人民服务、为中国共产党治国理政服务、为巩固和发展中国特色社会主义制度服务、为改革开放和社会主义现代化建设服务，优先发展教育，大力推进教育理念、体系、制度、内容、方法、治理现代化，着力提高教育质量，促进教育公平，优化教育结构，为决胜全面建成小康社会、实现新时代中国特色社会主义发展的奋斗目标提供有力支撑。

《中国教育现代化2035》提出了推进教育现代化的八大基本理念：更加注重以德为先，更加注重全面发展，更加注重面向人人，更加注重终身学习，更加注重因材施教，更加注重知行合一，更加注重融合发展，更加注重共建共享。明确了推进教育现代化的基本原则：坚持党的领导、坚持中国特色、坚持优先发展、坚持服务人民、坚持改革创新、坚持依法治教、坚持统筹推进。

《中国教育现代化2035》提出，推进教育现代化的总体目标是：到2020年，全面实现"十三五"发展目标，教育总体实力和国际影响力显著增强，劳动年龄人口平均受教育年限明显增加，教育现代化取得重要进展，为全面建成小康社会作出重要贡献。在此基础上，再经过15年努力，到2035年，总体实现教育现代化，迈入教育强国行列，推动我国成为学习大国、人力资源强国和人才强国，为到21世纪中叶建成富强民主文明和谐美丽的社会主义现代化强国奠定坚实基础。2035年主要发展目标是：建成服务全民终身学习的现代教育体系、普及有质量的学前教育、实现优质均衡的义务教育、全面普及高中阶段教育、职业教育服务能力显著提升、高等教育竞争力明显提升、残疾儿童少年享有适合的教育、形成全社会共同参与的教育治理新格局。

《中国教育现代化2035》聚焦教育发展的突出问题和薄弱环节，立足当前，着眼长远，重点部署了面向教育现代化的十大战略任务：

一是学习习近平新时代中国特色社会主义思想。把学习贯彻习近平新时代中国特色社会主义思想作为首要任务，贯穿到教育改革发展全过程，落实到教育现代化各领域各环节。以习近平新时代中国特色社会主义思想武装教育战线，推动习近平新时代中国特色社会主义思想进教材、进课堂、进头脑，将习近平新时代中国特色社会主义思想融入中小学教育，加强高等学校思想政治教育。加强习近平新时代中国特色社会主义思想系统化、学理化、学科化研究阐释，健全习近平新时代中国特色社会主义思想研究成果传播机制。

二是发展中国特色世界先进水平的优质教育。全面落实立德树人根本任务，广泛开展理想信念教育，厚植爱国主义情怀，加强品德修养，增长知识见识，培养奋斗精神，不断提高学生思想水平、政治觉悟、道德品质、文化素养。增强综合素质，树立健康第一的教育理念，全面强化学校体育工作，全面加强和改进学校美育，弘扬劳动精神，强化实践动手能力、合作能力、创新能力的培养。完善教育质量标准体系，制定覆盖全学段、体现世界先进水平、符合不同层次类型教育特点的教育质量标准,明确学生发展核心素养要求。完善学前教育保教质量标准。建立健全中小学各学科学业质量标准和体质健康标准。健全职业教育人才培养质量标准,制定紧跟时代发展的多样化高等教育人才培养质量标准。建立以师资配备、生均拨款、教学设施设备等资源要素为核心的标准体系和办学条件标准动态调整机制。加强课程教材体系建设,科学规划大中小学课程,分类制定课程标准,充分利用现代信息技术,丰富并创新课程形式。健全国家教材制度,统筹为主、统分结合、分类指导,增强教材的思想性、科学性、民族性、时代性、系统性,完善教材编写、修订、审查、选用、退出机制。创新人才培养方式,推行启发式、探究式、参与式、合作式等教学方式以及走班制、选课制等教学组织模式,培养学生创新精神与实践能力。大力推进校园文化建设。重视家庭教育和社会教育。构建教育质量评估监测机制,建立更加科学公正的考试评价制度,建立全过程、全方位人才培养质量反馈监控体系。

三是推动各级教育高水平高质量普及。以农村为重点提升学前教育普及水平,建立更为完善的学前教育管理体制、办园体制和投入体制,大力发展公办园,加快发展普惠性民办幼儿园。提升义务教育巩固水平,健全控辍保学工作责任体系。提升高中阶段教育普及水平,推进中等职业教育和普通高中教育协调发展,鼓励普通高中多样化有特色发展。振兴中西部地区高等教育。提升民族教育发展水平。

四是实现基本公共教育服务均等化。提升义务教育均等化水平,建立学校标准化建设长效机制,推进城乡义务教育均衡发展。在实现县域内义务教育基本均衡基础上,进一步推进优质均衡。推进随迁子女入学待遇同城化,有序扩大城镇学位供给。完善流动人口子女异地升学考试制度。实现困难群体帮扶精准化,健全家庭经济困难学生资助体系,推进教育精准脱贫。办好特殊教育,推进适龄残疾儿童少年教育全覆盖,全面推进融合教育,促进医教结合。

五是构建服务全民的终身学习体系。构建更加开放畅通的人才成长通道,完善招生入学、弹性学习及继续教育制度,畅通转换渠道。建立全民终身学习的制度环境,建立国家资历框架,建立跨部门跨行业的工作机制和专业化支持体系。建立健全国家学分银行制度和学习成果认证制度。强化职业学校和高等学校的继续教育与社会培训服务功能,开展多类型多形式的职工继续教育。扩大社区教育资源供给,加快发展城乡社区老年教育,推动各类学习型组织建设。

六是提升一流人才培养与创新能力。分类建设一批世界一流高等学校,建立完善的高等学校分类发展政策体系,引导高等学校科学定位、特色发展。持续推动地方本科高等学校转型发展。加快发展现代职业教育,不断优化职业教育结构与布局。推动职业教育与产业发展有机衔接、深度融合,集中力量建成一批中国特色高水平职业院校和专业。优化人才培养结构,综合运用招生计划、就业反馈、拨款、标准、评估等方式,引导高等学校和职业学校及时调整学科专业结构。加强创新人才特别是拔尖创新人才的培养,加大应用型、复合型、技术技能型人才培养比重。加强高等学校创新体系建设,建设一批国际一流的国家科技创新基地,加强应用基础研究,全面提升高等学校原始创新能力。探索构建产学研用深度融合的全链条、网络化、开放式协同创新联盟。提高高等学校哲学社会科学研究水平,加强中国特色新型智库建设。健全有利于激发创新活力和促进科技成果转化的科研体制。

七是建设高素质专业化创新型教师队伍。大力加强师德师风建设,将师德师风作为评价教师素质的第一标准,推动师德建设长效化、制度化。加大教职工统筹配置和跨区域调整力度,切实解决教师结构性、阶段性、区域性短缺问题。完善教师资格体系和准入制度。健全教师职称、岗位和考核评价制度。培养高素质教师队伍,健全以师范院校为主体、高水平非师范院校参与、优质中小学(幼儿园)为实践基地的开放、协同、联动的中国特色教师教育体系。强化职前教师培养和职后教师发展的有机衔接。夯实教师专业发展体系,推动教师终身学习和专业自主发展。提高教师社会地位,完善教师待遇保障制度,健全中小学教师工资长效联动机制,全面落实集中连片特困地区生活补助政策。加大教师表彰力度,努力提高教师政治地位、社会地位、职业地位。

八是加快信息化时代教育变革。建设智能化校园,统筹建设一体化智能化教学、管理与服务平台。利用现代技术加快推动人才培养模式改革,实现规模化教育与个性化培养的有机结合。创新教育服务业态,建立数字教育资源共建共享机制,完善利益分配机制、知识产权保护制度和新型教育服务监管制度。推进教育治理方式变革,加快形成现代化的教育管理与监测体系,推进管理精准化和决策科学化。

九是开创教育对外开放新格局。全面提升国际交流合作水平,推动我国同其他国家学历学位互认、标准互通、经验互鉴。扎实推进"一带一路"教育行动。加强与联合国教科文组织等国际组织和多边组织的合作。提升中外合作办学质量。优化出国留学服务。实施留学中国计划,建立并完善来华留学教育质量保障机制,全面提升来华留学质量。推进中外高级别人文交流机制建设,拓展人文交流领域,促进中外民心相通和文明交流互鉴。促进孔子学院和孔子课堂特色发展。加快建设中国特色海外国际学校。鼓励有条件的职业院校在海外建设"鲁班工坊"。积极参与全球教育治理,深度参与国际教育规则、标准、评价体系的研究制定。推进与国际组织及专业机构的教育交流合作。健全对外教育援助机制。

十是推进教育治理体系和治理能力现代化。提高教育法治化水平,构建完备的教育法律法规体系,健全学校办学法律支持体系。健全教育法律实施和监管机制。提升政府管理服务水平,提升政府综合运用法律、标准、信息服务等现代治理手段的能力和水平。健全教育督导体制机制,提高教育督导的权威性和实效性。提高学校自主管理能力,完善学校治理结构,继续加强高等学校章程建设。鼓励民办学校按照非营利性和营利性两种组织属性开展现代学校制度改革创新。推动社会参与教育治理常态化,建立健全社会参与学校管理和教育评价监管机制。

《中国教育现代化2035》明确了实现教育现代化的实施路径:一是总体规划,分区推进。在国家教育现代化总体规划框架下,推动各地从实际出发,制定本地区教育现代化规划,形成一地一案、分区推进教育现代化的生动局面。二是细化目标,分步推进。科学设计和进一步细化不同发展阶段、不同规划周期内的教育现代化发展目标和重点任务,有计划有步骤地推进教育现代化。三是精准施策,统筹推进。完善区域教育发展协作机制和教育对口支援机制,深入实施东西部协作,推动不同地区协同推进教育现代化建设。四是改革先行,系统推进。充分发挥基层特别是各级各类学校的积极性和创造性,鼓励大胆探索、积极改革创新,形成充满活力、富有效率、更加开放、有利于高质量发展的教育体制机制。

为确保教育现代化目标任务的实现,《中国教育现代化2035》明确了三个方面的保障措施:

一是加强党对教育工作的全面领导。各级党委要把教育改革发展纳入议事日程,协调动员各方面力量共同推进教育现代化。建立健全党委统一领导、党政齐抓共管、部门各负其责的教育领导体制。建设高素质专业化教育系统干部队伍。加强各级各类学校党的领导和党的建设工作。深入推进教育系统全面从严治党、党风廉政建设和反腐败斗争。

二是完善教育现代化投入支撑体制。健全保证财政教育投入持续稳定增长的长效机制,确保财政一般公共预算教育支出逐年只增不减,确保按在校学生人数平均的一般公共预算教育支出逐年只增不减,保证国家财政性教育经费支出占国内生产总值的比例一般不低于4%。依法落实各级政府教育支出责任,完善多渠道教育经费筹措体制,完善国家、社会和受教育者合理分担非义务教育培养成本的机制,支持和规范社会力量兴办教育。优化教育经费使用结构,全面实施绩效管理,建立健全全覆盖、全过程、全方位的教育经费监管体系,全面提高经费使用效益。

三是完善落实机制。建立协同规划机制、健全跨部门统筹协调机制,建立教育发展监测评价机制和督导问责机制,全方位协同推进教育现代化,形成全社会关心、支持和主动参与教育现代化建设的良好氛围。

第二节 教育规划编制的原则和程序

一、教育编制的原则

万事万物的运行都有其自身的规律,要认识其规律就必须把握一定的原则,即认识事物的方法论问题。我们所研究的教育规划同样如此,也需要遵循一定的原则,这一点极其重要,偏离其原则,其结果就会"失之毫厘,谬以千里"。一般来说,教育规划要遵循以下几个基本原则。

(一)教育发展与经济和社会发展相互协调的原则

人才是经济和社会发展的决定性因素之一,因此,数量足够、质量优秀的人才将促进经济、社会快速发展,全面提升综合国力。当然,经济的发展必将进一步增强对教育的支撑能力,教育的发展环境将会改善,从而社会对教育更加重视,教育就会为经济建设培养出更多、更好的人才。可见,教育发展与经济和社会发展是相互影响的,为了使它们相互协调,需要做好以下几项工作。第一,将教育规划纳入国民经济和社会发展规划中去,确立教育在国民经济和社会发展中的战略地位,使发展教育事业成为国民经济和社会发展的重要战略措施,并为教育发展提供必需的教育资源。第二,调整教育结构,使教育的层次、科类、形式等结构与经济结构相适应。因为经济结构的发展变化决定教育结构的发展变化,只有教育结构与经济结构相适应,教育的发展才能较好地适应经济发展的需要,更好地为经济建设服务。第三，加强统一领导与各方协作。教育发展与经济和社会发展相互协调的任务，仅仅依靠教育系统自身的努力是难以实现的，需要教育部门、计划部门、劳动部门、人事部门、财政部门、经济部门、科技部门、文化部门以及社会其他有关方面共同参与、统筹协调、通力合作才能实现。

（二）主动满足人民群众对教育的需求原则

随着人们收入和消费水平的不断提高，人民群众对接受高层次、高质量和多样化教育的需求进一步提升，并希望获得更多的公共服务。同时，随着今后劳动年龄人口和老年人口持续增长，对继续教育、终身教育的需求也不断上升。编制教育规划时，必须充分考虑上述因素，为人民群众提供更多、更好的受教育机会，不仅满足当代人的需求，也要考虑后代人的发展需要，努力创建学习型社会，构建全民学习、终身学习的终身教育体系。

（三）各地区教育均衡发展原则

我国的地区教育发展差异是一个既古老又现实的问题。就东西部来讲，目前，东部地区已经正在普及高中阶段教育，而西部地区还在为义务教育不懈努力。造成这种差异的原因是多方面的，但是扭转地区教育差异扩大的趋势，实现共同发展是摆在我国面前的一项重大任务。必须在继续发挥各地区的优势和积极性的同时，统筹协调地区间的发展，从宏观政策上支持革命老区、少数民族地区和贫困边区等地区加速发展教育事业，在国家资金不足的情况下，对欠发达地区实行兼顾政策，促进这些地区教育的发展。加强薄弱校区的建设，使更多的地区拥有优质教育资源。东部地区要采取各种措施，支援西部，逐步形成东、中、西部互动、优势互补、相互促进、共同发展的格局。发达地区要对一些不发达地区或灾区提供教育资源和资金等。总之，为了达到缩小教育差距，解决教育发展不均衡问题的目标，编制教育规划时必须考虑如何使欠发达地区和弱势人群的教育得到发展。同时，必须认识到，缩小教育地区差距是一项长期的任务。关键要打破行政分割，建立统一市场，塑造市场经济条件下的新型地区经济关系，加强区域发展引导，从不同区域的发展条件和教育现状出发，实事求是。

（四）教育规模、质量、结构、效益的协调统一原则

在教育系统中，各级各类教育是相辅相成的。在各种因素的影响下，由于不同的历史时期，不同的地区，会有不同的发展重点，各级各类教育将有不同的发展速度和规模。因此，编制教育规划时，必须要有全国统一的目标，只有局部服从整体，才能实现教育的协调发展。质量是规模、结构、效益协调发展的核心，没有质量就没有数量，更谈不上结构和效益，所以，在规划教育的发展时，一定要把提高教育质量放在突出的位置。此外，中国是一个人口大国，也是发展中国家，要合理地利用教育经费，使有限的教育经费取得最大的办学效益、社会效益。

（五）体现教育公平原则

在我国，教育的公平问题已经成为全社会的焦点问题，关系着全国绝大部分群众的切身利益，关系着国家或地区的经济社会发展，关系着人心向背。如果不能得到合理的解决，我

们建设和谐社会的能力将受到极大的损害。中央电视台新闻频道曾播放了一个系列纪录片《沉重的翅膀》，记录的是贫困学生面对昂贵的学费而忧心、无奈。这充分体现着一个社会问题：教育公平问题。因此，为了减少教育差距，编制教育规划时，必须要贯彻教育公平原则，在一些目前还比较薄弱的学校，为了使所有的学生都能接受高质量的教育，学校自身方面要着重改善办学条件，提高教育质量；对于一些家庭比较贫困的学生，政府方面要采取各种措施给予其帮助与支持，确保他们的受教育权利；对于一些后进生，教师应当改进教学方法，帮助提高后进生的成绩，耐心地与他们进行沟通。另外，各级各类教育的招生工作也要配合，建立相应的机制和体系保证招生考试的公平和公正，杜绝舞弊和腐败现象。

（六）当前与长远相结合的原则

当前与长远相结合的原则即是指现实与预测相结合的原则。当前与长远的统一，即近期目标与长远目标的统一。由于培养人才的周期比较长，今天的条件和需要与若干年后的大不相同。因此，教育规划的制定既要从当前的条件出发，又要考虑长远的需要，注意当前与长远的统一。

在制定教育规划时，要把近期、远期的教育发展目标衔接起来，通过制定长远规划，把各方面的力量统一到发展本地教育事业，并服从于发展本地区经济、科技、文化等大目标上来。在制定长远规划时，要根据本地区的实际情况，构想一个发展的总目标。为了实现总目标，可分为几个阶段来逐步实现，一并提出各个阶段所要达到的目标。

为了更好地遵循当前与长远相结合的原则，我们在进行教育规划研究时需要对教育的发展历史、现状、未来发展趋势进行深入细致的研究，并对未来教育的基本轮廓和特征进行全面、认真的探索和剖析，这样才能比较准确地预测、预见和构想教育的未来，才能制定出切合实际并能有效地付诸实施的教育规划。还要深刻地揭示教育与物质资料生产、经济、社会发展的关系，在教育与外部环境的相互作用的过程中把握教育的未来发展。

（七）各级各类教育协调发展的原则

在教育规划中贯彻各级各类教育协调发展的原则，就是要处理好各级各类教育事业发展的比例关系，包括各级各类教育内部的规模、质量、结构和效益之间的关系，统筹兼顾，合理确定教育事业发展的重点，合理分配可能的教育资源。各级各类教育事业之间的比例关系主要是：初等教育、中等教育和高等教育之间以及各类教育内部的比例关系；正规教育与非正规教育之间的比例关系；职业技术教育与普通教育之间的比例关系；发达地区教育与欠发达地区教育之间的比例关系等。它们之间是相互衔接、相互依赖的。因此，各级各类教育事业协调发展，有利于优化教育结构和教育体系，促进教育事业的健康发展。

（八）数量目标与质量目标相结合的原则

教育目标一般表现为一定的数量和一定的质量要求。数量目标与质量目标之间是辩证统一的。当前，教育的基本矛盾之一是教育数量的增长和教育质量的控制。只顾数量的增长，而不考虑教育质量的提高，不但不能持久，而且是有害的。反之，如果只考虑质量的提高，而不考虑教育数量的需求，就会破坏教育与经济全面协调发展的关系，使教育的发展速度和规模不能满足经济与社会发展的需要。因此，必须正确处理教育发展的数量和质量关系,实现教育事业在数量快速增长的同时,教育质量稳步提高。

贯彻好数量目标与质量目标相结合的原则,关键是要处理好普及与提高的关系。在教育事业的发展上,就整个教育系统而言,普及是基础,提高是目的。也就是说,要在普及的基础上抓提高。例如,只有在普及小学教育的基础上,才能逐步普及初级中等教育,进而延伸到高级中等教育。就某一类教育而言,普及与提高的关系则应视具体情况而定。例如,在我国,普及九年义务教育是近景目标,必须大力扩大教育规模,尽快地在全国范围内普及九年义务教育,而高等教育是教育发展的远景目标,在较长时期内,高等教育应当着重提高教育质量,在保证教育质量的前提下,根据国民经济和社会发展的需要与可能,逐步扩大教育规模。

(九) 从实际出发的原则

教育事业的发展既受到客观社会环境和条件的制约,又受到教育系统自身状况的制约。因此,在教育规划中,应当从社会客观实际和教育自身的实际出发,实事求是,量力而行。

因为教育规划是现实性和预测性的统一,因此,在教育规划中必须处理好需要与可能的关系。需要,是指国民经济和社会发展对教育提出的需要以及教育自身发展的需要。可能,是指国家或社会能够为教育事业的发展提供的教育资源以及教育系统自身的基础条件。在国民经济发展水平不高的情况下,教育需要往往受到教育资源和条件的限制而不能全部得到满足。因此,制定教育规划,应该从可能的教育资源和条件出发,确定满足社会的教育需要的程度。此外,还应当根据不同地区经济社会发展的程度,承认发展的不平衡性,因地制宜,从实际出发。

(十) 贯彻改革精神的原则

教育在改革中发展和进步。没有改革,就没有教育的发展,也不可能有影响社会变革的新的教育制度。因此,制定教育规划,必须贯彻改革精神,大胆解放思想,鼓励向旧的教育思想和教育模式挑战,积极吸收和采纳教育研究的新成果,努力改进和完善教育体制。社会经济、政治、文化、科技和人口等的发展不断地对教育发展提出新的要求,因此,制定教育规划,必须与时俱进,认真对待教育的不适应性,探讨和调整教育体制的改革策略,规划教育事业的未来发展方向,从而保证教育适应社会发展的需要,与社会协调发展。目前,教育体制存在着很多问题,如结构失调、功能紊乱、资源浪费、效率低下、质量不高等,只有通过贯彻改革精神,制订积极有力的改革措施并有效地付诸实施,才能得到改进,从而完善教育体制,促进教育事业的健康发展。

二、教育规划编制的程序

教育规划的类型众多,不同的教育规划,其目的和任务都有所不同,因而其制定过程也有所不同。一般来说,制定一个教育规划的步骤大致如下。

(一) 明确组织形式

科学合理的组织形式是完成教育规划制定工作的基本保证。主要的教育规划组织形式有四种：一是委托有关教育研究机构或有关专业人员制定；二是由各级教育规划部门自行制定；三是由各级教育行政部门统一制定；四是由以上各方或多方联合制定。

每一种形式都有利与弊。例如，由有关教育研究机构制定教育规划，可能出现对教育目标和实施战略与措施过于理想化或理论化；而由教育行政部门制定，又可能出现缺乏科学的教育理论指导，教育规划的科学性不强。因此，必须根据教育规划的具体要求和实际情况去制定教育规划的组织形式。因此，首先要对现状进行调查与分析，可以先制订调查提纲，然后选用合适的调查方法去收集和整理有关信息，最后根据调查结果综合分析，确定组织形式，可以多方联合制订组织形式，因为它可以保证教育规划的制定是理论联系实际的，具有现实的可行性。但是，多方联合制订过程中的沟通与协调工作往往比较复杂，所需费用也比较高。明确组织形式是制定规划的基础工作，只有打好了这个基础，才能保证其他工作程序顺利进行。

（二）确定规划目标

确定教育规划目标，是制定教育规划的关键。确定目标表现为规划的起点，又表现为规划的终点。需要运用规划技术，寻求达到目标的多种可能性。教育规划的过程和程序都是根据规划目标推算、决定的。教育规划的目标主要分为两种：一种是宏观目标，如教育经费占国民生产总值、国民收入或财政预算的比例；另一种是微观目标，如师生比、课程安排等。教育规划的目的和内容不同，实施过程也有一定的分别。规划目标确定后，还要制订具体实施计划，比如将规划的目标分解为具体目标，并明确实现目标的方法、途径、条件等，还要剔除不必要的目标。

（三）建立工作程序

明确了组织形式和目标之后，就要着手建立制定教育规划的工作程序了，这也是制定教育规划的一种前期准备工作，主要指对制订规划方案的全部活动过程进行系统设计，制订总的工作程序、进度安排、分工协作及相关制度和要求等。工作程序是制定教育规划全过程活动的依据。在建立工作程序方面，由于涉及的问题比较广泛和复杂，一般应尽可能发挥各行家的咨询作用，在科学分析的基础上，选择最佳方案。地方教育规划还应当坚持因地制宜，从本地实际出发，不盲目横向攀比。工作程序确定后，还要制订具体实施计划，比如制订一个详细的工作时间表和详细要求等。

（四）收集、整理资料

工作程序确定之后，就需要开始全面收集并整理资料了，因为各种类型的资料是教育规划过程中各种定量和定性分析的重要信息来源。收集、存储有关教育规划的各种因素的重要情报并按照有关要求进行统计处理是制定教育规划资料库的基本任务。教育规划的相关因素主要有两类：一类是与教育规划相关的外部因素，主要包括经济发展水平、产业结构和行业经济结构、国民收入与分配、科技发展、人口动态、劳动力结构等；另一类是教育系统因素，主要包括各级各类学校数、在校生数、师资人数与结构、教育结构、校舍、设备与基建状况、教育经费等。建立教育规划资料库，就是围绕上述各种因素收集有关的历史和现状资料，并进行各种相关分析，供制定教育规划参考使用。

（五）设计大体框架

资料收集工作准备得比较充分的时候就可以设计教育规划的大体框架了，设计大体框架的主要任务是：根据确定的规划目标，模拟各级各类教育的未来发展状况。通过教育规划的大体框架，可以估计出各级各类教育在今后几年甚至几十年内的发展状况，包括各级各类教育结构、规模、师资需求、教学设备和教育经费需求等。通过不同框架之间的比较分析，可对规划作出最终选择。

（六）写好规划的草稿

教育规划是国民经济和社会发展规划的一个组成部分，也可以是一份独立的文件。因为各种教育规划的对象和目的不同，所以其具体内容会有较大的差别。但是，任何教育规划的基本内容都应包括以下三个部分：现状概述、发展目标和主要措施。具体地说，所有的教育规划都应当阐明以下内容：教育发展所面临的任务和形势、在规划周期内教育的发展目标、针对各种情况应当采取的主要政策措施和所需的财政经费及筹集渠道等。

（七）综合分析和评估

对教育规划草案进行分析和评估的目的在于集中群众的智慧，广泛吸收有益的意见，保证教育规划的合理性、科学性和可行性。分析和评估需要有关各方面的行家、顾问和一部分实际工作者的参与。综合分析和评估一般采用专家论证会的形式进行。评估论证的主要任务是：对规划所运用的资料、方法以及整个规划过程的各个环节进行检查审核；对规划方案的科学性、合理性和可行性进行鉴定论证；最后，提出分析和评估结论，为下一个步骤提供参考。

（八）审批和决策实施

决策实施是教育规划的最后一个程序。经过以上程序之后，教育规划需要经过有关部门审批方可实施。教育规划工作者将会把经过分析评估后的教育规划方案呈报有关决策部门审批。教育规划自身和各种社会因素都会影响教育规划的决策，比如政治体制和经济形势的变化等。因此，教育规划方案的审批并不仅是一个技术问题，在很大程度上，它还是一个政治问题，一种政治性决策。规划方案如果未能获得批准，必须根据有关要求重新编制，并再次评估审批。如果获得通过，与原文有雷同的要适当修改，以免侵权。

有关教育行政部门应当积极组织力量，按照教育规划的要求，制订各项实施计划，并付诸实施。在教育规划的实施过程中，需要注意以下几点。一是规划的指标在实施过程中，会出现要根据经济社会发展和变动进行及时滚动与调整的情况，这时，就应当及时行使行政职能进行调整，如1999年全国高等学校招生计划的调整。但是也要根据组织程序进行严格的修改，不得擅自修改。二是对规划实施过程中的重大问题及时进行研究，采取相应的对策措施。三是对规划目标实施情况要进行及时监测。

相关链接

与教育发展有关的主要预测项目、内容和方法

一、教育评价

（一）内容

1. 评价辖属学校工作的基本内容项别

(1) 办学指导思想的评价。

(2) 学校育人活动的评价。

(3) 学校管理活动的评价。

(4) 办学物质条件的评价。

(5) 学生质量的评价。

2. 评价下级教育行政部门工作的基本内容项别

3. 评价下级教育行政机关建设的基本内容项别

（二）方法

1. 按照评价基准的不同划分评价方法

(1) 绝对解释法（绝对评价法）。

(2) 相对解释法（相对评价法）。

(3) 个体自我解释法（个体的差异评价法）。

2. 按照是否采用数学方法划分评价方法

(1) 数量化方法（定量方法）。

(2) 非数量化方法（定性方法）。

(3) 定性和定量相结合的方法。

资料来源：张济正.教育行政学通论[M].上海：华东师范大学出版，1992：318-320,331-334.

二、教育督导工作

(1) 所在地区的社会和经济状况，包括生产结构和生产发展水平、人口数量和分布结构、就业情况、社会风气等内容。

(2) 所在地区的教育基本状况，包括各级各类学校的数量、分布，特别是有关普通中小学教育的各种基本数据和育人质量情况。

(3) 教育行政部门的组织状况和工作状况，包括机构设置和人员配备、内部分工和工作制度，特别是教育方针、政策、法律、法规和上级指示的执行情况，以及教育思想的端正程度。

(4) 所在地区的教育管理体制状况，包括农村"分级管理"的具体做法和效果，教育行政部门和学校的关系等。

(5) 教育事业发展计划的制订和实施状况，包括各级各类学校在发展中的协调性、农村普通教育与职业技术教育、成人教育的统筹程度等。

(6) 所辖学校的干部队伍和教职工队伍的建设状况，包括数量、质量、培养和培训措施等。

(7) 经费状况，包括经费的来源、数额、分配和使用的合理程度，特别是地方经费的筹集、教育费附加的征收以及各类收费情况。

(8) 学校基本建设和设备状况,包括现状、问题和解决办法等。

(9) 教育改革的进展状况,包括改革的指导思想、改革内容和措施,以及实际效果等。

(10) 社会各界关心和支持教育的状况。

资料来源:张济正.教育行政学通论[M].上海:华东师范大学出版社,1992:302-304.

三、研究制定《国家中长期教育改革和发展规划纲要》系列访谈

2008年8月29日,温家宝总理主持召开国家科技教育领导小组第一次会议,审议并通过《国家中长期教育改革和发展规划纲要》(以下简称《规划纲要》)制订工作方案,正式启动了《规划纲要》研究制定工作。这是进入21世纪以来我国第一个教育规划纲要,是指导未来12年教育改革和发展的纲领性文件。党中央、国务院高度重视《规划纲要》的制定工作,强调这是本届政府必须做好的一件大事,要求在制定过程中广纳群言、广集众智,充分听取社会各界意见,努力制定一个让人民群众满意,符合中国国情和时代特点的高质量的《规划纲要》。

教育部于2009年1月8日至13日在新华网连续举行6场访谈,介绍《规划纲要》公开征求意见工作的有关情况。下面逐一进行介绍。

研究制定《国家中长期教育改革和发展规划纲要》系列访谈之一。

21世纪我国第一个教育改革和发展规划

访谈时间:2009年1月8日

访谈嘉宾:孙宵兵 胡延品 范文曜 韩清林

访谈摘要:制定教育规划纲要是人民的期盼、时代的要求;教育规划纲要充分体现国家意志,突出改革;新的《规划纲要》将出台教育改革重大措施,教育投入要强调政府责任;多渠道筹措教育经费;下一步将在普及九年义务教育的基础上普及高中教育;研究制定《规划纲要》是向人民群众求计问策的过程。

研究制定《国家中长期教育改革和发展规划纲要》系列访谈之二。

《规划纲要》是如何体现科学决策与民主决策的理念

访谈时间:2009年1月9日

访谈嘉宾:韩进 胡瑞文 刘大为 向明灿 于发友

访谈摘要:《规划纲要》调研工作的总体安排情况;《规划纲要》调研的主要任务是什么;《规划纲要》调研工作主要采取哪些方式方法;《规划纲要》调研的总体进度安排是怎样的;哪些人员参加了此次战略专题调研工作;请介绍一下重大战略专题调研进展情况教育发展战略专题组如何开展调研;重大项目的调研工作情况;社会九大系统调研工作的进展情况群众如何献计献策,建议如何处理。

研究制定《国家中长期教育改革和发展规划纲要》系列访谈之三。

要瞄准世界教育发展前沿

访谈时间:2009年1月10日

访谈嘉宾:周满生 韩民 刘宝存

访谈摘要:各国教育改革的共同特点是加强学生综合素质培养;培养学生创造力是各

国基础教育的核心；国际上提倡芬兰的基础教育模式满足教育需求多元化；终身教育应涉及全体社会人员；职业教育要加强技能人才培养；严格执行资格证书制度；教育改革也要培养年青一代的社会责任感；高分未必能力强；转变教育理念才能解决教育"瓶颈"；各国制定中长期发展纲要要强调兼顾教育质量和公平。

研究制定《国家中长期教育改革和发展规划纲要》系列访谈之四。

从党的十七大报告谈建设人力资源强国

访谈时间：2009年1月11日

访谈嘉宾：张力　高书国　杨晓明

访谈摘要：张力提出四代领导集体都把发展教育摆在重要位置；《规划纲要》的着眼点和立足点是建设人力资源强国；六大措施实现建设人力资源强国目标；《规划纲要》确定三项主要目标分两步骤实现；目前我国教育水平与中等发达国家还有较大的差距；跨文化教育是我国提高教育现代化水平的必然要求；"两条腿"走路；职业教育应借鉴国外双元制教育模式；公办、私立学校均有助贷优惠；大学生就业岗位集中；应多考虑中小城市和农村就业；农民工子女在非户籍省份的教育问题已引起重视。

研究制定《国家中长期教育改革和发展规划纲要》系列访谈之五。

确立国家创新人才培养战略

访谈时间：2009年1月12日

访谈嘉宾：田慧生　高洪　李希贵　杨银付　文喆

访谈摘要：素质教育是新时期教育发展的重大战略任务；七大措施培养创新人才；实施素质教育目标；从幼儿教育到高等教育各阶段都要培养创新人才；素质教育要培养学生社会责任感、创新精神和实践能力；高洪建议完善阳光体育工程和社会资源大课堂工程；改革考试评价制度，全方位看待教育、学校和学生；教育教学中要紧抓素质教育五项基本要求；实现教育三个优先；为素质教育建设创造良好发展环境；文喆提出目前减轻学生过重课业负担存在三大障碍；山东全省统一行动减轻学生课业负担的经验值得借鉴；田慧生倡导教育家办教育；提高教师队伍整体素质；学前教育不能拔苗助长；逐步建立对贫困家庭资助制度；从基础性学习转向创新性学习；从认知走向全面素质教育。

研究制定《国家中长期教育改革和发展规划纲要》系列访谈之六。

把促进教育公平作为我国基本教育政策

访谈时间：2009年1月13日

访谈嘉宾：袁振国　王定华　翟博　吴霓　曾天山

访谈摘要：两方面原因决定教育公平是我国基本教育政策；目前我国教育条件差异和资源配置不公存在四大问题；《规划纲要》促进教育公平分三阶段；采取四项措施；国家加大对农村教育扶持力度；缩小城乡教育差距；把优质教育资源送到农村；我国区域教育差距正逐步缩小；大力发展职业教育；建立普职教育共同发展新格局；提高质量办出特色；促进义务教育均衡发展；解决流动和留守儿童上学难问题；保障弱势群体受教育权利；加大力度扶持薄弱学校；义务教育不得设立重点学校和重点班；进一步发展高等教育；保证

各地区学生都有入学机会。

资料来源：研究制定《国家中长期教育改革和发展规划纲要》系列访谈[EB/OL].中华人民共和国教育部网站. http//www. moe. gov. cn/publicfiles/business/htmlfiles/moe/moe_2586/200902/43959. html. 2012-03-27,2021-09-20.

三、教育规划的文本结构

优秀的教育规划文本是一种创造,经典的教育规划常常以文本为载体。文本是指任何书写或印刷品的文字或图表形式。一般是国家各级各类教育在未来一段时间内对发展总体目标进行总体设想和概要计划,最常用的名称为"规划纲要""建设纲要"等。一个好的教育规划应该是科学简单、符合逻辑、非专业人员易于理解的。虽然越来越多的人阅读教育规划的文本,但是教育规划行动却显得更加专业化,这就要求专业人员有广博的理论知识、分析能力、高超的语言驾驭技巧和能够理解人们的需要。教育规划文本的形成是编制教育规划的主体性工作,一般来说,为了论证与决策时有选择的余地,要提供两个以上的教育规划方案。

(一) 教育规划文本的基本形式

教育规划文本的形式主要表现在两个方面：一是文字形式；二是表格形式。以文字形式为主,表格形式是对文字形式的进一步表述、解释和补充。因此,以下内容只对教育规划文本的文字形式进行阐述。

(二) 教育规划文本的种类

1. 纲要

纲要又称为"提纲"或"概要",表现为掌握其纲领和要点。纲要作为规划文本中的一种,具有宏观性、战略性、长期性和纲领性等特点,一般是就未来一段时间内国家教育发展总体目标进行总体设想和概要谋划,最常用的名称为"规划纲要""建设纲要"。纲要文本一般包括指导思想、发展目标、发展重点、主要措施等部分。纲要是制定政策和发布规划的一种重要形式,规划的时间一般要多于5年,如《中华人民共和国国民经济和社会发展第十一个五年规划纲要》《国家中长期科学和技术发展规划纲要(2006—2020年)》《中国残疾人事业"十一五"发展纲要》《劳动和社会保障事业发展"十一五"规划纲要(2006—2010年)》、《中国老龄事业"十一五"规划纲要》等。非政府的规划和战略文本,一般不应称为"纲要"。一般来说,一部纲要分为各大部分和各大部分之下的若干小部分,如1993年《中国教育改革与发展纲要》,分为六大部分,五十条；《2020年中国教育发展纲要》分为十一部分,五十条。

2. 政策咨询报告

政策咨询报告是指通过调查研究,就重大战略问题而起草的意见咨询性报告,其主要目的是为政府制定政策时提供参考。政策咨询报告可以分为陈述型、调研型、实证型和理论型政策咨询报告。

咨询报告的主要特点有以下几点。第一,独立客观性。这是咨询报告的第一特征。咨询专家要保持高度的独立性和客观性,不受任何主观因素的影响,在调查研究分析中实事求是,从而得出公正、客观的研究结论。第二,专业性。咨询专家要具有专业领域所需的知识、技能和方法。在遇到特殊专业领域和客户时,咨询机构一般都要聘请所需的专家进行共同研究。第三,针对性。客户是想得到问题的解决方案的,咨询机构必须为客户提供可行的建议和对策。第四,科学性。科学性是咨询报告的基本要求。咨询报告常用的名字为"战略报告""发展报告"和"政策研究报告",也可以是"年度报告""预测报告"和"专业报告"等。在结构上,咨询报告一般包括专业定义(包括范围)、背景透视、问题分析和对策建议等部分。高质量的咨询报告一般要有主报告和附录两部分。如果报告文字很多,为了便于阅读,可以将主报告提炼压缩,把主要问题、重要依据、重要结论和解决方案集中在 5 000~10 000 字。咨询报告的附录有助于把一份报告中的详细说明、清单、表格、图表、图解等抽出来。总的来说,报告的正文应便于阅读,便于对概括性资料做快速的查阅,附录则是对报告中的某些项目做出必要的补充。

3. 行动计划

行动计划是为具体落实教育规划而起草的。行动计划是为实现教育规划的中长期目标而制订的短期计划,一般为单独的专项规划文件,有时可以作为附件放在规划之后。针对性、可测量性、可行性和及时性是行动计划的主要特点。行动计划时限通常为一年或两年。操作性行动计划按事业发展为基础可以划分为基础教育计划、职业教育计划、高等教育计划、终身教育计划和教育改革计划等;按资源为基础可分为财政计划、固定资产计划、信息技术计划、教师发展计划等。年度预算与操作性计划应当紧密结合,将财政与资源分配制度化、合理化和科学化。此外还可以包括国际教育发展计划等其他类型的计划。中国教育部制订并由国务院正式批准发布了《面向 21 世纪教育振兴行动计划》和《2003—2007 年教育振兴行动计划》。行动计划已经成为与教育发展五年规划相配套的重要的教育行动方案。2001 年,日本政府制订《21 世纪教育新生计划》,该教育新生计划,以实现"日本的复兴"为目标,将教育改革作为最重要的国策之一,提出了今后改革的整体框架,同时,明确了要实现"学校变好、教育变样"的目标,明确了当前面临的课题、具体的政策措施以及详尽的时间表。在提请中央教育审议会进行审议的基础上,为体现 21 世纪教育的基本理念,日本将就修改教育基本法以及策划制订教育振兴基本计划。2006 年 9 月 26 日美国联邦教育部公布了《高等教育行动计划:改善亲和力、供给能力和责任感》,教育部部长宣布该行动计划目的是提高高等教育和测量成绩的能力,其目的是要使高等教育对于学生、家长和企业领导更易接受、更负责任。

4. 白皮书

白皮书是指一国政府或议会正式发表的以白色封面装帧的重要文件或报告书的别称。一般来说,蓝皮书和绿皮书多为政府下属的研究机构或独立研究机构发布,而白皮书多为政府发布。白皮书作为一种官方文件,代表政府立场,讲究事实清楚、立场明确、行文规范、文字简练。白皮书既可以是系列、连续发表的政府官方文件,也可以是在某个特定环境下专门发表的文件。

近年来,白皮书形式开始更注重研究和阐述发展趋势及政策走向转变。1990 年日本文部省发布《教育白皮书——建立新的高等教育体系,向 21 世纪迈进的教育方针》,回顾了日本高等教育发展历史,阐述了在国民生活和意识形态多样化和学术研究国际化、信息化背景下,高等教育改革和发展方向和对策。1991年,英国政府发布《高等教育的框架》《21世纪的教育和训练》两个报告,阐述了梅杰政府对于英国高等教育与培训的思想主张,改变了英国高等教育传统的发展思路和模式,提出"我们正走向2000年,我们的目标是达到3个人中,便有一个人受到高等教育"。这一白皮书成为英国迎接21世纪教育发展的纲领性文献。

(三)教育规划文本的格式

教育规划文本一般用文字的形式表示出来,表格形式是对文字形式的进一步表述、解释和补充。在写法上,一般包括三部分的格式。

1. 名称

名称一般写在教育规划第一行中间,其名称有"学习计划""工作计划""教育毕业发展规划"等。有的教育规划,还要在名称部分写上单位或地区名称,还有该规划的期限,如"××中学一九××至一九××学年度教学规划""××县一九××年至一九××年教育事业发展规划"等。教育规划起草完毕,如果需要上级审批或征求有关方面意见,做进一步修订,就应在名称后面写上"草案""初稿""讨论稿"或"征求意见稿"等补充字样。

2. 正文

正文是计划和规划的主要部分,从第二行空两格写起,一般应分条分段写。这一部分应主要包括三部分:第一,制订教育规划的依据;第二,工作要达到的目标和要求;第三,工作方法、步骤和措施。

3. 结尾

在正文右下方写上制订教育规划单位的名称,并写上日期。也可以在第一部分先写上名称,如果是这样,后面就只写上日期就可以了。如果是单位上报或下发的教育规划,还应当在结尾加盖公章。

(四)教育规划文本的内容

1. 教育规划的指导思想

教育规划的指导思想,应当以文本的书面形式明确编制教育规划的原因。具体应从以下几方面考虑。

(1)编制任何一级的教育规划首先都要满足经济建设对人才数量、质量以及层次、结构方面的需求。也就是说,要符合经济建设对教育发展提出的要求和任务,这样才可以使教育规划的编制有目标可循。

(2)满足社会发展对人才数量、质量以及层次、结构方面的需求。要从源头和培养人才的教育方面抓起。从教育规划工作开始,就要重视社会科学的发展和培养相应的人才。

(3)主动满足人民群众对教育的需求。人们都会根据自己的年龄、性别、民族、职业和志趣爱好等去接受不同的教育。因此,终身教育的发展、学习型社会的形成以及小康社会的建设,都要不断满足人民群众自身对教育的需求。

2. 对教育规划现状的分析与总结

要编制好一个教育规划并顺利形成文本,对教育发展现状进行深刻的分析研究与总结是前提之一,主要包括以下几个部分。

(1)总体上看,教育发展的现状主要包括成绩、优势、特点、特色和经济社会发展的需求程度,这些发展到何种程度以及与人民群众的需求有多少差距,都是必须要考虑的。

(2)教育发展现状的不足。主要包括:教育发展现状还存在什么问题,表现在哪些方面,产生问题的主要原因是什么,应当怎样解决等。再分析以往的教育规划执行情况如何,从而总结经验教训。

(3)和全国、周边地区的发展情况进行比较,找出差距并分析其原因,取长补短。

(4)对教育发展趋势进行分析。对教育发展现状进行分析总结后,要进一步分析教育发展趋势,这对编制教育发展规划以及文本的形成十分重要。

3. 确定教育发展规划的目标与主要任务

要确定教育发展规划的教育发展目标。教育规划目标的重要性在编制程序方面也作了阐述。任何一个教育规划文本都要说清楚编制的是一个什么样的教育规划。有了目标,才能有目的地围绕目标进行其他工作的规划,比如规划所需的人力、物力、财力和各级各类教育发展规模等,从而进一步确定教育发展速度和各年度招生规模。教育发展规模、各年招生规模和教育发展速度确定之后,才能规划出教育发展所需的各种办学条件。

4. 确保教育布局结构的优化与协调发展

只有教育自身整体优化,布局结构合理,才能保证其协调发展。因为这个问题直接影响着教育的发展,影响对人才数量和质量的培养,如果处理不好,会出现教育资源浪费的现象。因此,各级各类教育发展的布局结构是比较关键的问题,即使一个学校内部也同样要处理好这个问题。

5. 教育规划的实施政策与保障措施

做好了以上各种工作之后,如何完成教育规划以及采取什么措施完成是一个非常重要的问题。

首先,要配合政策要求。要把教育摆在优先发展的位置上去,要采取跨越式或跳跃式的发展策略,不然难以适应小康社会建设的需求。不同的地方应采取不同的政策。例如,在教育投入上,各地的政策和标准是不一样的,财政支出比例也是不一样的,人才政策的实施也有很大的差别,就是同一地区的内部也有不小的差别。

其次,为保证教育改革顺利进行,多种因素都需要集中考虑,如教育投入的保证、师资队伍质量的提高、实验室设计、教学内容的改革以及教育社会环境的保证、人民群众的支持和教育法规建设的深入等。只有处理好这些因素,才能制订好实施教育规划的各种措施和办法并不断满足各种办学条件的需求。

发展规划文本结构的基本内容就由以上几方面综合构成。另外,一旦教育规划文本被行政决策确定采纳以后,一定要制订一个教育规划的具体实施方案,这比教育规划文本中的政策措施更全面、更详细、更具可操作性;还要有一定的保障措施,确保教育规划顺利进行。下面详细讲述教育规划实施的保障机制。

第三节 教育规划实施的保障机制

一、影响教育规划落实的主要因素

（一）教育经费

为了确保教育教学工作的正常运行和发展，教育规划的顺利开展需要大量的资金来源，这就涉及教育经费问题。教育经费是国家和各级政府的财政预算中实际用于教育事业的经费，以及社会各种力量或个人直接用于教育的费用。教育经费是发展教育事业的重要物质保证。在我国，最常见的教育经费来源有财、税、费、产、社、基。"财"是指中央和地方各级政府用于教育事业的财政拨款，这是教育经费最主要的来源。"税"是指教育专税，教育专税有两种形式：一种是开征专门的教育税；另一种是划定税种及其比例用于教育事业。"费"即义务教育阶段的杂费和非义务教育阶段的学杂费收入。"产"是指校办产业和学校的勤工俭学、社会服务收入。"社"是指社会力量捐资、集资助学等形式。"基"指的是建立教育专项基金。充足的教育经费，是确保教育规划得以顺利实施以及教育得以在学校顺利开展的可靠保证。在教育规划中，投入教育活动的一切人力、物力和财力的总和我们可以称为教育投入。怎样高效率地使用教育投入，合理配置教育资源，避免浪费，提高教育的效益呢？这就需要对教育经费进行预测，而确定规划期内生均经费的变化趋势是教育经费需求预测的核心问题，它们之间的关系可以这样表示：教育经费＝学生总数×生均教育经费。基于上述对教育经费来源和教育经费预测的认识，要实现教育规划的宏伟目标，教育规划的经费除了教育经费中用于教育的部分外，还要必须建立教育规划专项基金，保证教育有充足的经费，避免教育规划因为经费短缺或不到位等情况而不能正常进行。

（二）教育规划部门的地位

教育规划部门在政府教育行政机关中的地位对教育规划的实施有着很重要的影响。所以要提高教育规划部门在政府教育行政机关中的地位，使其从教育行政机关的一个职能处室上升成为各级教育委员会或政府首长的一个咨询、参谋委员会，能在更宏观的范围发挥教育规划的指导作用。

（三）教育规划方案的权威性

教育规划是否权威，直接关系到各部门、各级各类教育机构和人民群众对该教育规划的信赖程度。因此，要运用立法手段明确教育规划方案的权威性，确保教育规划方案成为教育行政机关工作的指南,教育规划方案提出的教育发展目标、任务和各项参数应当成为考核教育行政机关及其各职能处室工作绩效的主要依据。

(四) 人民群众的配合

人民群众是历史的创造者。人民群众的意见也是影响教育规划落实的重要因素之一,因此,在教育规划的编制过程中,必须提高透明度,广泛听取意见,动员全社会来参与,得到各行各业的关心与支持。充分发挥人民群众的主体作用和监督作用。20世纪80年代以后,由于一些国家的教育规划因种种原因未能带来预期的效果,很多国家在总结经验教训的基础上,越来越重视教育质量的过程监控,更多地注重规划制定的过程,规划已不再是上级部门和少数专家的事情,由当地领导和人民群众共同参与指定的参与式规划(PRA技术)已在一些国家取得成功推广。可见,人民群众的配合程度对教育规划的落实是有很大影响的。

二、教育规划实施进程中的监督与调控

(一) 教育规划实施进程中的监督

在教育规划的实施过程中,教育规划可能会受到规划执行者认识上的差异,或者规划制定者与执行者之间存在利益差别等各种因素的影响,从而造成教育规划实施过程中目标的偏离。因此,必须加强对教育规划执行中的监督。教育规划的监督是指教育规划的督查主体依据一定的教育规划理论对教育规划的制定、执行、评价以及其他行为进行检查和控制的过程。其主要任务是:督促执行组织迅速行动,避免拖延执行;及时发现偏离或违背目标的行为或问题,并对责任者进行适当的处理;通过执行情况获取的反馈信息,检查教育规划制定或执行本身存在的问题。通过对教育规划的有效监督,可以即时反馈教育规划的执行情况,避免教育规划的发展走向歧途,从而促进教育规划顺利实施,为教育事业做出更大的贡献。同时,通过发现并及时消除教育规划实施过程中出现的问题和出现的偏差,可以重新修订教育规划或重新审视教育规划的可行性。具体来说,有以下几种做法。

1. 建立教育规划监督指标体系

要顺利地开展监督工作,首先要设置一套能全面、系统地反映教育发展和规划的指标体系,因为教育规划监督指标体系能为教育规划实施过程提供较为全面、系统的观察窗口。监督并不仅是对教育规划实施表面情况的反映,还要密切结合规划目标和遵循教育发展的规律,对其本质特征和发展情况进行观察调查。可以用于反映教育活动的指标很多,但指标的设立一定要遵循必要、适当、经济的原则,服从于所属指标体系的功能与目的。否则,过多的监督指标会产生不必要的干扰信息,不利于进一步开展分析和判断,给监督工作带来困难。

2. 监督体系要体现稳定性与开放性

教育规划实施的监督不仅是对教育发展进程的监督,也是对教育规划实施的规律性的探索和验证过程。所以为了对教育发展的基本要素进行长期的连续考察和对规律进行探索与验证,必须有一个基本稳定的监督体系。所以需要及时建立新的监督视窗,才能及时反映由于教育自身发展或外部环境变化出现的新情况、新问题。

3. 从多方面、多角度去实行监督工作

由于教育规划实施情况的监督是一个综合多方面的观察、分析、判断、评价、不断反馈、调整优化等多阶段合成的管理系统，所以需要运用多种方法、工具和监督手段共同发挥作用。从多角度实行监督工作，有利于内部评价与外部评价相结合，为提高监督质量和监督效率奠定坚实的基础。

4. 教育规划中的信息反馈

一个好的教育规划必须是可控的，而且是以反馈信息为前提条件的。有效的信息反馈有利于指挥部根据执行中的情况，不断地完善指令，调节下一次控制。因此，需要建立灵敏有效的信息反馈系统，准确而及时地把规划执行情况传递给规划管理的指挥部。

（二）教育规划实施进程中的调控

对教育规划进行调控一般有四种情况。一是通过对教育规划进行监督，发现教育规划中的问题和偏差，从而及时对教育规划进行调整，使教育规划得到改进、补充和完善，以更好地解决教育问题。二是在教育规划执行得比较好的地区或单位，其执行者不仅能根据本地情况制订切实可行的执行计划，也能根据执行计划不断调整，这样的调整是非常必要的，应当作为其他地区或单位的模范。三是社会、经济等状况不断发生变化，因此，需要对教育事业发展规划进行修订和调整。换句话说，根据客观情况的变化和规划执行过程中的信息反馈，及时地对规划进行适当的调整是非常重要的，对于中长期规划来说，这是必不可少的环节。只有及时对规划作出调整，才能真正有效地发挥教育规划的作用。四是如果在教育规划执行过程中出现上下、左右、前后不一致、矛盾甚至抵触的情况，就应该以大局为重，分清主次。

思考与练习

1. 教育规划的含义是什么？作用有哪些？主要包括哪几种类型？
2. 教育编制的原则及程序有哪些？
3. 影响教育规划落实的主要因素有哪些？
4. 如何对教育规划实施进程进行监督与调控？

第五章
教育督导与评价

在现代教育管理中,教育督导是教育行政职能里最重要的活动之一,它对一个国家的教育水准起着监督和保障的作用。随着教育事业的发展,从1986年开始,教育督导组织在我国重新得到恢复,并逐步健全起来,教育督导机制的运用推动着我国基础教育事业的发展。在我国教育管理中,教育督导的地位日渐升高,对我国教育发展的作用也越来越大。

第一节 教育督导的作用和类型

一、教育督导的含义及特点

(一)教育督导的含义

到目前为止,关于教育督导还没有一个完全一致的定义,不过大部分学者同意下述说法:教育督导是监督、视察、建议、指导教育工作的活动。具体讲,教育督导就是教育督导机构以党和国家的教育方针、政策、有关法规和教育规律、教育原理为依据,并按照一定的原则和标准,运用科学的方法和程序,监督、检查、评估和指导下级政府、教育行政部门和学校的教育工作,进而审慎地分析和评价,指出优缺点,并提出指导性的建议,以调控、提高教育质量的活动。① 对这一定义可以做以下理解。

教育督导机构是教育督导的执行者。而教育督导机构和教育督导人员的性质和作用在不同的国家和地区并非都是一样的。美国教育督导的职责由一些全国性的教育机构履行,如美国教育协会下属的辅导及课程发展协会、全国学校评估研究会等,由州教育厅负责主要的州教育督导工作,由学区负责地方的教育督导工作,由学校负责具体的工作。在英国和法国,教育督导机构和教育督导人员具有双重性质——行政性和专业性,但总体上仍是国家开展教育督导工作的主要工具。日本的督导组织体系十分健全,从中央到地方形成了一个系统完备的督学网络,其主要的工作是指导。而在我国,教育督导工作的执行者则是由专门的教育督导组织机构及其教育督导人员组成。自1986年国家教育督导司成立以来,我国已建立了国家、省、地、县四级教育督导机构,网络逐步形成。在全国建立了一支庞大的专、兼职教育督导人员队伍,人数逾4万人。这些教育督导组织机构及其教育督导人员绝大部分都是代表人民政府开展教育督导工作的。②

(二)教育督导的特点

与其他教育行政职能部门相比,教育督导具有自身的一些特点。

---

① 孙绵涛.教育行政学[M].武汉:华中师范大学出版社,1998:253.
② 国家教育督导制度简介之三 督导机构和督导队伍[EB/OL].中华人民共和国教育部门户网站.http://www.moe.edu.cn/edoas/websitel 8/29/infol 1729.htm,2010-09-10.

1. 督导工作的执法性

教育督导是国家监督教育工作的一项重要制度。原国家教育委员会颁发的《教育督导暂行规定》明确指出，教育督导的任务是对下级人民政府的教育工作、下级教育行政部门和学校的工作进行监督、检查、评估、指导，保证国家有关教育的方针、政策、法规的贯彻执行和教育目标的实现[①]。教育督导的执法性主要表现在：在编制督导评估标准时纳入有关政策、法规的内容与精神，使被督导者能给予重视并贯彻；另外，通过监督工作，及时发现违法行为并予以纠正，以保证政策、法规的有效实施。

2. 督导对象的广泛性

跟其他教育行政职能部门比起来，教育督导"既督学，又督政"，范围更广泛。而且教育督导行使其职责和权限是代表着本级政府的，其对象涉及下级地方政府及下级教育行政部门和学校，并且要监督他们的教育工作，这里面往往关系到许多方面，有着十分宽广的领域。这也是它不同于其他教育行政职能部门的一个重要特点，是不能替代的。

3. 督导内容的综合性

教育督导对象的广泛性决定了教育督导工作内容涉及多个方面，不仅仅限于教育内部或学校内部的工作，还包括普通教育各个方面的工作以及各级政府对教育工作的管理，因而，督导时须同时考虑教育内部条件和外部条件，从整体上对这两者进行综合分析，才可以得出客观的结论，可见教育督导具有综合性。若要对一个地区的教育工作进行宏观督导，同样要综合考虑各方面的情况，包括当地政府对教育的重视程度，对国家的教育方针、政策、有关法律与法规的贯彻情况，对发展教育的决策、规划、布局及其执行情况，对教育经费的筹集、投入及其管理使用情况，对干部、教师队伍的建设情况，对办学条件的改善、对于育人环境的建设，对教育质量与教育效益的保证，以及发展教育同发展当地经济、社会的联系等诸多方面。而若要对一所学校进行教育督导，也要涉及诸多方面，如对办学指导思想和方向把握、对领导班子及教师队伍的建设、对教育教学的管理、对教育质量和办学效益的保证等。这都需要从整体上进行考察，并作全面综合的分析，才能做出更准确的教育督导评估的结论，最终达到教育督导的目的。而其他各职能机构一般只在自己所分管的业务范围内对基层工作进行检查督促，相比之下局限性较大，整体的综合性较为缺乏，而督导工作则能关注到各个局部和层次之间的关系，在着眼于整体的基础上进行综合考察。

4. 督导作用的间接性

从教育行政职能这方面来看，督导机构既不能直接发出指令，也不是指令的直接执行者，而是发挥控制和指导性的作用，这也是区别于其他行政机构的主要特点。教育督导不直接决定某项政策，不直接着手去做具体的教育工作，只是为领导和教师提供有效信息和令人信服的科学论证，提出建议、指导，供领导和教师采纳之后转化为相应的行政命令、法规、指

---

① 教育督导暂行规定[EB/OL]. 中华人民共和国教育部门户网站. http://www.moe.edu.cn/edoas/webaite18/level3.jsp? tablename=152&infoid=6041, 2010-09-10.

示、计划,然后付诸实施,而督导人员不能直接发号施令。可见教育督导超脱于日常行政事务之上,具有一定的超脱性和相对的独立性,它对教育工作质量的影响必须通过被督导方实施相应的具体工作而实现,因而它的作用具有间接性。

二、教育督导的作用

教育督导的性质、任务决定了它有下述几方面的作用。

（一）导向作用

教育督导的执行者与对象具有上下级的关系,是上层的督导机构监督、检查、指导下级政府的下级教育行政部门和学校教育工作的行政职能活动。因此教育督导的导向作用,实质上是中央政府行为权威性的体现,主要有三方面：首先,督导机构开展工作必须保证党和国家教育方针、政策得到贯彻与执行,以更好地实现教育总目标,这是衡量教育督导成效的首要准则；其次,在教育改革和发展过程中,督导机构在督导时若发现新情况新问题,须谨慎且正确地做出导向性、政策性的解释和判断,以明确督导工作的方向；第三,督导工作须立场鲜明地对社会舆论进行引导,对不利于教育事业发展的恶性行为与消极现象进行抵制,大力支持和激励社会舆论的积极效应,及时引导热点、难点和焦点问题,以获得社会舆论的共识与理解,这也是教育督导充分发挥强力导向作用的表现。

（二）监控作用

上级政府管理教育其中一个主要的手段便是利用教育督导的监控作用。教育督导的监控作用,更多地体现在事后的控制上,即在施行某一方针政策之后或在某一学校正常工作的时限内,朝着某个目的,依循一定的计划步骤开展督导活动,调控在决策和执行中出现的问题,以保证教育改革与发展不偏离正确轨道。对于在当前教育领域内出现的一些消极现象与恶性问题,像乱收费和拖欠教师工资的现象,教育督导应当仁不让指出和干预,有效地排除教育改革与发展中各种矛盾与问题。例如 2001 年,在督导工作的干预下,广西百色地区清还了拖欠教师 10 年的工资,这体现了教育督导强大的监控作用。[①]

（三）指导作用

教育督导通过了解情况,从中分析出现的问题,指出问题的原因,并总结经验,提出解决问题的建议,使被督导者明确应当坚持什么,改正和克服什么。从过程来看,无论是什么类型的教育督导,无论是肯定优点,树立典型,还是指出缺点,发现问题,分析问题,提出解决问题的建议,都会起到帮助指导被督导单位教育工作的作用。例如,在《对广西壮族自治区贯彻落实国务院〈决定〉和国办〈通知〉情况的督导检查报告》中便肯定了当地政府改造中小学校舍危房和救助贫困生的工作,同时也指出仍存在大量代课老师的问

---

① 对广西派族自治区贯彻落实国务院《决定》和国办《通知》情况的督导检查报告[EB/OL]. 中华人民共和国教育部门户网站. http://www.moe.edu.cn/edoas/website19/level3.jsp?tablename=1372&infoid=12292,2010-09-10.

题,并针对问题提出"尽快下发中小学教职工编制标准的实施意见,调整中小学编制"等相应的建议。[①]

(四)反馈作用

教育督导作为政府和教育部门的得力助手,其有效信息的来源则首推督导的反馈作用。执行教育督导,必须深入一线基层,这就要求走入学校,与广大基层干部、学校师生和群众进行深入沟通和接触。在此过程中,能收集到群众的各种声音,应把群众的这些意见、看法传达回领导部门,以此作为下一步做出正确判断和决策的依据。由此看出,教育督导过程中"上情下达,下情上传"的方式,起到了沟通上层和基层的桥梁和纽带作用;同时,也传达了上级领导对下级基层工作同志的关心和慰问,给他们以鼓舞。反馈作用要有好的效果,则重在及时、准确、真实,力戒拖延、虚假和失误。

(五)激励作用

教育工作者,无论是教育行政部门的领导还是学校校长和教师,都有一个这样的良好愿望,那就是搞好教育、办好学校、做好教书育人。教育督导的最终目的就是要公正客观地判断被督导对象的价值,这既是督导者权威的判断评价,也是被督导对象所关注的结果。如果被督导对象能从结果中及时看到自己情况和成绩,了解自己值得肯定的地方,以及自己做得不够好的地方,便能使前进的方向变得更加明确,工作动机增强,其工作的潜在积极性更容易得到激发。否则,若被督导者长期不清楚自己工作上的优势,不知道他人对自己的评价,其工作热情就容易降低,其积极性也容易消退。由督导结果所带来的奖励,无论是物质的或是精神的,都会使社会驱动力增强,起到一定导向的作用,因此教育督导应经常采用激励的方法以取得正面效应和结果。

三、教育督导的类型

教育督导依据不同的标准可以划分为不同的类型。

(一)依据教育督导的内容来划分

(1)综合督导:对被督导方,如某地区某学校的教育工作进行全方位的、系统的督导活动,涉及学校管理、课堂教学、德育、体育卫生、劳动技术教育、后勤保障工作、校园建设等方面。优点:督导工作涉及的范围面广,具有全面性和系统性,以及由于它是有计划、有组织进行的,并且在督导方法上多采用系统、客观的评价方法,因此,它具有较高的权威性,声势较大,影响力也较大,有利于从整体上了解情况,促进协调发展各项工作和全面优化。不足:比较花费人力、物力、财力和时间,组织实施和接待都比较麻烦,因此,次数不宜过于频繁,否则,就会造成基层和群众过重的负担,使正常的教学秩序受到干扰,若组织和指导不当,也容

---

① 对广西壮族自治区贯彻落实国务院《决定》和国办《通知》情况的督导检查报告[EB/OL].中华人民共和国教育部门户网站.http://www.moe.edu.cn/edoas/website19/level3.jsp? tablename=1372&infoid=12292.2010-09-13.

易出现形式主义。

（2）专项督导：教育督导机构对被督导者特定的一方面工作根据具体的任务所做的督导活动，如对师资、课题和课程等单一方面进行督导，或对当前时期内的热点问题进行督导。优点：范围集中、重点突出、参与人员相对较少；规模小且灵活，易于组织实施，省时省力，也便于深入、系统地了解某方面情况和分析某个问题，专项督导是教育督导常采用的一种形式。不足：难以从整体上判断一个地区或一所学校的教育工作，也难以充分反映各方面是否协调一致，但可以与综合督导相辅相成。

不过，两种督导都应注意统筹安排，以免在一个时间段内督导检查活动过于集中或次数过于频繁，使基层难以负担。

（二）依据教育督导的时间来划分

（1）定期督导：按教育督导计划规定的时间（如开学、期中、期末）进行，一般在督导活动开始前要正式通知被督导单位的带有常规性的督导活动。定期督导的计划性、系统性较强，其信度效度较高。

（2）经常性督导：督导人员与自己负责联系的学区（片）、学校保持经常的接触，并没有固定形式地进行较为频繁的了解和指导。这是普遍采用的一种督导形式。其特点是督导形式较为机动灵活，能够及时发现、了解正在形成的倾向性问题，便于快速总结经验，解决问题。

综合督导具有系统性与计划性，通常以定期督导的方式进行，这样使教育督导具有一定的规律性，也便于被督导单位安排计划，使综合督导得到更全面地落实。专项督导通常规模较小，较为灵活，故既可以是定期督导，也可以是经常性督导，这要视教育督导任务的缓急而定。[①]

（三）依据教育督导的职能来划分

（1）诊断性督导：教育督导机构从整体上督导被督导对象的工作，在此过程中对问题与成绩进行系统性的研究，对其中的原因进行分析，为教育决策提供依据，从而更好地解决问题，或肯定做得好的地方，推广成功经验。

（2）过程性督导：教育督导机构为了能对动态的工作进程给予及时调整、修正，以更好实现督导目标，对督导对象的工作过程所进行的督导。其特点是着眼于近期的现实状况，及时了解最新信息，以便于及时发现、调控和改进在教育工作过程中出现的问题。

（3）总结性督导：被督导对象在某阶段性时间内的工作告一段落后，教育督导机构对其在此阶段内的工作进行的督导工作，具有对此阶段工作做出总结的性质，目的在于督导评估工作后的最终成果。其特点是着眼于最后的工作效果，有鉴定最后成绩和激励被督导对象的作用。

---

① 国家教育督导团办公室.现代教育督导原理[M].北京：中国青年出版社,2003.

第二节 教育督导的原则和程序

一、教育督导的原则

教育督导的原则是教育督导活动进行下去必须遵循的准则,是教育督导工作的指南针和行动准绳。它对实现教育督导的目的,规范教育督导的操作有着重要的意义。

对于教育督导原则的看法,因不同学者的观察角度不同而有不同的理解,可以说是仁者见仁,智者见智。目前,被广大学者和督导人员普遍接受的原则有以下几条。

(一)方向性原则

方向性原则是首要的基本原则。它是指督导督学工作必须坚持社会主义方向,即必须坚持四项基本原则,坚持以马列主义、毛泽东思想和邓小平理论为指导,以国家教育方针、政策为依据。我国是社会主义国家,由党和国家管理的教育督导是一项政策性很强的工作,是为社会主义建设服务的一项工作。因此,教育督导必须受我国社会主义建设发展所导向,指导教育工作培养社会主义的建设者,培养德、智、体全面发展的人才,促进全民族素质的提高。

(二)科学性原则

科学性原则,是指教育督导工作的开展要直面教育工作中的真实情况,遵循客观发展的规律,并采用科学的方法对教育工作进行督导。只有从督导对象的实际情况出发,对其情况认真了解并作深入的分析,得出准确的结论并给予正确的评价,提出可操作性较强的积极的指导建议,教育督导工作才会取得良好成效;否则,督导工作只会流于形式。另外,教育督导工作的开展不能任意妄为或照本宣科,它不能忽视教育规律、管理活动规律的影响。例如,学校工作的开展在学期初、学期中、学期末会因不同因素的影响而呈现不同的规律和特点,而且不同学段的学生心理发展的特点也不一样,并呈现规律性,必须把这些规律考虑进去,才能够对学校教育工作给予有用的督导意见。最后,在教育督导过程中,方法的选用要有科学性,常用的采集信息和分析数据的方法有调查研究、定量分析、定性分析等。用科学手段去获取有关信息,分析数据,诊断结果,揭示数据隐含的内在联系。

(三)民主性原则

民主性原则,是指在督导工作中必须要充分发扬民主,要深入群众、尊重群众、相信群众、依靠群众,注意倾听督导对象尤其是广大基层干部和教师的意见。在督导过程中,必要时可以邀请被督导单位人员参与督导活动,给予他们参与解决问题的机会,以充分调动他们的积极性,同时增加督导工作的透明度。这样,既可以发挥督导的监控作用,又可以增强被督导单位干部、教师的积极性,把督导过程由外部被动地接受变成启动内部动力的机制。

(四)可操作性原则

可操作性原则,是指要从实际情况出发制订督导方案,尽量做到容易操作,简便易行,便于实施。无论是综合督导还是专项督导都应把重点突出,抓住教育上常见的问题,从重点到一般,逐步深化具体,不可搞得过于高深、复杂、理论、花哨,否则一切只会沦为形式。

(五)整体性原则

整体性原则,是指在督导实践中,我们要把督导对象视为一个有机的整体,必须从全局上着眼于各单位、各部门、各类成员、各种因素以及各项工作的关联性,包括部分与整体之间、部分与部分之间的互补关系、渗透关系、融接关系、涵盖关系等,从整体上进行综合分析和全面督导,然后做出符合客观实际的科学评价。督导的其中一个重要作用,就是要促进教育管理的全面优化,从整体上增强办学效益和提高教育质量。这里的全面优化绝不是各个部分(要素)效能"一加一"似的简单总和,而是各因素互动的"合力"作用。这种"合力"可以大于各因素效能的简单总和,即"整体大于部分之和"。因此,假如我们要督导某学校的办学水平,就要对众多与学校办学水平相关的要素进行监督与考察,除了办学条件这个要素,更要看其他相关要素,包括教育教学质量、学校领导班子管理水平、总务后勤工作、教职工队伍建设等,就必须从整体上、从各方面的多个指标上分析与评估其相关因素,进而达到全面优化被督导对象工作的目的。

二、教育督导的程序

教育督导是教育管理过程中一个重要的环节。督导机构开展工作要按照一定的步骤有序地进行工作。教育督导的过程根据类型、目的、任务和内容的不同会有所不同,不可能有一个统一的过程模式,但基本上可分为以下三个阶段。

(一)准备阶段[1][2]

教育督导工作要顺利开展并要达到预期的目标,首先必须重视准备阶段的工作。准备阶段工作包括以下几方面。

(1)制订督导计划。在计划中需要明确以下内容:目的、要求、督导机构与人员及人员分配与分工、被督导对象、督导日程、所使用的方法和所注意的事项等,并制订周密的方案和具体实施步骤计划。这是最核心的准备工作,制订出来的方案和实施计划都必须经过督

---

[1] 臧广州.教育督导制度创新与规范化检查评估及验收实用手册1[M].广州:广东海燕电子音像出版社,2003:19.
[2] 程培杰.教育评价和督导[M].大连:辽宁师范大学出版社,1999:238-239.

组全体成员的充分讨论,以统一认识,再报经主管领导正式批准后,提前下发给被督导对象,使其有所准备。

(2) 组织实施教育督导的队伍。主要是合理地选拔和安排所需人员,明确各自的任务和分工,把责任落实到人。并要做好督导人员的思想工作,端正督导人员的工作态度;明确督导工作的指导思想;强调督导工作纪律要求。成立督导小组,设置督导办事机构,聘请有关专家作为兼职督学等。

(3) 拟定督导提纲和标准。提纲主要是确定督导的项目和每一项目的具体内容。内容要具有可操作性,一般宜少且具体,让被督导对象能更方便地按提纲做准备,也让督学更好地作更深入的调查研究。标准给评价提供了依据,便于督导人员把握方向和做出公正的判断。

(4) 准备必要的督导工具。根据督导的目的与使用的方法准备相应的工具,如评价方案、统计表格等。

(5) 提前联系被督导对象。提前通知被督导对象,说清楚此次督导的目的要求、日程和操作步骤、督导人员情况等,要求其事先按要求做好自我检查,把需要汇报的材料准备好,并提供必要的数据,以便被督导对象了解,并做好必要准备,更好地与督学协作,也便于督导工作的有序运转。

(6) 阅读被督导对象的有关书面材料。先对被督导对象的一些基本情况有所了解,以便在督导时能有的放矢,把有限的时间与精力集中研究主要问题。

(7) 对有关方针政策和理论进行学习。利于在督导工作中对国家的政策性方向有所把握,拿捏好标准,科学地进行督导。可利用一些值得推广的典型事例来更好地指导实际工作。

(二) 实施阶段[①]

实施是整个督导活动的核心环节,是决定督导工作效果的关键阶段。实施阶段主要是做好以下两项工作。

1. 调查分析。

调查分析主要从以下几个方面着手。

(1) 督导双方见面。督导组与被督导单位双方有关人员进行正式会面。会面中,督导方向被督导对象讲明自己的来意,说清楚此次督导的一些要素,如目的、要求、内容、计划等,让被督导对象放下顾虑和心理障碍,把督导计划中的具体安排落实下来(包括具体的活动时间和安排,确定抽查样本、数量和范围的协商)。

(2) 阅读和听取被督导对象的自评报告。要求被督导对象根据本次督导检查的提纲标准和自我检查及评估的情况如实进行汇报,报告内容要全面,并突出重点;既要展现成绩和好的经验,又要指出存在的问题;要分析解决问题的局限条件,同时也要表明积极改善问题的态度及提出相关的设想。

(3) 以督导的性质类型和具体的目的要求为根据,采取多种方式和手段(包括查、看、听、谈等),深入了解情况,考察并核实材料,分析呈现的问题,听取各方意见。主要采用的方

---

① 陈元魁. 教育行政执法工作手册[M]. 长沙:湖南科学技术出版社,2007:418.

式有查阅文案资料、现场巡视和观察环境及相应设备、召开小型座谈会、个别深入访谈、发放调查问卷、统计分析、测试考核、典型剖析等。

以某学校学生心理健康教育课程建设情况的专项督导为例,督导小组要现场考察被督导学校的心理咨询室、团体活动室是否符合要求,相应设备是否齐全,查阅相关的文案资料,如各项规章制度、学生咨询及团体活动的记录、心育课的教案等,并召开座谈会听学校领导的自评汇报,了解情况、交流意见,抽取学生进行个别谈话,深入了解,并可向学生发放问卷,获得进一步的信息。

2. 评估指导

通过调查研究和初步的分析,可获得大量的评估信息资料,接下来便是科学的评估和正确的指导,包括以下几个方面。

(1) 对被督导单位的工作进行客观的评估,经讨论得出督导评估意见并以书面形式呈现。意见书应包括被督导单位的基本情况、值得肯定的成绩和措施、典型经验、出现的问题及其原因、须改进的地方及相应的意见和要求。下结论要以事实和证据为依据,否则不要乱说没把握的话。遇有重大分歧意见,可以提出来讨论,也可以留待以后研究,暂不向对方提出,不宜过早下结论。

(2) 开好意见交换会。通常在交换意见前,一般要先同被督导单位进行思想沟通,然后才正式召开意见交换会。会议的目的在于督导双方交换意见,督导方肯定被督导单位的成绩,指出不足及改进的建议,使被督导的人员都清楚督导评估的意见,明确日后自己的努力方向。

(三) 结果处理阶段

结果处理阶段是督导工作的最后阶段。这一阶段主要做好以下几项工作。

(1) 进一步把材料整理好,以正式书面形式写出督导报告。

(2) 报告完成后,对有关领导和主管部门呈送,以便领导机关掌握情况,及时进行管理上的调控,及时总结、推广好的经验和处理、解决严重的问题;遇到督导报告内容具有普遍教育意义时,可在报纸上公开发表。

(3) 要正式对督导单位下达督导意见通知书,以便被督导单位了解该次督导的结论和意见,并要求被督导单位结合实际条件改进工作,在一定期限内写出改进工作的回复报告。对必须在一定时间内解决的重大问题,要下达明确的行政指令性要求。

(4) 进行必要的复查,以促进教育工作质量的改进。即在本次督导完结后,对其以后的实际进展情况继续跟进检查,直到把问题妥善解决或处理为止,而不是走形式、做样子。

(5) 认真分析研究基层干部和群众提出的意见,针对上级领导或督导工作本身的意见更要重视,并要及时处理和反映,落实相关工作。

(6) 认真总结本次督导工作,指出成绩与不足,探索一些规律性的经验,以不断提高督导人员的素质和教育督导工作的质量。

(7) 对收集到的资料及时整理、分类、立卷和归档,健全督导工作的制度,使督导工作具有系统性和规范性。

第三节 教育评价的作用和类型

　　自20世纪30年代开始,教育评价逐渐受到世界各国的广泛重视,到了20世纪60年代,教育评价的独立研究价值凸显,已成为一大教育科研领域。现代教育评价的产生是以教育测量及其传统的教育评价为基础,并得到迅速的发展,在教育领域占了一席之地,已经成为世界上现代教育科学研究的三大领域(即教育基础理论研究、教育发展研究与教育评价研究)之一。可以说,教育评价是一门新兴的、不成熟的,但具有强大生命力的学科。近年来,我国教育界对教育评价的研究与试点工作也已开展,并日益广泛地运用到现代教育研究的各个方面,越来越受到各级教育管理部门、研究部门和广大教育工作者的重视与关注。

一、教育评价的含义及特点

（一）教育评价的含义

　　虽然教育评价是教育科学研究的三大领域之一,但它始终是一门新兴的科学,在理论和实践上仍处于研究阶段,因此至今没有一个统一被接受的概念。关于教育评价,国内外的学者大约有以下五种解释：①把教育评价等同于教育测验；②把教育评价看作"专业判断",类似于法官判案、裁判判球；③认为教育评价是比较"实际表现"与"理想目标"这两者的活动；④认为教育评价是为决策服务,为决策提供资料和依据；⑤把教育评价视为教育研究。这五种观点或看法,都从一个侧面揭示了教育评价的某一方面的性质,但都有其令人不够满意的地方。

　　基于我国教育评价的实践与理论研究,教育评价可被如此定义：教育评价是以一定的教育目标为依据,经过系统性地收集资料,对教育过程及其结果的价值做出判断鉴定的教育活动。教育评价是教育活动体系三大环节之一,其余两个分别是决策和执行,同时教育评价也是教育目标得以实施的前提条件；教育评价在教育实践领域中可体现为评价式教学、评价式管理等操作方法,在教育研究领域中也可视为一种手段和方法。

　　教育评价和教育督导两者既有联系又相互区别。

　　教育评价是教育督导的一个重要环节,也是教育督导常采用的手段,两者的联系主要有两方面：一是两者的基本目的和过程一致,其目的都是促进教育工作质量的全面提高,利于教育效果全方位优化,其过程都必须先实事求是地收集被评对象信息,以此为基础再进行判断,并把评价信息反馈给被评对象,对被评对象工作质量的提升给予指导；二是两者活动的基本依据一致,两者都必须依据党和国家的教育方针、政策、法规进行活动。

教育评价与教育督导的区别主要有三个方面。第一,因教育评价只是教育督导的其中一个环节和手段,两者所涉及的评价对象范围有所不同。教育评价的对象的范围包括了一切各级各类有关教育活动的人和事;而教育督导更多地涉及基础教育方面。第二,两者评价的主体不完全相同。教育评价的主体可以是上级、平级机构或人员,也可以是被评者自己和社会的群众;而督导评价是自上而下的他人评价,主体是上级的督导机构组织。第三,两者对评价结果有不同的使用要求。人们主要使用教育评价的结果来进行鉴定、选优、改进工作,或以此为依据做出方案决策等,评价主体没有权力制止被评客体的某种行为,一般被评对象不认可某种评价结果的话可以不接受或不执行。而督导评价中,对被督导单位出现的不当行为,督导机构有权制止。若无合理理由,被督导单位应当接受督导机构提出的意见和建议,并及时执行改善工作。[①]

(二) 教育评价的特点

要准确地把握教育评价的概念,还要进一步认识教育评价的特点。教育评价是一项极其复杂的社会活动,具有多方面的属性。一般来说,教育评价具有以下五个特点。

1. 目的性

教育评价的目的性体现在,教育评价通常是受某一特定目的驱动的,根据特定目的遵循一定的程序,以科学的方法对信息进行收集、分析,具有计划性和组织性的活动。与日常生活中其他领域的价值评价活动不同,教育评价作为一种教育手段(或者是作为目标到达度的检测手段,或者是作为教育研究的手段),必须为全面实现教育目标而服务,一般要以国家和社会对教育的要求为依据,结合各种教育活动来分析其具体目标,并把评价的内容转化为系统性的各项具体指标,并对教育过程极其结果进行价值判断,实现教育目标。

以教育评价来确定教育目标的达成程度,也是确保在教育目标达成过程中能及时变革及不断改进,以更好实现教育目标。教育目标是教育评价的基本依据,教育评价内容与教育目标应当具有一致性,这对教育活动的方向和水准有着直接影响,同时也影响着被评价对象选择和实现不同的教育价值。在教育评价中,目的与目标是两个关系密切的概念,目的一般相对较为抽象、广泛,是最终结果的反映;把目的分解和具体化,便可得到狭义的、阶段性的、具体的目标。教育评价的目的性体现在对教育目标进行具体的分析,努力促使这些目标实现的过程。

2. 主体性

教育评价的主体性体现在,教育评价可以有多个主体,教育的各个参与者如各级人民政府或其教育行政部门、学校领导、教师、学生、学生家长、社区居民、用人单位、社会各界人士以及有关的团体机构等都可以成为教育评价的主体。要看教育评价是否有效用,主要在于该评价能否得到被评者的接受,被评者是否愿意按标准进行自评,否则,再准确的评价也会因为得不到被评者"共鸣"而不能发挥作用。在教育评价活动中,评价者与被评价者并非相互对立的两部分,双方都要发挥主观能动性,两者是相互合作的,被评价者有的时候也可以是评价者。例如,对学生的评价,不仅要关注教师对学生的评价,同时也要关注学生的自我

---

① 王景英.教育评价理论与实践[M].长春:东北师范大学出版社,2002:9.

评价。

教育评价,一方面反映了评价主体的价值取向;另一方面主体的价值判断是以从特定对象上采集到的信息为基础。教育评价基于对被评对象实事求是的描述,但评价人本身对事物如何看待也对评价的结论产生一定的影响,可以说评价主体的需要和愿望在某些程度上会反映在结论中。因此,评价活动统一了主体性与客观性,而其中主体性的作用很重要。

3. 中介性

教育评价是教育管理活动的一个重要环节,在教育领域中是与其他教育活动相区别又联系密切的一项独立活动。一方面评价结果可以作为决策的依据;另一方面评价(如评价式教学、评价式管理等)又充当执行中的控制手段,是达到教育目的,取得教育成果的重要中介环节。

在教育实践中,要保证教育行为、教育决策以及学生的发展顺应客观规律的要求,不能抛开教育评价活动的参与。同时,人们之间信息的交流也可通过教育评价作为中介实现。通过标准化规范化的教育评价,可以对不同的教育观念和价值观、不同的工作风格进行比较,让被评价对象了解彼此,互相学习,互相取长补短。教育评价活动作为教育的基础性工作,是教育实践领域的重要组成部分之一。

4. 综合性

教育评价的综合性体现在以下几个方面。

评价的方法并非单一和孤立的,它包括了量化分析以及质性分析等方法,从整体上对来自各方面的资料与信息进行综合的评判。评价方法的具体形式也很多样,除了考试,还有测量、统计、鉴定等,对收集到的各方面的评价信息进行综合分析与归纳,获得有效信息,进一步做出准确的结论。

教育评价的范围,是以教育的全部领域为对象的,它包括与教育对象相关联的各个方面的实态把握和价值判断,例如,会涉及对课程与教学的评价或学生的评价,对教育管理水平、办学条件和环境因素、各种教育活动、教育人员素质等很多方面的评价。可以说全部教育实践过程都存在评价的问题。

从教育评价的具体内容上看,在评价学生时,现代教育评价也要着眼于人的全面发展,不能仅偏重于智力,既要评价知识、技能、能力,又要评价思想品德、兴趣爱好,还要评价身体发育状况和心理品质等,对学生的素质进行综合性的评价。

5. 预测性

教育评价的预测性体现在评价结果的可重复性。由于评价所使用的工具及运用的方式必须具有标准性和规范性,而标准化的测量要求有高的信度,即一致性程度,这就使得随后所得的评价结果具有可重复性,但这种重复性并非简单的结果再现,而是在同样或相似的条件出现时,凭借过去评价的结果对可能出现的后果进行一定把握的预测。通过教育评价,人们可以了解教育现象的因果关系,总结出规律,不仅可以认识教育过去与现在的情况,还可以预见教育未来的发展趋向,从而及时调整教育工作的方向,更好地提高教育工作质量,实现教育目标。

二、教育评价的作用

教育评价的作用是指教育评价活动本身给被评价者所带来的积极影响。教育评价一般具有导向、鉴定、激励、选择、改进的作用。

(一) 导向作用

教育评价的导向作用是指,教育评价影响被评价者的行为,使其向某个方向或目标发展。具体地讲,通过教育评价既可以把被评对象的教育工作和活动向着教育目标导引,也可以当发现被评对象的行为背离目标时,调控、矫正其行为,使之趋向目标。

教育评价导向作用的发挥,首先,通过评价指标来实现的。评什么就抓什么,这是评价中常见的现象,因此,教育评价的指标就像指挥棒一样。例如,某中学确定评价学生基本素质能力 10 项要求,该 10 项要求必然会引起学生的重视,从而学生会在这 10 项要求下加强自身的行为。因此,确定有意义的评价指标很重要,否则评价的导向会产生消极的作用。其次,通过评价的结果对被评对象反向调控实现。教育管理者和被评对象可根据评价结果了解达到目标的程度,及时调控自己的行为朝着目标发展。最后,通过评价结果的强化来实现。荣誉奖赏和教育资源分配经常会以评价结果为依据,达标程度高者往往授予奖励或获得更多的教育资源,这必然强化被评对象趋向目标的行为。

(二) 鉴定作用

鉴定是指评价和判定事物的优劣程度。建立在教育评价基础上的鉴定在教育活动中是普遍存在的,例如,评价教育所培养出的人才是否合格、是否能适应社会、是否达到我们教育的最终目的等问题都需要鉴定来给出结果。教育评价的鉴定作用主要是指教育评价具有判定他们达到目标标准的程度及区别他们水平高低的作用。它主要通过对教育评价对象相关资料的收集、整理、分析、判断的运作机制得以实现,通过检查、比较、判别等评价工具的利用而获得。例如,1996 年湖北崇阳县法院取缔非法私立学校 13 所,原因是经综合评价后,这些学校由于不具备国家规定办学条件,教师未达到合格学历等各种原因,被鉴定为不合格,须加以取缔。

(三) 激励作用

教育评价的激励作用是指通过教育评价能够激励评价对象积极进取,使其更好更快地发展和进步。其实现方法是向评价对象反馈公正、合理、客观的信息以及评价的运行机制。教育评价的激励作用主要体现在三个方面。首先是肯定性评价的正面激励作用。人的心理状态是容易受到周围环境影响的,处在一个和谐氛围中的人,其自信心、自尊心和成就感都十分容易得到满足,而这些又都是激发人进步的动力。例如,北京某地区改革后考试实行"分层测试卡",同一份卷子由三部分组成(基本知识、技能训练、灵活运用),以往成绩差的学生在第一部分取得好成绩,对自己自信心增长后,便会更努力,以继续争取高分数[①]。物质

---

① 范永利. 让学习困难生品尝成功的喜悦[N]. 光明日报,1998-04-22(06).

鼓励与精神鼓励可以相结合,例如,对于进步快的对象,可以利用增加其教育资源等方法,从而进一步增强其发展的动力。其次是否定性评价的刺激激励作用。正所谓"知耻而后勇",对于部分表现不佳而又具有上进心的对象,可以采用这种激励方法,使其以更大的决心提升自我,打个漂亮的翻身仗。当然,在采取这种方法的时候要注意评价的程度,以避免得到反的效果。最后是自我评价的内在激励作用。这种激励作用需要发挥被激励对象的主观能动性,让其自我总结优点与不足,找到改进的突破口。这种方法如果使用得当,往往会得到事半功倍的效果。

(四)选择作用

教育评价的选择作用主要是指依据教育评价的结果,对相关对象做出一定的选择。在现实生活的各行各业中"选择"都是普遍存在的。具体在教育现象中,学校和学生之间,教育部门和学校之间普遍存在单向或者双向的选择。如何准确地选择则成为教育现象中一个问题,而教育评价则为其提供了一条捷径。可以说,教育选择是伴随着教育评价发展起来的,教育评价是选择的基础。比较是选择的前提,评价的过程也是比较的过程。例如,考试(教育评价的手段之一)就能比较出不同学生间所掌握的知识水平差异。要发挥教育评价的选择作用,是不能回避比较的。通过教育评价的比较,才能选择出符合要求的对象,以更好地实现教育目的。但是,在教育评价中进行比较时,也要注意解决由于比较所产生的副作用,如教育中的恶性竞争。

(五)改进作用

前面所谈到的教育评价的作用,其最终目的都是对教育工作进行改进,改进教育质量和提升办学效益,使受教育者和社会教育发展的根本需要得到满足。可见,改进也是教育评价的一个主要的作用。教育评价的改进作用是指,教育评价具有使被评对象反省自我、发现自身问题、总结以往经验,从而有的放矢地调控自身行为以改进工作的作用,它主要通过教育评价全面、准确、真实的反馈信息对被评价对象的指导实现的。例如,在对教师的评价中发现教师在教学技能、教学方法上的不足,从而有针对性地对教师的教学技能、方法进行指点与培训,进而提高教师的教学能力,提升教学质量。

三、教育评价的类型

了解教育评价的类型有助于使教育评价从一个抽象、概括的概念,具体化为特定的评价样式。依据不同的教育评价目标和功能,国内外不同的学者对教育评价有多种分类,本书特从评价的标准、功能、方法和主体等方面进行分类。

(一)按评价标准分类

1. 相对评价

所谓相对评价就是一个比较的过程,在一个群体中首先要确定一个常模,即参照标准。之后,将各个评价对象逐一与常模进行比较,进而得到相对的评价结果,确定评价对象在群体中的位置,因此,相对评价又常被称为常模参照评价。常模的选取具有内部性,即一个常模只能适用于一个群体内部,不能作为群体间共同的参照。例如,某校评教师的说课能力,先以选定的某个教师的说课作为标准,把其他教师的说课与被选定教师的说课逐一进行比较,凡比该选定教师的说课表现更为优秀或实力接近的教师,就评为优秀。但这个标准,只适用于这所学校。又比如,班里学生的成绩排名也是一种相对评价。

相对评价的优点是:第一,对于整个群体,相对评价提供了简单有效的选取方法,尤其对于选拔、鉴定等教育活动,相对评价是个不错的选择;第二,对于个人,相对评价的常模能够让个人认清自己在群体中的位置,了解自己与群体中其他成员的差距,明确努力的方向;最后,对于群体内人与人的关系,相对评价能够促进在群体内形成竞争机制。但这种评价也有缺点:首先,相对评价具有内部局限性,由于常模的选取不能超越群体,而且会随着群体总体素质的改变而发生变化,评价结果未必能准确反映被评对象的真实水平;其次,相对评价会走入排名的误区,由于这种评价是通过内部相互比较而实现的,而与教育目标无直接联系,容易导致被评对象只过分关注比较排名而忽略目标的完成;最后,相对评价可能会打击群体内人员的积极性,由于这种评价是以正态分布的理论为基础的,不管个人努力如何,进步多大,团体中总会有排名相对靠后的对象存在,这部分对象会由于看不到自己实际能力的进步,其积极性容易被挫伤。

2. 绝对评价

绝对评价是指预先确定一个公认参照标准,而该标准与被评对象团体内部水平无关,这个标准被称为客观标准,评价时参照客观标准,将被评价对象逐一与之进行比较,寻求达到该客观标准的绝对程度。绝对评价又称目标参考评价。如我国现行的评定学业成绩的办法是百分制,如果考分在60分以上,则达到及格标准;而60分以下为不及格。这就是以客观标准衡量的绝对评价。

绝对评价的优点是:评价标准独立于被评对象团体以外,因而准确可靠,可使每个被评价者都能看到自己与既定的客观标准的差距,从而可以激励被评价者为缩短这个差距而发奋努力;另外,教育管理部门可从绝对评价了解被评对象的各方面目标的完成程度,从而确定下阶段的工作重点。但绝对评价也有缺点,其评价标准很难准确确定,而科学合理地确立标准是有效评价的关键。例如,以考试来评价学生掌握考纲内容的程度,但考试的试题是否能很好地代表考纲的每个考核点,这很重要也很有难度,若试题不具考纲代表性,则测出的结果是不准确的。

(二) 按评价功能分类

1. 诊断性评价

诊断性评价是指在某项教育活动正式开始之前,为使该活动能更有效地实施而提前进行的预测性评价,又称事前评价。其目的是事前能对评价对象的基础和情况有所了解,为活动的进行、问题的解决搜集必要的资料,找到开展活动的策略和解决问题的办法,以便指导。例如,在新生入学之前,为了了解新生的学习水平,确定教学的起点、重点、难点,往往会先进行摸底考试,这便是诊断性评价在学校工作的运用。

2. 形成性评价

形成性评价又称过程评价、即时评价,它是指在活动过程中,对正在进行的评价活动本身的评价,用以调节活动过程,保证目标实现。形成性评价具有实时性,可以及时反馈出活动中存在的问题,有助于及时调整活动计划,总结活动经验,不仅有利于当前活动的进行,而且为以后的活动积累了宝贵的经验。形成性评价不具有最终的决定作用,只是一种教育活动中的辅助手段,通过评价的进行,能够更好地改进工作。例如,在学校教育工作中经常用到的随堂小测或单元测验,让老师及时了解当时学生学习的情况,及时有针对性地查漏补缺、调整教学计划,以使学生更好地掌握知识。不过要注意防止出现测验成灾现象,以防加重学生负担。

3. 总结性评价

总结性评价又称事后评价,它是指某项活动结束后,对活动的最终效果做出价值判断的评价。例如,学校组织的期末考试,以考核学生一学期下来的知识掌握情况。老师在学期末给学生写的评语,以评价学生在一学期内德、智、体、美、劳各方面的情况和变化。这些都是总结性评价的应用。它较为简便,而且在事后经历整个过程才做出的评价较为客观。但它有"马后炮"的性质,对评价对象本身在活动过程中的改善,没有影响,而且,有时会出现只关心结果,而忽视过程中的影响因素和意外因素,导致片面或虚假的现象。

(三) 按评价方法分类

1. 定量评价

定量评价又称数量化评价,它是指通过对数据资料的搜集,用一定的数学模型或数学方法处理、分析信息,取得数量化结论的评价。教育测量与统计、模糊数学、用数字描述被评价对象,都是教育评价中常用的方法。定量评价在教育活动中经常用到,像考试或测验用分数来表示结果实际就是定量评价的运用。

2. 定性评价

定性评价是指在评价过程中不是采用数量分析的方法,而是以观察法、谈话法、综合分析法等方法搜集资料,做出定性判定,以确定其达到目标程度的评价活动。它是评价者根据自己的经验对被评价对象进行观察,然后做出分析判定,或评出等级,或做出评定,写出评语。如"优、良、中、差"属于等级评价;"能严格要求自己"属于评语评定评价。

(四) 按评价主体分类

1. 他人评价

他人评价又称外部评价。顾名思义,他人评价就是其他人或者组织对被评对象的评价。它是个相对概念,不涉及评价范围的大小,凡是"自我评价"以外的所有评价都可归为他人评价,如社会评价、领导评价、老师对学生的评价、学生对老师的评价等。他人评价的优点是真实、可信度大,正所谓"旁观者清"。缺点是组织工作较为复杂,需要耗费较多的人力和物力,具有一定的主观性,即评价者的主观偏见或与被评者的矛盾。

2. 自我评价

自我评价又称内部评价。与他人评价相反,这种评价主要是一种"自省",是被评价者根据一定的评价标准,对自己的相关方面的表现做出的评价。如教师对自己的教育思想、方式方法、教学效果进行评价等,便是自我评价在教育实践中的运用。自我评价不需其他对象的介入,因此其实施也不受时间和空间的限制,被评对象可以随时随地进行自我评价,大幅提高了评价的效率。而且它是建立在对评价对象信任的基础上的,这大幅激发了被评价者的自尊心、自信心,成为被评价者达成自我要求的一种手段。评价对象是最熟悉自己情况的人,如果实事求是地看待自己,评价的准确性较高。此外,自我评价还有利于被评价者对自我给予及时的反馈,并相应调节自己的行为。但是,自我评价很难进行横向比较。因为自评没有一个固定的外界参照体系,而且,由于每个评价者自己都有一套对标准的解读,造成主观性较大,容易出现评价偏高或偏低的趋向,导致"妄自菲薄"或"自惭形秽",同时也难以确定自己处在集体中的什么水平和位置。

第四节 教育评价的原则和程序

一、教育评价的原则

教育评价的原则,是进行教育评价应该遵循的准则和要求,对教育评价的正确操作具有指导作用。目前广大学者接受的原则有以下几种。①②

(一)方向性原则

方向性原则是指教育评价要坚持我国社会主义方向。在我国社会主义制度下,国家的教育性质、教育方针和教育政策决定着教育目标,而更好地实现教育目标又是教育评价实施的目的。因此,以党和国家的教育方针为依据,以新时期国家所需人才的要求为标准,是开展教育评价必须遵循的方向性原则。

要对学校的办学和学生的培养做出评价,就是要看被评价对象是否是社会主义现代化建设所需要的人才,能否为社会的发展、建设做贡献。一直以来,在学生教育方面,中国的教育评价更着重评价学生的智力水平尤其是书本知识的掌握,但显然光有书本知识不足以满足社会对人才的要求,个体的很多非智力因素,如品德、心理素质等,对现代社会的建设同样很重要,因而除了知识的其他方面也是评价所要涉及的,并且也要占相当的权重,遵循评价的方向性原则。

(二)科学性原则

科学性原则是指在教育评价活动中,对评价标准的确定、评价技术手段的选择和采用以

---

① 卢明德.中小学教育科研方法与论文写作[M].天津:天津人民出版社,1996:243.
② 鲁法.教育学[M].南京:河海大学出版社,1999:388.

及对评价结果的分析,应运用科学的方法,并以科学的态度对待,以确保评价结果的准确性和真实性。早期的教育评价较偏重主观估计,其结果往往不够全面与准确,可靠性较差。现代教育评价力求更客观全面地反映评价对象的本质,力求遵循事物发展的客观规律,越来越要求教育评价应具有高度的科学性。

教育评价的科学性原则主要体现在以下几个方面。首先,评价必须具有客观性,即评价结果与被评价对象的实际情况的符合程度要高。评价者要根据统一的标准化评价规范、准则,以实事求是不带个人主观感情色彩的态度对被评价对象的价值进行判断。比如,若评语、鉴定只报喜不报忧,这样的评价结论不仅毫无作用,反而放纵了问题的扩散与恶化,阻碍了教育工作的进步。其次,教育评价必须综合地看待被评对象各方面的各个因素,看到因素间和因素内部的区别与联系,而不是对各个单项因素孤立的考核,有助于被评价对象整体素质的提高。最后,采用的教育评价的方法、技术和手段及指标体系也必须具有科学性。随着现代科学技术的发展,教育评价的方法技术体系也不断完善,通常运用定量与定性相结合的方法。但仍有很多内在特质难以把握和度量,因此仍需继续积极地探索新的技术和手段。

(三) 可行性原则

所谓可行性原则,是指所准备的教育评价方案和评价标准要合理可行,易于操作,使之具有实现的可能,便于人们掌握。教育评价的可行性原则要求有以下几个方面。首先,评价对象间要有可比性,否则评价的意义会大幅减少。例如,国内经济发达地区与经济不发达的偏远地区,其教育资源、教学设备、办学条件、师资水平等差距很大,两者间缺乏一致的可比基础。以同一个评价标准去衡量两个地区的不同方面是不可行的。另外,要适应我国国情。我国在教育评价方面的理论、技术和经验仍待改进,需要向在教育评价方面发展成熟的其他国家多加学习,但由于我国与其他国家的政治、经济、文化背景的差异,不能生搬硬套国外已经模式化的操作方法和评价指标,而是要经过本土化处理。再者,指标体系应简单实用。指标项目不宜太琐碎繁杂,否则会加重教育工作者的负担,让他们的正常生活受到扰乱,而应着眼于事物本质的主要方面。同时指标体系也不宜弄得太深奥化、理论化,否则会造成教育工作者难以理解,不敢也不愿去进行评价,而应尽可能生活化、浅显化。

二、教育评价的程序

与教育督导的程序一样,教育评价的程序也是大致可分为三个阶段:准备阶段、实施阶段、总结阶段。但是在具体步骤上,教育评价有其自己的基本过程步骤。

(一) 准备阶段[1][2]

准备阶段是教育评价实施的预备阶段,准备工作做得是否充分,直接影响到下一阶段实施阶段的质量。准备阶段一般包括两方面的内容:方案的准备和组织的准备。

---

[1] 朱德全,宋乃庆.现代教育统计与测评技术[M].重庆:西南师范大学出版社,1998:369.
[2] 翟天山.教育评价学[M].北京:高等教育出版社,2003:85.

1. 方案的准备

方案是活动的"蓝图"。教育评价的方案准备,是指教育行政部门在评价前要把各方面的专家召集在一起来进行商讨,讨论评价的目的、人员、对象、内容、方法等方面的问题,并最终商议出评价的方案。其核心主要是解决评价内容和方法的问题,即关于"评什么"和"怎么评"的问题。"评什么"是以教育目标及其分解的评价指标为依据,在确定了"评什么"的基础上,再解决"怎么评"的问题,即设计出评价的标准及其量化的统计方法。

(1) 明确评价目的和确定评价对象。评价的目的,是回答"为什么评"这个问题。明确教育评价目的是指把教育评价活动要达到的要求和目标确定下来。评价目的会影响到所选用的评价类型。例如,同样是评价学生个体质量,若是把目的定为促进学生个体的全面发展,通常采用绝对评价这种评价类型。但若是以招收选拔优秀新生为目的,就应采用相对评价这种评价类型。教育评价对象的确定是回答"评什么"这个问题,它包括人和物两大类,例如,学生、老师、教学工作、班主任的组织管理能力等都可以是被评价的对象。

(2) 设计评价指标,这是评价程序中的关键环节。所谓设计评价指标,是指把总目标具体化,将其分解为几大指标,并把指标分层,确定相对应的下层指标,组成指标集合体,并对每一项具体指标赋予权重,使之成一完整体系。例如,学生素质指标体系可分为身体、心理、品德和文化四种素质,每种素质有各自的权重及下层指标。

(3) 选定评价方法和工具,即根据评价的目的、指标和内容,确定采集信息和评价结果对应采用的方法及所需的工具。目前常采用的评价方法有"指标—量化"和"观察—理解"两种。评价工具包括搜集信息、处理数据时用到的各种测量表、评估表及计算器等。

2. 组织的准备

所谓教育评价的组织准备,是指评价机构、评价制度和评价人员队伍的具体落实和建设。包括成立专门的教育评价组织和专家组,制定具体的评价工作制度与奖惩制度,对各评价人员和参评人员进行培训等。这些工作都应在正式实施评价工作前开展,以保证评价的实施能有序进行。

(二) 实施阶段[①]

实施阶段是教育评价过程的中心阶段,是落实评价计划,实现评价目的的重要环节。评价实施阶段的程序主要包括以下几步。

1. 预评价

所谓预评价,是指评价组织预先在正式评价前选取少数试点单位进行小规模评价的实施,或者是被评价对象预先进行自我评价,以在正式施评前获取有用的信息,并进一步完善评价方案,使正式评价能顺利进行。其中被评对象的自我评价更有利于调动被评价者的积极性,促使自我诊断、自我改进。

2. 正式评价

正式评价是实施阶段的一个重要步骤,其过程包括以下内容。

(1) 收集评价信息。在教育评价中,对被评对象做出评价、得出结论,其依据是从对象

---

① 金娣,王刚. 教育评价与测量[M]. 北京:教育科学出版社,2002:75.

中所收集到的评价信息。评价信息收集要尽可能广泛、全面、真实,这样所得的评价结果的准确率才高,故评价信息的收集是一项工作量很大的工作。评价员要有明确的分工,各自选择适当的信息范围和对象,运用多种手段和方法,从不同途径采集评价信息,然后把这些信息进行汇总,为科学评价做好铺垫。收集评价信息有查阅文献法、问卷法、调查法、观察法、访谈法等多种方法。

(2)整理评价信息。收集到的信息繁多复杂,需要对其进行进一步汇总整理。整理评价信息,主要做好三步:第一步,归类,汇集所有收集到的信息资料并分类;第二步,审核,将归类的评价信息审查、核对,核对是否有缺失信息,并对信息进行去伪存真、去粗取精的鉴别和筛选,发现问题及时解决;第三步,建档,根据评价指标体系,把审核后的评价信息,按不同类别制成表格或卡片,进行编号建档。

(3)处理评价信息。前面提到的信息收集、整理工作都是为了后续更好地处理评价信息。对评价信息的处理方法有定性和定量两种,运用这两种方法把收集整理后得到的被评价对象的信息与各项评价指标相比较,并运用数学或其他方法将被评对象信息所呈现出来的特点处理成为评价结果。具体步骤如下。

第一,对评定标准和具体要求要明确及清楚了解。

第二,根据标准和要求,对照被评价对象的实际情况,评价者以相应分数、等级或定性描述的方式对被评对象做出评价。

第三,各评价者的测量或观察结果须接受评价小组的认定与复核;评价小组须要对评价者的实际操作情况、态度和表现、拿捏评定标准宽严程度等进行集体小结和评议,并把评价表格填写好。

第四,评价领导小组审核各评价小组的工作。

第五,数据处理小组以数学计量等方法对评价信息进行处理,并将处理结果向评价领导小组报告,同时向各评价小组给予反馈。

(4)做出综合评价。这是实施阶段的最后一个步骤。它要求教育评价的组织者和人员,根据汇总的各方面评价结果,运用教育学、统计学、模糊数学等有关的理论和方法,对评价对象做出实事求是的、定量或定性的评价结论,形成评价意见。必要时,可对被评价对象做出等级评定区分,或做出达标程度的评定结论。

(三)总结阶段[①]

教育评价的总结阶段主要包括这几部分工作。

1. 对结论的解释

为了使被评者能更好理解和接受评价的结果,必须对被评价对象充分解释评价结论,并分析评价结果背后所反映出的情况和问题,必要时,可根据评价结果有针对性地向被评者提出建议,以促进被评价对象改进工作。

2. 对本次评价活动的质量进行鉴定

在评价活动结束后,对评价方本次组织开展的评价活动的整个过程进行回顾和反思,客

---

① 王孝玲.教育评价的理论与技术[M].上海:上海教育出版社,1999:43.

观地评定该评价活动是否达到预期的目标,分析此次评价活动本身做得好的地方和有待改善的地方,总结相关的经验和不足,以利于日后的评价活动更顺利有效地开展。例如,对准备工作是否充分,方案是否具有科学性及可行性,指标及其权重的品质如何,评分是否具有一致性,评价的信度和效度是否合格等问题,进行检查、分析和鉴定。

3. 撰写评价报告

撰写评价报告一般是以书面形式向上级领导反映和向被评对象反馈评价结果。评价报告因评价类型不同而采用不同的模式。其内容主要包括此次评价的任务及所经历的过程、对被评者的评价结论、对被评者成绩和缺点的定性及定量分析、对改进工作的建议等。

4. 反馈评价信息

向与评价有关的各方面反馈信息是整个评价过程的最后一个步骤。这里主要涉及三个反馈对象:被评者、有关领导部门和被评者的同行。向被评者反馈,使他们对自己工作的水平和状况有更深的了解,清楚自己在同行中所处的地位,知道自己薄弱的地方,以改进工作;向有关领导部门报告,使他们对下属部门的工作情况有所了解,为下一步的决策及管理方向提供依据;向被评者的同行公布,促进同行间的互相交流与学习。

第五节 教育督导与评价报告的撰写

一、教育督导报告的撰写[①]

教育督导报告没有固定不变的规格要求,一般包括以下几个部分。

(一)督导报告的标题

标题要开门见山指明教育督导对象和督导内容。例如,《××市××乡教育工作督导评估报告》《××年××地区××学校××工作专项督导报告》。

(二)报告正文

(1)基本情况。简单提及本次督导的目的和要求、督导方的人员组成、被督导对象、督导内容、督导所依据的法律与法规或方案、督导的过程及采用的方法、督导考察范围、数据统计等。

(2)督导结果。简洁地说明被督导对象的基本情况,并对总体作一个简要的定性评价

---

① 安东,王树山,魏仲生,等.当代应用文写作文库(下册)[M].郑州:中原农民出版社,2000:822.

描述,包括分数、等级等。

(3) 被督导对象取得的成绩、主要经验与存在的问题。这是报告的主体部分,应详细叙述且要有针对性、观点明确、深刻透彻,要说出被督导对象值得肯定的成绩及其发展的情况,介绍其值得坚持的方面,包括主要经验和先进的例子、事迹,同时指出其不足的地方,并分析其背后的主客观原因,提出督导方对该问题的看法和意见。

(4) 意见和建议。向被督导对象提出改进工作、提高教育质量的意见和建议。这部分关系到督导目标是否得以充分实现,所以要重点突出、措施要求具体。

(5) 说明奖惩。教育督导报告应根据督导评估结果的实际情况,明确指出对被督导对象应给予的奖励或批评。

(6) 落款。在报告的结尾应写明督导组织(机构)的全称、报告日期等。

(7) 附件。如有登记表格、数据等重要资料应附上。

二、教育评价报告的撰写[①②]

教育评价报告也没有统一的模式,一般由以下几个部分组成。

(一) 评价报告的标题

评价报告的标题要明确指出评价内容和评价对象。例如,《关于××学校教师教学水平的评价报告》。必要时,要给出其他相关信息,包括编写报告的单位、负责人职务、姓名;编写报告的时间,执笔人姓名等。

(二) 报告正文

(1) 应说明如下内容。

基本情况。包括:①评价时间,若是有跨度的要写上跨度时间;②评价方的人员组织,说明评价组织、负责人及评价人员的数量、素质及其代表性等情况;③被评价对象可以是单位、集体或者是个人;④评价目的和要求;⑤评价方案的背景,主要是评价标准的来源;⑥对评价情况做简单描述。

以上六部分应写在报告的开头,语言运用应简洁,前三部分也可写在封面上。

(2) 评价过程描述。这部分内容要写清评价的各个阶段做什么、怎么做等问题,着重要写清评价信息的收集与处理过程。

(3) 评价结果和结论。介绍收集到的主要信息及对这些信息的分析处理结果,并以此为依据,推断出相应的结论。

(4) 建议和意见。根据结论对评价对象的有关工作提出相应的建议。

以上(2)到(4)点是报告正文的主要部分,应写得详细且明确。

(5) 附件。如有对正文起补充、说明、证实作用的材料应在结尾处附上。如学校工作计划、教师教学成绩等。

---

① 张常清.教育应用写作[M].广州:广东高等教育出版社,2003:236.
② 刘淑兰.教育评估和督导[M].上海:华东师范大学出版社,2000:112.

思考与练习

1. 什么是教育督导和教育评价？其特点分别是什么？
2. 教育督导和教育评价的作用分别有哪些？有哪几种教育督导和评价的类型？
3. 教育督导和教育评价要遵循哪些原则？这两者分别有哪些程序步骤？
4. 如何撰写教育督导和评价的报告？

第六章
教育人事行政

　　教育人事行政具体来说是指国家各级教育行政部门根据国家的人事政策,对教育行政干部和教职工的选拔、任用、培训、考核、工资、奖惩、福利、退休等项事宜所进行的管理活动。本章主要从教育人事行政的具体含义与作用出发,阐述教育行政机关中国家公务员、校长以及教师三类主体的选拔与任用。从理论与实践相结合的原则出发,详细概述教育人事行政活动。

第一节 教育人事行政含义与作用

一、教育人事行政的含义

为了更好地理解"教育人事行政"这一概念,先来谈谈人事及人事行政。所谓"人事",从管理学和行政学视角来看,就是处理在社会生产劳动过程中所产生的人与人、人与组织、人与事、人与环境之间的关系,最终做到人以治其事、人事协调统一。在翻阅了众多国外文献后,发现对"人事行政"一词的理解,各国是存在差异的。就我国的现实情况看,人事行政是指国家机关、企事业单位、人民团体为了履行职责、达到目标、做到人事协调,而实行各种管理活动,如公务人员的选拔、任用、考核、奖惩、晋升、保险、培训、工资、福利、辞职、交流、退休、申诉、控告、监察、监督等①。

教育人事行政是国家人事行政的重要组成部分,是指国家各级教育行政机关根据国家的各项人事制度和政策,针对教育系统中的公务人员所进行的管理活动。这一活动主要针对三类群体:①从事教育行政机关的工作人员;②学校的行政管理人员;③学校的教职工。其目的在于发展教育事业,逐步提高教师队伍素质,做到人尽其才,完成育人任务。这一系列活动的基本内容是:对以上三类人员的选拔、任用、奖惩、晋升、考核、福利、保险、培训、工资、辞职、交流、退休、申诉、控告、监察、监督等事宜做出规划并组织实施,积极监督,落到实处。

二、教育人事行政的作用

教育人事行政的作用主要有以下三个方面:有效推动教育行政部门工作的开展;促进学校组织的完善;提高师资力量。

(一)教育人事行政工作对教育行政部门工作起到了促进作用

(1)科学的人事制度和程序,保证选拔出大量高质量的教育人才进入教育行政部门,这为部门各项工作的有效开展提供了有力保障,并极大地提高了行政部门的办事效率。

(2)合理的考核制度,能激发公务人员的工作热情,营造公平竞争的良好氛围,并提高工作效能。

---

① 张济正,周立.教育行政学通论[M].上海:华东师范大学出版社,1991:185-188.

（二）教育人事行政工作能有效推动学校组织的完善化

通过严格的选拔、任用、考核、培训等制度，为组建学校领导骨干提供了坚实的基础，他们是学校组织完善化的根本力量，做好这方面的人事行政工作，能促进学校的组织建设，提高办学质量。

（三）教育人事行政工作能提高师资力量，为高素质教育提供保障

（1）通过完善考核制度，进一步强化激励和竞争机制，加强绩效考核与岗位管理，激发广大教职工的积极性和创造力，提高教学质量。

（2）完善的教师培训体系，可以不断提高教师的业务水平和学历水平，扩宽教师知识领域，促进教师业务素质的全面提高，为育人工作创造有利条件。

第二节 教育行政机关国家公务员制度

一、国家公务员制度的含义和特点

（一）国家公务员制度含义

在阐述国家公务员制度的定义之前，先对国家公务员这个概念做一个简要了解。

公务员一词来源于英语——civil servant，译法各异，如"公务员""文官""公职人员"等。公务员有广义和狭义之分，其主要区别在于狭义的公务员特指那些非选举产生的政府公职人员，广义公务员指行使国家行政权力，履行政府职责的所有人员[1]。一般而言，公务员即在社会公共事业管理中，行使国家行政职权，执行国家公务的人员。在我国新颁布的《中华人民共和国公务员法》第二条中规定，公务员是指依法履行公职、纳入国家行政编制、由国家财政负担工资福利的工作人员。三个条件必须同时具备：①依法履行公职；②使用国家行政编制；③由国家财政负担工资福利。

国家公务员制度最早形成于19世纪中叶，至今已有100多年的历史。国家公务员制度是国家政治制度的一个重要组成部分，也是劳动人事制度的一部分，通过一整套完善的法律、法规制度和相配套的人事体制，保证了人事管理有法可依、有理可依。

国家公务员制度是国家对公务员进行管理的一套科学系统的法律、法规制度，公务员的分类、考试、录用、奖惩、考核、培训、权利与义务、职务升降、工资福利、交流与回避、任免、辞

---

[1] 张旭霞. 公务员制度[M]. 北京：对外经济贸易大学出版社，2006：2.

职、退休、监督保障等都要依照该制度实施。简而言之,即一套对国家公务员进行管理的法律和法规。

(二) 国家公务员制度的特点

1. 必须坚持马克思列宁主义、毛泽东思想、邓小平理论和"三个代表"重要思想

公务员制度必须坚持党的基本路线,执行党的方针、政策,党员必须起到模范带头作用,执行党的决议,遵守党的纪律。

2. 三个统一

由统一的公务员管理机构依据统一的法规、法律对公务员实行统一的管理。

3. 必须坚持党管干部的原则

党管干部原则是社会主义国家人事制度坚持的根本原则。我国公务员的任命,各级政府人员的组成及其他重要干部的选拔,须经各级党委管理、考察,并由党委讨论决定,依法选举任命产生或由政府任命。

4. 强调全心全意为人民服务的宗旨

以为人民服务为核心,讲究职业道德,不贪污腐败,以公利私,奉公守法,并长期接受群众监督。

5. 必须坚持择优录取的选人标准

坚持任人唯贤,反对任人唯亲是公务员制度的基本原则。公务员考试一般分为两个阶段:笔试阶段、面试阶段。笔试采用"一刀切"的方法,这在很大程度上遏制了用人的腐败现象,坚持了公开、平等、竞争、择优的原则。面试阶段采用无领导小组讨论、文本测试、演讲、情景模拟等多种科学的评估方法,并组成多人评估小组,这些都保证了选人的客观公正性。

6. 坚持客观公正的考核原则

考核方面严把"质量关""公正关",坚持民主公开,对事不对人的原则。职务晋升完全取决于公务员本身的政绩和素质,坚持注重实绩的原则。严格的绩效考核程序和客观科学的考核技术,如360度绩效评估、关键事件法、强制分布法、比较法、行为锚定法、评价中心技术等多种评估方法,为我们客观公正的全面考核提供了坚实保证。

二、国家公务员的考核与录用

(一) 录用

古人云:"为政之要,首在选人。"要保证国家行政机关的高效运作,选择德才兼备的人才来担任公职人员,掌握各级政权显得尤为重要[①]。录用可谓是"把门关""入口关"。本节主要从录用考试的角度来谈谈国家公务员的录用。为了有效地保证公平、平等、竞争、择优的原则,录用考试是常用的选拔方式。

---

① 张旭霞.公务员制度[M].北京:对外经济贸易大学出版社,2006:93.

1. 录用原则及报考基本条件

(1) 录用原则。

① 公开、平等、竞争、择优原则,这是人事管理的公理性原则。

② 德才兼备原则,其最主要的体现是,录用公务员,不仅是文化知识和业务水平的竞争,也是报考者之间政治条件、思想品德和业务能力的全面平衡比较。对报考者从"德"和"才"两方面权衡,德才兼备,两者不可偏废。

③ 因岗择人原则。坚持从工作需要出发,根据工作内容、要求,选择合适的人从事合适的岗位,使得任职者的知识技能充分得到发挥。

④ 回避原则。在录用过程中,与应试者有亲属关系者不得以任何方式干预选拔录用过程,这是国家对公务员选拔录用的法律要求。

(2) 报考基本条件。

① 必须是中华人民共和国公民,享有基本的公民权利。

② 拥护我国宪法,坚持党的路线,遵循党的方针、政策。

③ 年龄范围是18～35岁。

④ 遵纪守法,品德良好,具有全心全意为人民服务的精神。

⑤ 具有完成本职工作的基本身体素质和心理条件。

⑥ 文化程度必须达到岗位要求,同时必须具备相应的业务知识和技能。

⑦ 具备录用机关批准的其他条件。

⑧ 以下人员不得报考:由于贪污盗窃、泄露国家机密等原因受到党纪、政纪处分者;曾受过刑事处罚、劳动教养或行政开除处分者;正在接受审查或受过处分未解除者;参加与"四项基本原则"相悖的组织或活动,存在严重问题者。

2. 公务员录用考试

即国家行政机关或专门的考试委员会,按照相关法律、法规,通过书面考试、实际操作、面试及心理测试等多种手段,以客观公正的原则,测定、鉴别应试人员的智能和品德状况,择优录用公务人员。

3. 录用考试的优缺点

(1) 优点。

① 考试具有比较明确的客观标准,严格的考试程序保证了"用人唯贤"的原则,杜绝了"任人唯亲"的不良风气。

② 依据岗位工作分析,制订适合各职位的考试内容和考试方法,做到了"人适其岗""各尽其才、各得所需"。

③ 考试成绩客观真实,人人平等,录用分数线采取"一刀切"的原则,这在很大程度上遏制了"走后门"搞裙带的不正之风,为高素质人才提供了良好的竞争平台。

④ 优胜劣汰、择优录取,有助于培养人们勤奋向上、努力工作、脚踏实地干实事的工作作风。

(2) 缺点。

客观合理的考试自然好处多多,但是考试并不能测量人的全部特质,如人格品质、谈吐言行、性格特征、品德、职业兴趣、工作动机等,这些都具有隐蔽性,需要我们用其他方法,更进一步了解与挖掘。

因而考试可以作为一种主要的方式,但不能作为唯一的方式。

4. 录用考试的方式与内容

公务员考试主要以笔试和面试为主,接下来我们会对这两种方式进行详细描述,并给出几个试题的实例,以供参考。

(1) 笔试。一般而言,笔试分为两门:行政能力测试和申论,它们是目前全国各级机关招考中应用得最多的考试科目。综合知识考试在地方公务员招考以及事业单位招考中也会经常用到。这里我们将向大家说明这三类科目。

① 行政能力测试。题型全部为 4 选 1 的客观试题,题量为 100~150 道题,考试时间为 120 分钟,满分为 100 分。分五个部分考查公务员必备的一些潜能,有言语理解与表达,数量关系,判断推理,常识判断和资料分析。下面我们会给出部分例题。

A. 数量关系测验,主要考查应考者对数量关系的理解和计算能力,包括两类题型:数字推理和数学运算,这里举两个简单的例子。

例题1,数字推理:2,4,8,16,32( )。

 a. 40   b. 56   c. 64   d. 72

正确答案选 c。该题的规律是,第二个数字是第一个数的两倍。

例题2,数字运算:假设今天是星期五,那么再过 38 天应该是星期( )。

 a. 三   b. 四   c. 五   d. 六

正确答案选 d。该题思路是一个星期七天,$38=7\times5+3$,在星期三基础上加 3 天就是星期六,其关键是知道要找余数。

B. 言语理解与表达,主要考查应试者对文字材料的理解、分析、运用和书面表达能力。共有四类题型:词语替代、选词填空、词句表达、阅读理解。我们以语句表达为例。

例题,请把给出的四句话中表达有歧义的一句找出来。

 a. 我们夜里登上泰山,准备第二天在山顶上看日出

 b. 内涵是指概念所反映的事物的特点

 c. 他批评了你的师傅很不好

 d. 我认识厂长老王的弟弟

正确答案选 c。此句可以理解为你的师傅很不好或者他对你的师傅进行批评是不好的。

C. 推理判断,主要考查应试者的逻辑推理判断能力。主要包括四种题型:图形推理、定义判断、类比推理、逻辑判断。以类比推理为例。

例题,与"手术刀:工具"。同类的词组是( )。

 a. 过敏:反应 b. 感冒:流感 c. 花粉:花 d. 鲸:鱼

正确答案选 a。手术刀是工具中的一种,过敏是反应中的一种。

D. 常识判断,主要侧重考查报考者的法律知识运用能力,涉及宪法、民法、商法、行政法、经济法、刑法、诉讼法等。

E. 资料分析,主要考查报考者对文字、图形、表格三种形式的数据性、统计性资料进行综合分析推理与加工能力。

② 综合知识考试。综合知识考试又叫公共基础知识。主要测试报考者对公共基础知识的掌握程度和运用知识分析问题、解决实际问题的能力。题型多样,有判断题、单项选择

题、多项选择题、不定项选择题、纠错题、简答题、公文实务题、案例分析题、综合分析题、阅读理解和材料概括等形式,通常选 4～6 种形式对应试者进行考查。

③ 申论。申论,考查应试者的综合能力,其主要形式是对背景材料做适当引申并发表议论。阅读能力、文字分析能力、分析和解决实际问题的能力是其考查重点。近年来,背景材料出现文字量明显增加的趋势(2006 年是 2000 年文字量的 3 倍,达 8 000 字),而背景材料的"原生态"、问答内容贴近工作实际、讨论主题注重国计民生,也都成为未来申论考试的发展趋势。

(2) 面试。经过前一轮的笔试,淘汰一些基本素质不合格的候选人,而面试才是最终确定国家公务员人选的评估手段。

在现行公务员录用面试中,主要考查应试者八个测评要素:综合分析能力、应变能力、计划组织协调能力、言语表达能力、人际交往意识与技巧、求职动机与适岗性、自我情绪的控制能力、仪表举止。目前最常用的评估手段有:无领导小组讨论、文本测验、角色扮演、情景模拟、演讲、评价中心技术等。为了保证招考面试的公开公平、竞争择优,面试的内容、形式、程序、评分标准及结果合成都是按统一制订的标准进行,突出了标准化、结构化。一般而言,招考面试需要的面试题数为 5～8 题,下面我们给出一个标准化的公务员录用面试题目(样例)。

例题,如果在工作中,你的直接上级很器重你,经常分配给你做一些属于别人职权范围内的工作,对此,一些同事对你很不满并疏远你,你将如何处理这个问题?

出题思路:情境性题目。将应试者置于两难情境之中,考查其人际交往的意识与技巧,主要是处理上下级和同级权属关系的意识及沟通能力。

参考评分标准:

好。感到为难,并能从有利于工作、有利于团结的角度考虑问题,稳妥地说服直接上级改变做法,积极与有关领导交流沟通,消除误解,同时对一些同事不合适的做法有一定的包容力,并适当进行沟通;

中。感到为难,但又怕辜负直接上级的信任,愿意与有关领导说明情况,并私下与有意见的同事进行沟通,希望能消除误会;

差。不感到为难,并认为自己的特殊待遇是领导信任自己的必然结果,所以对此没有必要采取任何行动。

5. 录用程序

严格的录用程序是录用工作高质量完成的保障,录用工作的科学性、公正性、客观性一定程度上取决于程序的合理性。大多数国家的公务员法都对录用程序进行了规定。我国《国家公务员暂行条例》规定的录用程序包括发布录用公告、进行资格审查、公开考试、考核、体检、提出拟录用人员名单、审批。下面我们来简要说明各个环节。

(1) 发布录用公告,公开向社会吸纳优秀人才,这是采用公开竞争性考试办法选拔公务员的必经程序。

(2) 进行资格审查,主要是对报考者是否具备公务员基本条件和所报考职位的资格条件要求进行审查。

(3) 对资格审查合格者进行考试,考试分为笔试和面试,在前面第 4 点中已详细说明,这里不再重复。

(4) 考试合格者需要进行资格复查,由两名以上的考查人员对考查对象的相关信息进行复查,如有关证书、文件材料、本人身份证明、政治思想、道德品质、工作能力、工作表现、廉洁自律以及是否需要回避的情况等。

(5) 体检,在考试和考查的基础之上,对应考者进行身体检查,确保其具有报考职位所需要的身体条件。

(6) 提出拟录用人员名单,根据报考者的考试成绩、考查情况、体检结果及拟任职位要求,对报考者综合评定,按照择优录取的原则,经招录机关公务员主管部门研究,并由机关党委讨论同意确定。

(7) 公示,机关将拟录用人员名单按照规定,通过多种形式予以公示并接受群众监察,公示期一般为7天。

(8) 审批,公示期满后,由招录机关将拟录用名单报录用主管部门审批。

(9) 试用,试用期制度是提高公务员队伍素质的重要措施,试用期间录用人员要认真履行公务员义务,按照拟任职位的要求开展工作并接受初任培训。试用期满后,录用机关公务员主管部门对试用期公务员的表现和业绩等进行全面考核,不合格者不予录用。

(二) 考核

1. 考核及考核作用

考核是评价和激励公务员的重要途径,也是公务员职位晋升的重要依据。公务员考核即在一段时期内,根据一定的原则和标准,运用一些方法和技术,对公务员的思想品德、工作业绩、工作能力、工作态度等进行测量和评价。简而言之,公务员的考核是指按照管理权限,全面考核公务员的德、能、勤、绩、廉,重点考核工作实绩。

考核作用具体表现在以下几个方面。

(1) 有利于发现和选拔优秀人才,通过对公务员的德、能、勤、绩的全面客观考核,谁优谁劣一目了然,这使得公务员的合理使用落到了实处。

(2) 激励员工的工作热情,增加公务员的责任感。考核结果事关公务员职务升降、奖惩、培训、工资待遇等,这增加了公务员的责任心,提高了工作效率,并实现了对公务员的有效监督。

(3) 对公务人员的全面考核,能帮助国家对公务员队伍的整体素质及存在的问题有比较全面的了解,为其制定下一步公务员政策提供了可靠依据,并作为对机关进行岗位调配和人员升降重要依据。

(4) 考核能促使上下级公务员搭起沟通的桥梁,有利于机关组织内部关系的和谐。考核后的面谈工作一方面能帮助员工改进个人绩效;另一方面能消除彼此的误解,弱化甚至消除组织间存在的矛盾。

2. 考核原则

(1) 客观公正原则。该原则要求严格按照规定标准对公务员进行全面考察,避免主观性和片面性,确保考核标准面前人人平等。

(2) 公开民主原则。公开民主原则指的是考核目的、范围、时间、方法、内容、标准都必须予以公开,不搞暗箱操作。整个考核过程中要注意倾听群众意见,广纳忠言,不搞"一言堂",通过民主评议、群众代表参与考核等方式,保证考核工作的透明度。

(3) 注重实绩原则。公务员的职位晋升、奖惩、培训、工资待遇等取决于公务员的实际工作业绩,而不论年资长短、亲疏远近、文凭高低等因素。激励公务员在"实绩"中公平竞争。

(4) 严格执法原则。严格执法原则就是必须依照有关法律规范对国家公务员进行定期考核,任何机关和领导都不得以任何理由随意取消本单位的考核,也不允许自定考核办法代替规定办法,必须严格按照规定标准和程序进行。公务员职位升降、培训、奖惩、工资待遇等都必须以考核结果为主要依据。

3. 考核内容

以我国国情和德才兼备的考核原则为基础,我国公务员考核的主要内容包括德、能、勤、绩四个方面。其中,在全面考核的基础之上,重点考核德、绩。

德,是公务员政治思想觉悟、道德品质、社会公德、职业道德的综合表现。考核德,主要考查政治上的觉悟性和可靠性,如对国家和党的政治路线、思想路线是否支持;思想上是否具备全心全意为人民服务的信念;行动上是否遵守政府及单位的各项纪律法规,廉洁勤政;品德上是否具备基本的职业道德和社会公德。

能,其重点在于考核公务员是否有能力胜任现任工作。其中包括两个主要方面:基本能力和应变能力。基本能力即文化知识、专业知识和技能、身体及心理条件等基本素质,其基本要求视具体职位而定;应变能力指分析和解决问题的能力、创造能力、内外协调沟通能力、组织管理能力等。

勤,主要从工作态度和工作行为两个方面进行考核。工作态度上,主要看公务员是否积极主动、创新求实、勤勤恳恳、任劳任怨;工作行为上,主要看公务员是否勤学苦干,人尽其才,开拓创新,是否全身心投入到工作之中,是否遵纪守法。

绩,考绩是考核公务员的重点,是按工作的质和量考核公务员实际完成工作的情况,从事创造性劳动的成绩也是其中一个考察指标。

4. 考核标准

考核标准是为评价公务员的工作实绩和德才表现所预先确定的规范准则,具有客观性、规范性、可比性(即对同一层次、同一类型、同一职务公务员的考核标准必须是相同的)、数量化。我国确定的公务员考核等次为优秀、称职、基本称职、不称职,其中优秀等次的人数,一般在本机关参加年度考核的公务员总人数的15%以内,最多不超过20%。考核标准为实施公务员的奖惩、培训、辞退、职务调整、工资待遇等提供了客观依据。

优秀:公务员在德、能、勤、绩四个方面都表现极好,能完全达到岗位要求并出色完成工作。

称职:公务员在德、能、勤、绩四个方面都表现良好,能达到岗位要求并较好完成工作。

基本称职:公务员能够达到任职的基本要求并能够完成工作任务。

不称职:公务员在德、能、勤、绩四个方面都不能达到现任职位要求,组织纪律性和工作责任心不强,并不能完成工作任务。

5. 考核方法

我国公务员考核的基本方法有三种:领导与群众考核相结合的方法、平时与定期相结合的方法、定性与定量相结合的方法。

领导与群众考核相结合,考核公务员必须发挥"从群众中来,到群众中去"的优良传统,必须保证考核工作的民主化和透明化,杜绝领导个人说了算,避免片面性和主观性。群众参与考核的主要方式是：群众代表参加考核小组；主管领导根据考核记录、群众意见，给公务员确定等次和评语；对担任国务院各工作部门司局级以上领导职务和县以上地方各级人民政府工作部门领导职务的公务员，在年度考核时进行民主评议或民意测验。

平时与定期考核相结合，即除了年度考核外，还须进行平时考核。平时考核是主管领导对公务员的工作态度、工作行为进行日常考察和记录并给予评价。两者存在正相关关系，平时考核优者，定期考核也优，反之一样。平时考核是基础，定期考核是其综合反映。

定性与定量相结合，定性即通过考核，对公务员的能力、工作实绩、品德、工作态度等进行"质"的评价；定量即提供考核的事实依据，并根据量表的测评，给出考核的数据结果，对公务员素质进行"量"的描述。定性分析是基础，定量分析是目的。

6. 考核程序

严格科学的考核程序保证了考核工作的客观性和公正性。一般而言，考核程序分成5个阶段。

（1）准备阶段。年度考核前期，国家行政机关各部门应建立考核委员会，并通知被考核者准备个人述职。

（2）述职及评鉴阶段。由被考核者进行个人总结，并呈现书面材料，然后主管领导根据平时的考核记录、个人总结和群众意见写出评语并确定等级，最后，其结果报本部门考核委员会复审，有的应根据管理权限报任免机关复审。

（3）反馈阶段。考核结果要同本人见面。

（4）复核审定阶段。被考核者对考核结果如有异议，可以提请考核委员会或任免机考核委员会或任免机关必须认真审议。

（5）审定有效后，考核结果存入公务员考绩档案，并作为职务升降、奖惩、培训、工资待遇等的主要依据。

相关链接

国家公务员级别的设置与确定

国家公务员的级别是反映职务、能力、业绩、资历的综合标志，兼具职位因素（职务与工作实绩）和品位因素（德才表现与资历）。我国公务员既有职务又有级别，级别分类是建立在职位分类基础之上的。

一、国家公务员级别的设置

我们要了解我国公务员级别的具体设置，首先就要清楚公务员职务的分类层次。公务员职务分为领导职务和非领导职务。其中，领导职务层次由高至低依次为国家级正职、国家级副职、省部级正职、省部级副职、厅局级正职、厅局级副职、县处级正职、县处级副职、乡科级正职、乡科级副职；非领导职务在厅局级以下设置，综合管理类的非领导职务由高至低依次为巡视员、副巡视员、调研员、副调研员、主任科员、副主任科员、科员、办事员。

我国公务员级别由低至高依次为二十七级至一级（一级为最高，二十七级为最低）。各职务等次对应的级别之间相互交叉。每一职务对应1~6个级别，职务越高对应的级别越少，职务越低对应的级别越多。下面我们来简述一下公务员领导职务层次与级别的对应关系。

领导职务层次与级别的对应关系如下。

① 国家级正职：一级；

② 国家级副职：四级至二级；

③ 省部级正职：八级至四级；

④ 省部级副职：十级至六级；

⑤ 厅局级正职：十三级至八级；

⑥ 厅局级副职：十五级至十级；

⑦ 县处级正职：十八级至十二级；

⑧ 县处级副级：二十级至十四级；

⑨ 乡科级正职：二十二级至十六级；

⑩ 乡科级副职：二十四级至十七级。

其中，副部级机关内设机构、副省级市机关的司局级正职对应十五级至十级；司局级副职对应十二级至十八级。

综合管理类公务员非领导职务与级别的对应关系如下。

① 巡视员：十三级至八级；

② 副巡视员：十五级至十级；

③ 调研员：十八级至十二级；

④ 副调研员：二十级至十四级；

⑤ 主任科员：二十二级至十六级；

⑥ 副主任科员：二十四级至十七级；

⑦ 科员：二十六级至十八级；

⑧ 办事员：二十七级至十九级。

其中，副部级机关内设机构、副省级市机关的巡视员对应十五级至十级；副巡视员对应十八级至十二级。

二、国家公务员级别的确定

(1) 确定公务员级别，要考虑以下四个方面的影响因素。

① 公务员所担任的职务（是领导职务或非领导职务，不同职务类别其级别设置不一样）。

② 公务员的资历和学历。同一职务层次的公务员，如果工作经历长、学历高，则级别也高；反之则低。

③ 级别的晋升与工作实绩的好坏相联系。同职务同级别的公务员，德才表现和工作实绩好，其级别晋升就快。

④ 所在岗位的责任大小和难易程度。对于某些在特殊岗位上任职的公务员，可以比同等条件下在一般职位上任职的公务员定高一级。

(2) 这样的级别设置与确定方式，有以下好处。

① 体现了职务的责任大小和难易程度。因为责任大小和工作难易程度基本相同的职位对应的级别范围一样。

② 有利于调动基层机关公务员的积极性。从全国政府机关的职务结构来看，职位越

低,其级别数量越多,这可以使基层公务员在不升职务的情况下,通过晋升级别提高工资待遇。

③ 有利于增强公务员的荣誉感和上进心。级别高低,反映公务员资历、学历的高低,那么同一职务层次的人员,其资历和学历越高,则级别也越高。

④ 有利于鼓励公务员努力工作,提高工作效率。公务员级别的晋升,与公务员年度考核和平时考核结果相联系,考核结果越优异,级别晋升就越快。

资料来源:公务员职位体系,公务员的级别?[DB/OL]中国杭州政府用户网站.http://www.hangzhou.gov.cn/main/wsbs/kstd/gwykstd/gnjs/T265638.shtml#top,2008-10-28/2021-10-11.

第三节 校长的选拔与任用

一、校长的任职资格和条件

一般认为学校是教育系统的基层组织,校长是基层组织的"高级"管理人员,在校内扮演决策者和指挥者的角色,同时由于受到上级部门的管辖,他们又扮演着上级命令执行者的角色。校长是学校的法人代表,对内全面负责,对外代表学校,选任好的校长对学校至关重要。我国各级各类学校领导人员的任职资格和条件的确定,在近十几年来一直是个发展的过程。下面我们以普通中小学为例,综合近十年来的规定,谈谈校长任职的基本条件及岗位要求。

(一)校长的任职条件

(1)拥护我党的领导,热爱社会主义教育事业,认真学习马克思列宁主义,认真贯彻党和国家的教育方针,坚决执行相关的政策、法规。

(2)关爱学生,忠于职守,严于律己,宽以待人,刻苦钻研教育、教学业务。同时需要具备一定的组织管理能力,顾全大局,协调各级人员。

(3)校长的学历要求:乡(镇)完全小学以上的小学校长必须具备中专文凭;初级中学校长必须具备大专文凭;完全中学、高级中学校长必须具备本科文凭;中小学校长应分别具备中学一级、小学高级以上的教师职务。同时还需要具备相应年限的教育教学工作经历,持有"岗位培训合格证书"。

(4)身心健康,能胜任工作。

(5)新任校长或拟任校长必须取得"任职资格培训合格证书",持证上岗。在职校长每五年必须接受规定时数的提高培训,并取得"提高培训合格证书",作为继续任职的必备条件。

(6) 符合岗位需要的其他条件。

（二）校长的岗位要求[1]

1. 基本政治素养

(1) 坚持党的路线，坚持四项基本原则和改革开放。

(2) 具有一定的马克思主义理论修养，能努力运用马克思主义的立场、观点和方法指导学校工作。

(3) 热爱社会主义教育事业，热爱学校，热爱学生，尊重、团结、依靠教职工。

(4) 实事求是，勤奋学习，作风民主，联系群众，顾全大局，公正廉洁，艰苦奋斗，严于律己。

(5) 对待工作认真负责，一丝不苟。

(6) 具有勇于进取及改革创新精神。

2. 岗位知识要求

(1) 具有马克思主义基本理论和建设有中国特色的社会主义基本理论知识。

(2) 具有中国近现代史和国情基本知识。

(3) 在实践中领会、掌握党和国家的教育方针、政策的基本精神与中小学教育法规的基本内容。

(4) 初步掌握与教育有关法规的基本知识。

(5) 联系实际掌握学校管理的基本规律和方法，以及与学校管理相关的基本知识、技术和手段。

(6) 学习马克思主义关于教育的论述，了解社会主义教育的基本特点和规律，具有教育学科基本知识。

(7) 熟悉主要课程教学大纲及有关学科的教材教法，具有中国教育史常识，了解中小学教育发展与改革的动态。

(8) 掌握与中小学教育有关的自然科学、社会科学基础知识，了解本地的历史、自然环境、经济与社会发展的基本情况以及民族与宗教政策等。

3. 岗位能力要求

(1) 能根据党和国家的有关方针、政策、法规，制订学校发展规划和工作计划。

(2) 善于做教职工和学生的思想政治工作及开展品德教育。

(3) 能从实际出发，采取有效措施，促进学生全面发展。

(4) 具有听课、评课及指导教学、教研、课外活动等工作的能力。

(5) 具有指导教师提高业务水平和改进教学的能力。

(6) 善于发挥群众团体的作用。能协调好学校内外各方面的关系，发挥社会、家长对搞好学校工作的积极作用。

(7) 能以育人为中心，研究学校教育的新情况、新问题，并从实际出发，开展教育教学实验活动，总结经验，不断提高教育教学质量。

---

[1] 佚名. 全国中小学校长任职条件和岗位要求（试行）[J]. 中小学管理，1991(5)：2.

（8）有一定文字能力，能起草学校工作报告、计划、总结等，会讲普通话，具有较好的口头表达能力。

二、校长的选拔任用方式和程序

（一）校长选拔任用方式

一套良好的选拔任用制度是选出高素质校长的保障。我国校长的选拔任用方式有很多种，如委任制、招聘方式、选任方式、考任方式，有的还采用考试与招聘相结合的考试聘任制或采用选举与招聘相结合的竞选聘任制等。

多年以来，我国校长选拔任用方式主要以委任制为主，所谓委任制即由政府机关和有关教育行政部门依照一定的标准和程序，直接任命校长的制度。这种制度在实际执行中大致要经过以下五个阶段。

（1）根据校长岗位要求，拟定任职的基本条件。

（2）在民意测验和领导推荐的基础上，初步确定校长候选人名单。

（3）由相关负责人搜集和整理候选人材料。

（4）向有权任免校长的行政机关上报候选人材料，行政机关通过综合分析、比较，在若干候选人中挑选出最合适的校长候选人。

（5）公示候选人并接受群众反馈意见，以判定其可接受性，只要群众对此决定无强烈反应，即可发文任命候选人任职。

随着社会主义市场体制的建立，权力集中的委任制任用方式越来越多地暴露出其集权缺乏公开性和民主性的弊端，对此国家也一直推进教育体制的系列改革，我国校长任用制度改革也随之不断深化。一方面，在校长任免权限上，进一步明确了中央、地方和学校的干部管理权限；另一方面，改革了校长的任免形式和程序。中小学校长选拔任用方式从任命制逐渐转变为聘任制，即以聘用合同形式规定所聘校长的任职年限、职责、职权、待遇和奖惩要求。中小学校长的任职年限也由不实行任期制（即终身制）逐渐过渡到实行任期制并可连聘连任。

1999年9月，全国中小学教师继续教育和校长培训工作会议明确指出，要根据素质教育的要求，提高中小学校长队伍的素质，建立、健全与人事制度改革方案相适应的校长选任机制。2001年，《中小学教师队伍建设"十五"计划》规定，中学校长一般由县级以上教育行政部门提名、考察或参与考察，按干部管理权限任用和聘任；其他中小学校长由县级教育行政部门选拔任用并归口管理。全面推行中小学校长聘任制，实行公开招聘、民主推举、平等竞争、择优聘任。同年5月29日，《国务院关于基础教育改革与发展的决定》中指出，中小学校长由县级教育行政部门选拔任用并归口管理，推行中小学校长聘任制，明确校长的任职资格，逐步建立校长公开招聘、竞争上岗的机制；实行校长任期制，可以连聘连任；积极推进校长职级制。2003年9月，人事部、教育部联合发布了《关于深化中小学人事制度改革的实施意见》，再次明确规定要通过建立校长聘任制、任期制、责任制、考核制进一步完善校长管理制度。根据党的十六大精神，坚持党管干部的原则，要坚持扩大民主，落实广大教职工在干部选任中的知情权、参与权、选择权和监督权，充分体现"人民当家做主"的要求。这些会议、决定和精神都明确表示校长选任方式正从委任制向聘任制过渡,正在逐步走向民主化、透明化。下面我们来介绍一些省关于校长选任方式改革的政策。

1. 2005 年湖南省颁布关于加强普通中小学校长队伍管理的若干意见[①]

(1) 积极推行学校校长聘任制。目前,中小学校长选任方式采取委任和聘任,要扩大民主,引入竞争机制,逐步采取在本系统内或面向社会公开招聘、平等竞争、严格考核、择优聘任的办法选拔任用中小学校长。

(2) 学校校长实行任期制。由委任或公开招聘等方式选拔任用校长,实行任期制。校长每届任期为 3~5 年,具体年限和任期内目标责任依据隶属关系由县级以上主管部门确定,任期内不调离、不交流。校长任期届满,经考核称职的可以连任,在同一学校连续任职一般不超过两届。

(3) 加强中小学校长合同管理。中小学校长的聘任应在平等自愿、协商一致的基础上签订书面聘任合同,经主管校长聘任的部门法定代表人或合法授权的代理人签字、加盖印章以及受聘人签字后成立。聘任合同必须包括下列内容:聘任岗位、工作目标及要求;合同期限;岗位工作的基本条件;岗位报酬和福利待遇;合同终止条件;违反合同的责任;其他有关事项。合同依法订立后,任何一方不得擅自变更。由于法定原因或特殊情况确需变更、终止和解除的,经双方协商一致,按照法定程序办理。

2. 2003 年广东省人事厅、教育厅关于深化我省中小学人事制度改革的意见[②]

(1) 改革和完善中小学校长的选拔任用办法。按照公开、平等、竞争、择优的原则,推行中小学校长的公开招聘、竞争上岗制度。规范校长选拔任用的程序,优化校长的选拔、任免、考核、奖惩等各个环节。完善中小学校长的管理制度,高级中学和完全中学校长一般由县级以上教育行政部门提名、考查或参与考查,按干部管理权限任用和聘任;其他中小学校长由县级教育行政部门选拔任用,并归口管理。逐步取消中小学校的行政级别,校长不与行政级别挂钩,实行职级制,建立中小学职员制度。坚持和完善校长培训和持证上岗制度。

(2) 严格掌握中小学校长任职条件和资格。中小学校长应当具备的基本条件:思想政治素质和品德良好;热爱教育事业,具有改革创新精神;具有履行职责所需要的专业知识和较强的组织管理能力;遵纪守法,廉洁自律;具有团结协作精神,作风民主。中小学校长任职的资格是:具有教师资格;具有中级以上(含中级)教师职务任职经历;一般应从事教育教学工作五年以上;身心健康。

(3) 中小学校长实行任期制。校长每届任期为 4~5 年,可以连任,校长在同一学校任职一般不得超过两届。建立中小学校长任期目标管理制度,对校长履行岗位职责和任期目标完成的情况,要进行年度和任期考核,并把考核结果作为校长奖惩、任免或续聘的重要依据。

(二) 校长选拔的程序

校长是学校的灵魂,选拔出优秀的人才担任这一重要职位至关重要。为了保证选拔过

[①] 湖南省教育厅.关于加强普通中小学校长队伍管理的若干意见(试行)[R/OL]. http://gov. hnedu. cn/web 10/200809/28114910609. html,2005-09-12.

[②] 佚名.关于深化我省中小学人事制度改革的意见[J].广东教育,2003(6).

程的公平公正,严格、标准的选拔程序就显得尤为重要了。关于中小学校长的任免程序,中组部、(原)国家教委《关于加强全国中小学校长队伍建设的意见》明确规定:"校长任免一般经过如下步骤:①由教育行政部门和组织人事部门,根据校长任职条件,结合当地实际情况,经一定民主程序,提出任免对象;②由教育行政部门和组织人事部门进行考查,在广泛听取群众意见的基础上,提出任免意见;③按当地规定的中小学校长任免权限审批。凡校长任免权限不在教育行政部门的学校,校长的任免、调动须事先征求教育行政部门意见。"

接下来我们介绍一下我国中小学校长选拔的一般程序,通常分为以下几个步骤。

(1) 进行岗位分析并编写职位说明书。岗位分析又称工作分析,主要包括两方面内容——确定聘任岗位的职责,明确担任该职位的人员所需具备的素质。通过岗位分析,可以明确校长的工作内容;应当履行的职责和履行方式;完成工作需要哪些知识、技能、素质及培训;权利与责任等众多信息,这为选拔过程提供了重要依据。岗位分析最常见的文本结果就是职位说明书。

(2) 发布岗位空缺公告,吸引优秀人才竞选。公告必须包括职位的主要职责、任职的资格要求以及此次招聘所针对群体(是仅针对学校中层干部,或是只针对本地区,或是面向全国)。

(3) 组建选聘工作小组。一般而言,小组成员由教育行政部门领导、招聘方的学校领导、招聘专家、师生代表等组成,全权负责选拔过程的实施。

(4) 接受应聘者的申请表,并对其进行资格审查。审查的主要内容为是否有中小学校长的任职资格证书、以往工作经历和实绩、身心状况、个人综合素质、参选动机及对未来工作的设想等。在此基础上,筛选出符合条件的候选人名单。

(5) 通知候选人,并进行笔试。公布候选人名单,并通知其笔试时间和地点。笔试内容一般包括教育政策法规、学校管理知识及相关知识等。考核合格者进入下一轮面试。

(6) 通知合格的候选人面试,并安排面试相关事项。具体内容主要包括制订面试程序,选取面试方法(如演讲、角色扮演、文本框测验、无领导小组讨论等多种方式)、确定面试需测定的要素、面试时间地点的安排等。面试的主要目的是全面考查候选人的学校管理能力。

(7) 选聘工作小组对候选人进行面试,并本着客观公正的原则进行考核。

(8) 根据考核评价结果由主管的教育行政部门领导集体讨论并做出公正公平的选择。

(9) 由主管的教育行政部门与获选者签订聘任合同,并明确其职责、权利、任期及工资待遇等。任期一般根据学制来定,小学为5~6年,中学为3年。根据规定,连续两年年度考核合格者可以晋升等级,连续两年年度考核不合格者被解聘,任期届满考核合格者可以续聘。

三、校长的职责和权利

(一) 校长的职责[①]

校长是学校行政的最高负责人,肩负全面贯彻教育方针政策的重任,下面我们将分中小

---

① 佚名.全国中小学校长任职条件和岗位要求(试行)[J].中小学管理,1991,5(2).

学、高等学校两个部分,来谈谈校长的职责。

根据1991年发布的《全国中小学校长任职条件和岗位要求(试行)》的有关规定,我国中小学校长的主要职责有以下几方面。

(1) 全面贯彻执行党和国家的教育方针、政策、法规,自觉抵制各种违反教育方针、政策、法规的倾向。坚持社会主义办学方向,努力培养德、智、体全面发展的社会主义事业的建设者和接班人。按教育规律办学,不断提高教育质量。

(2) 认真执行党的知识分子政策和干部政策,团结、依靠教职员工。组织教师学习政治与钻研业务,使之不断提高政治思想、职业道德、文化业务水平及教育教学能力,注意培养班主任、中青年教师和业务骨干,努力建设又红又专的教师队伍。依靠党组织,积极做好教师和职工的思想政治工作。自觉接受党组织的监督。充分发扬民主,重视教职工代表大会在学校管理中的重要作用,注重发挥广大教师和职工工作的主动性、积极性和创造性。

(3) 全面主持学校工作。

① 领导和组织德育工作。把德育放在首位,坚持教书育人、管理育人、服务育人、环境育人的工作方针,制订德育工作计划,建设德育工作骨干队伍,采取切实措施,坚持不懈地加强对学生的思想、政治、品德教育。

② 领导和组织教学工作。坚持学校工作以教学为主,按照国家规定的教学计划、教学大纲,开齐各门课程,不偏科。遵循教学规律组织教学,建立和完善教学管理制度,搞好教学常规管理。深入教学第一线,正确指导教师进行教学活动,努力提高教学质量。

③ 领导和组织体育、卫生、美育、劳动教育工作及课外教育活动。确保学校体育、卫生、美育、劳动教育工作及课外教育活动生动活泼、有成效地开展。努力开展勤工俭学活动。建好学生劳动教育及劳动技术教育基地。

④ 领导和组织总务工作。贯彻勤俭办学原则,坚持总务工作为教书育人和教职工服务的方向。严格管理校产和财务,搞好校园建设。关心学生和教职工的生活,保护他们的健康。逐步改善办学条件和群众福利。

⑤ 配合党组织,支持和指导群众性组织开展工作。充分发挥工会、共青团、少先队等群众性组织在办学育人各项工作中的积极作用。

(4) 发挥学校教育的主导作用,努力促进学校教育、家庭教育、社会教育的协调一致、相互配合,形成良好的育人环境。

根据1998年通过、2015年修正的《中华人民共和国高等教育法》的第四十一条规定,高等学校的校长全面负责本学校的教学、科学研究和其他行政管理工作,行使下列职权。

① 拟订发展规划,制订具体规章制度和年度工作计划并组织实施。

② 组织教学活动、科学研究和思想品德教育。

③ 拟订内部组织机构的设置方案,推荐副校长人选,任免内部组织机构的负责人。

④ 聘任与解聘教师以及内部其他工作人员,对学生进行学籍管理并实施奖励或者处分。

⑤ 拟订和执行年度经费预算方案,保护和管理校产,维护学校的合法权益。

⑥ 章程规定的其他职权。

(二) 校长的权利

《中华人民共和国教育法》第三十条对校长的权利作了原则性规定："学校的教学及其他行政管理,由校长负责。"以上我们已经谈过校长的诸多职责,而为了履行这些职责,就必须行使与其职责相应的权利。对于校长的权力,一般概括为以下五种。

(1) 学校决策方面。有关学校行政工作的重大问题,校长有最后的决定权。在决策之前,校长需要召开各种会议,听取各方面的意见,但最终决定权在校长手中。学校党组织对行政工作不行使决策权。

(2) 教育教学管理权。校长拥有学校教育教学工作各方面的管理权。校长的根本任务是就进行教育教学管理,一切工作都需围绕这个中心开展。

(3) 人事管理方面。校长有权提名、任免副校长和中层干部,有权对教职工的任用、考核、奖惩等做出决定。不过,在对副校长的任免和实施教职工的重大奖惩时,要报上级批准。

(4) 行政指挥方面。上级教育行政部门对校长有领导权,而校长是学校行政工作的最高指挥者,校长对学校各级管理机构有指挥权,学校各部门、各层次机构的负责人及其他所有成员必须服从校长的指示。

(5) 财务管理方面。校长有权对上级的拨款、学杂费留成、勤工俭学以及社会赞助等各种收入按财经制度的规定自行安排使用等。

《中华人民共和国教育法》第二十八条对学校及其他教育机构行使的权力做出了明确规定,由于校长是学校的法人代表,所以也可以将其内容视为校长的法定权力或者说是校长的办学自主权。具体内容如下①。

(1) 按照章程自主管理组织。
(2) 实施教育教学活动。
(3) 招收学生或者其他受教育者。
(4) 对受教育者进行学籍管理,实施奖励或者处分。
(5) 对受教育者颁发相应的结业证书。
(6) 聘任教师及其他职工,实施奖励或者处分。
(7) 管理、使用本单位的设施和经费。
(8) 拒绝任何组织和个人对教育教学活动进行非法干涉。
(9) 法律、法规规定的其他权利。

校长职级制

随着国家《关于加快推进事业单位人事制度改革的意见》的颁布,以及教育人事制度的改革,校长职级制已逐渐走进人们的视野,成为各方关注的热门话题。所谓校长职级制,一

---

① 全国人大常委会.中华人民共和国教育法[M].北京:中国法制出版社,1995.

一般而言,是使学校校级领导干部的职务等级与行政级别脱钩,并与专任教师的专业技术职务分开进行岗位评聘的事业单位干部人事管理制度,即专门针对正副校长、正副书记等进行的职级考评制度。据有关部门统计,全国中小学校长的人数已超过200多万,为该群体建立完善、专业的考评职级制度,是民心所向,至关重要。该制度能在一定程度上促进校长的流动,形成了学校干部"能上能下,能进能出",待遇"能高能低"的良好局面。

经过多年的实践探索和总结,中小学校长职级制作为一种制度体系,已相对稳定、成熟。下面我们将简单介绍校长职级制所适用的群体、校长职级如何设定、比例如何控制以及评定资格等内容。

1. 校长职级制适用群体

校长职级制适用群体主要包括普通中小学在编在岗的校长、副校长、书记、副书记,但一般不包括工会主席、校长助理、调研员等享有同等级待遇的人员及离退休人员。

2. 职级的设定和比例的控制

总体上来说,我们一般将中小学校长的职级分为四级十等。四级:特级校长、一级校长、二级校长、三级校长。十等:除特级校长外,其他各级均分三等,如一级校长中分为一等、二等、三等。各级各等校长应保持合理的比例,一般而言,对中小学一级、二级、三级校长的评定比例以参评校长总数的0.15∶0.35∶0.50为准,特级校长人数依照评定情况以一级校长总数的0.35为准;各级别内的等次比例原则上按本级别校长总数的三分之一均分,其目的是为后期的晋级和降级预留必要的比例空间,并与未来的动态工资结构挂钩。需要指出的是各省市具体的职级设定和比例设置会有所不同,以上我们只介绍了一般情况,如广东省中山市的职级设定是五级十等,而上海市设定的是五级十二等。

3. 评定资格

必须坚持德才兼备、公平公正、德才勤绩全面考核的原则,来评定中小学校长的职级。其政治素质、知识水平、业务能力等必须符合基本的任职要求,在前面已经对校长的任职资格及岗位要求作了详细介绍,这里就不再重复。下面,将简单介绍校长职级制中,不同的校长职级等次在工作和任职年限以及专业技术职务等方面的不同要求,如表6-1所示。

表 6-1 校长职级评定资格

校长职级	三级			二级			一级			特级
职级等次	三等	二等	一等	三等	二等	一等	三等	二等	一等	
最低工作年限	五年			七年			九年			十年
最低任职年限	一年			三年			五年			七年
专业技术服务	一级以上			高级以上			高级(特教)			

说明:

① 对于有突出贡献的人员可以破格申报上一职级。

② 现任正职及主持工作的副校长,首次评定时,其申报职级以二级为最低起点。

③ 正职校长及主持工作的副校长,任职年限按实任年限计算。

④ 担任副职的人员按任职年限的1/2计算。

资料来源:张延华.中小学校长职级制式与操作模式[J].决策新视野,2007(1).

第四节 教师的选拔和任用

一、教师的任职资格与条件

为了保证高质量的教育教学,高质量的教师是核心,为此许多国家都规定了教师的任职资格和条件,或是建立起教师许可制度或教师资格证书制度,我国于1993年颁布的《中华人民共和国教师法》和1995年颁布的《教师资格条例》等文件对教师素质、教师资格分类和任职资格作了详细说明。下面我们对此来做些简要介绍。

(一)教师素质

根据《中华人民共和国教师法》的规定,教师的必备条件是获得教师资格证书,并须具备相应的基本素质。总体来讲,我国对教师素质的要求可概括为以下七个方面。

(1) 忠诚于党的教育事业,有高尚的道德品质,有一种为振兴我国教育事业而献身的精神。

(2) 具有较渊博的知识,专业基础知识扎实,并能了解本学科发展的最新成就与动向,懂得教育学、心理学、学校管理学知识。

(3) 热爱教育事业,热爱学生,能够理解学校,具有较强的洞察力和忍耐力并具有优秀的指挥能力。

(4) 有较高的言语素养。

(5) 有一定的教育理论素养,懂得并掌握教育、教学的基本规律,具有较强的教育教学能力和自我调控能力。

(6) 有组织教学活动和社会活动的能力以及探索、开拓的创造能力。

(7) 身心健康,能胜任工作。

(二)教师资格的分类及学历要求

我国1993年颁布的《教师法》对教师资格的分类及学历要求作了如下规定。

(1) 幼儿园教师资格,应当具备幼儿园师范学校毕业及其以上学历。

(2) 小学教师资格,应当具备中等师范学校毕业及其以上学历。

(3) 初级中学教师、初级职业学校文化或是专业课教师资格,应当具备高等师范专科学校或者其他大学专科毕业及其以上学历。

(4) 高级中学教师、中等专业学校、技工学校、职业高中文化课或是专业课教师资格,应当具备高等师范院校本科或者其他大学本科及其以上学历。

（5）中等专业学校、技工学校、职业高中生实习指导教师资格，应当具备的学历由国务院教育行政部门规定。

（6）高等学校教师资格，应当具备研究生或者大学本科学历。

（7）成人教育的教师资格，应当按照成人教育的层次，依照规定确定类别，分别具备高等、中等学校毕业及其以上学历。

（三）教师任职资格

我国《中华人民共和国教师法》第十条规定："中国公民凡遵守宪法和法律，热爱教育事业，具有良好的思想品德，具备本法规定的学历或者经国家教师资格考试合格，有教育教学能力，经认定合格的，可以取得教师资格。"

由此，总结出教师必须具备的四条任职资格。基本内容如下。

1. 一定是中国公民且要遵守宪法和法律

所谓中国公民，根据我国宪法规定，凡具有中华人民共和国国籍的人都是中华人民共和国公民。宪法对中国公民的基本要求就是遵守宪法和法律，自然也是公民取得教师资格的基本条件。

2. 热爱教育事业，具有良好的思想品德

对教育事业的热爱包含着对国家的热爱，对真理的热爱，对学生的热爱，对教书的热爱，对探索和创作的热爱。只有热爱教育事业，教师才能全身心地投入工作中，才能为教育事业的发展做出贡献。良好的道德情操和高尚的品德是教师必备的素质。教师的一言一行总在潜移默化地影响学生，只有身体力行，才能施教于人，起到模范带头作用。

3. 学历要求

《教师法》规定取得教师资格，应当具备相应的学历。上述第（二）点：教师资格的分类及学历要求，已对此作了详细讲解，这里不再重复。

4. 教育教学能力

教育教学能力，主要是指教师能有效参与并组织教育教学活动，向学生传授知识和技能并促进学生全面发展的能力。教师的教育教学能力是综合素质的表现，包括常规教学能力（如运用各种教育手段和工具促进学生牢固掌握教育理论和规律等），还包括指导学生自学的能力、提高学生实际操作能力和思维创造力、引导学生知识再现的能力，教师需要在实践中不断学习和探索才能提高这种能力。

二、教师的任用

（一）教师任用的定义

教育活动需要人、财、物等多方资源，而现代人力资源理论指出人是所有资源中最珍贵且持续可用的，通过合理的管理与开发，能激发人的潜能，创造更大的价值。教师、学生、教材是构成教学活动的三个基本要素，教师是教学活动中的宝贵资源，对教学活动起着主导作用,因此教师的任用是选拔优秀教师的"把门关",是保证教学质量的关键环节。

所谓教师的任用,是教育行政机关、学校根据一定的选拔标准和任用程序,筛选出符合任职资格的人员从事学校的教育教学工作的行政活动。

(二) 任用方式

由于教育发展水平和教育行政体制的不同,各国的教师任用方式各异,而一个国家在其教育行政体制发展的不同阶段,所采取的任用方式也不尽相同。我国教师任用的主要方式有派任制、聘任制和考任制(考任制即通过一定的考试择优录用教师的方法,我国当前实行的教师资格证书制度基本上就是采用这种形式)。

从中华人民共和国成立以来,派任制是最为常用的教师任用方式。所谓派任制是指由上级教育行政部门和组织人事部门按计划向各级各类学校派任和调配教师的一种任用方式。以中小学为例,一是按计划派遣师范院校毕业生到中小学任教;二是从其他部门在职人员中选用。派任制的手续简便,方便教育行政部门对教师的统一安排和管理,也有利于教师队伍的稳定,因而曾长期成为我国主导的任用方式[①]。

但随着市场经济的发展及教育事业管理体制的改革,派任制日益暴露出其弊端,如学校不能自主按岗位选择合适的人才,教师们的"铁饭碗"容易助长其不思进取、安于现状的消极心态。为此,许多省、市、学校在教师任用方式上进行了改革,从 20 世纪 80 年代起,教师聘任制已开始实行。早在 1993 年颁布的《中华人民共和国教师法》和 1995 年颁布的《中华人民共和国教育法》就充分肯定了这种任用方式,并将其确定为我国今后的教师任用方式。所谓聘任制即学校以合同形式聘请合适的教师来校任教,明确其任职期限,并由学校颁发聘书的人事制度。聘任的主体是签约双方(教师和学校),两者具有平等地位,学校和教师可以根据自己的需要和意愿进行双向选择,学校有权选择合适的教师并解聘不合格者,而教师也可以自己决定是否受聘,并拥有合同期满后是否续聘的决定权。聘任制有利于建立公平公正、择优录取、因岗择人的选拔任用制度,有利于学校自主选择适合空缺岗位要求的优秀教师,有利于激发教师的责任感和上进心,营造积极向上、乐于进取的良好氛围。考任制(教师资格证书制度即采用这种方式)我们会在后面做详细介绍,这里就不再赘述了。

下面我们简单谈谈实行聘任制必须遵循的原则。

《教育法》《教师法》原则性地规定了高等学校实施教师聘任制的原则,即高校教师聘任制应遵循双方自愿平等的原则,由高等学校的校长与受聘教师签订聘任合同。下面我们从五个方面来谈谈。

(1) 必须在核定编制标准范围内进行聘任,要因事设岗,定岗定员。

(2) 坚持双向选择的原则。学校可以做出聘任、不聘或解聘的选择,聘任对象也可以做出受聘、拒聘或续聘的选择。

(3) 坚持适岗择优的录用原则。必须根据岗位职责和所需素质选择合适人选,并保证公平公开的选人标准。

(4) 坚持优化组合,形成中、老、青合理的人员配备。必须做到保护老教师,聘任中年教

[①] 陈孝彬. 教育管理学[M]. 北京:北京大学出版社,1998:300-304(有改动).

师,培养和锻炼青年教师①。

(5) 健全考核体制,客观公正的考核体制是顺利实行聘任制的关键,我们必须保证聘任与考核的一致性。

(三) 任用程序

教师是教学质量的保证,选拔出优秀合适的人才担任这一重要职位至关重要。为了保证选拔过程的公平性,严格、标准的选拔程序就显得尤为重要了。下面我们来介绍教师任用的一般程序。

(1) 进行教师岗位分析并编写职位说明书。岗位分析是选拔工作的起点。通过岗位分析,我们可以明确教师的主要工作内容,应当履行的职责和履行方式,完成工作需要哪些知识、技能、素质及培训以及教师的职责与权利等,为选拔过程提供重要依据。岗位分析最常见的文本结果就是职位说明书。

(2) 发布岗位空缺公告,吸引优秀人才竞选。公告必须包括职位的主要职责、任职的资格要求以及此次招聘所针对群体(是仅针对校内人员,还是包括校外符合资格的所有人员)②。

(3) 确定测试内容及测验方法。测验内容主要涉及胜任空缺岗位所需要的各种素质,测验方法一般有笔试法、面试法和调查法,具体测验方法根据测试内容及实际情况而定。

(4) 接受应聘者的申请表,并进行初次筛选,确定进入测试的人员名单,并通知候选人测试时间和地点。

(5) 进行正式测试。

(6) 在客观公正的原则之上,统计并分析考核结果。

(7) 本着择优录取、公平公正的原则,依据考核结果做出选择。

(8) 由校方与获选者签订聘任合同,并明确其职责、权利、任期及工资待遇等。

三、教师的职责和权利

(一) 教师的职责

古今中外,人民教师的根本职责就是"教书育人",把学生培养成德智体全面发展的四有新人。我们将从"教书""育人""关心学生身心健康"三个方面来谈谈教师的职责③。

1. 搞好教学,做好教书工作是教师的根本任务

教学是教师有计划、有组织地引导学生按照一定的目的,从德、智、体、美、劳五个方面全面促进学生的发展,并帮助学生形成正确的世界观和健全个性的教育活动。

学校必须以教学为主提高教育质量,培养合格人才和劳动后备军。教师必须遵循教育教学规律,熟悉教学大纲,研究教材,改良教学方法,提高教学质量,组织课外活动并明确其教学目的,最终帮助学生掌握教学大纲所规定的科学文化知识并形成相应的技能。

---

① 吴恒山.中小学治教方略[M].天津:天津教育出版社,2004:52.
② 赵雪春.职业教育师资队伍建设与发展[M].昆明:云南大学出版社,2007:119.
③ 李保强,周福盛.教育基本原理[M].济南:山东人民出版社,2008:261-262(内容上有改动).

2. 教师的根本职责是做好"育人"工作,保证学生的身心健康并培养学生良好的思想道德

作为教师不仅要重视学生的学业发展,还必须通过多种途径(如教学活动、课外活动、班主任工作等)培养学生的思想道德,使其具有良好的思想品德。教师是人类灵魂的工程师,做好思想品德教育工作,使学生具有良好的思想品德,是教师的重要职责之一。

3. 热爱学生,关心学生的身心健康

这要求教师对学生耐心教育,严格要求,指导并帮助他们发展智力,增强其体质。教师应合理安排学生的学习和文体活动,培养学生良好的卫生习惯,不断提高学生的身体素质,教师的职责不仅是培养学生的智能素质,还要保证他们拥有良好的身体素质。

与此同时,教师也必须关注学生的心理健康,应充分认识到心理健康教育在教育系统中的地位和作用,教师必须树立正确的心理健康教育观,尊重学生、理解学生、相信学生,适时地调动学生心理自主构建的积极性,推动学生心理健康的发展。

(二)教师的权利

所谓教师的权利是法律赋予教师在履行职责时所享有的权利。根据1993年通过的《中华人民共和国教师法》第七条规定,我国教师享有以下六种权利。

(1)进行教育教学活动,开展教育教学改革和实验。

(2)从事科学研究、学术交流,参加专业的学术团体,在学术活动中充分发表意见。

(3)指导学生的学习和发展,评定学生的品行和学业成绩。

(4)按时获取工资报酬,享受国家规定的福利待遇以及寒暑假期的带薪休假。

(5)对学校教育教学、管理工作和教育行政部门的工作提出意见和建议,通过教职工代表大会或者其他形式,参与学校的民主管理。

(6)参加进修或者其他方式的培训。

作为一般公民,教师享受基本的社会权利(如生存权、选举权及享受各种待遇和荣誉等),除此之外,还享有职业本身特点所赋予的权利(如教育权、专业发展权和参与管理权等)。综合以前学者的观点,下面我们将简单地介绍一下教师的基本权利。

1. 教师享有进行教学和教育工作的权利

在教学活动中,教师是必不可少的主导因素,一方面是组织教学活动的主体;另一方面还是传授知识的主体。教师对分配给他的教学、教育任务,拥有自主权和决策权。教师可以发挥主动性和创造性,采取多样的方法,因材施教,促进学生的全面发展。教师可以利用、改善或创造良好的教学条件以提高教学质量。教师的教育教学活动的权利必须得到充分的保障,只有这样学校的教学活动才能正常进行。

此外,教师有权参加讨论并解决有关教育工作中的问题(如教学改革问题、教材补充和编辑问题等)。为了教学和科研的需要,教师有权使用学校的图书资料和其他设备,拥有发表专业论文及其他研究成果的自主权。

2. 教师有对学校教学管理的建议权

学校里,教师是从事教学活动的主导力量,处于教学、教育活动的第一线,不仅是学校管理的主体和动力,也是办学的主要依靠力量,他们比学校管理者更了解学校的实际状况。因而,教育教学的管理决策必须考虑他们的意见,否则学校管理层决策的合理性和合法性在某种程度上就是不完善的,甚至是错误的。与此同时,老师也应该积极主动参加学校管理工作,在各项管理活动中出谋献策(如参与制订学校改革与发展规划,在教学全面质量管理和教育研究等问题上提出自己独到的见解等)。

教师参与学校管理的方式主要是教职工代表大会,《中华人民共和国教师法》第七条第五款规定,教师享有"对学校教育教学、管理工作和教育行政部门工作提出意见和建议,通过教职工代表大会或其他形式参与学校的民主管理的权利"。而《高等学校教职工代表大会暂行条例》第九条规定:"教职工代表按照规定的程序,有权提出提案和议案;有权就大会的各项议程充分发表意见、参加表决;有权对教代会的工作提出批评和建议;有权对有关部门提出询问;因行使正当民主权利而遭受打击报复时,有权向有关部门申诉、控告。"

3. 教师享受劳动和报酬的权利

《教师法》第七条第四款明确规定,教师享有"按时获取工资报酬,享受国家规定的福利待遇以及寒暑假期带薪休假"的权利;2003年9月1日起正式施行的《民办教育促进法》第三十条规定:"民办学校应当依法保障教职工的工资、福利待遇,并为教职工缴纳社会保险费。"根据我国宪法规定,公民享有劳动权,那么教师理应根据劳动数量、质量及工作业绩,获得相应的报酬和奖励。目前有部分学校存在拖欠老师工资的现象,据河南省的一份调查报告,全省拖欠教师工资超过2亿元,个别地方拖欠甚至超过十个月以上。这些行为严重地违反了国家的法律规定,侵犯了教师的基本权利,同时也伤害了教师的情感,降低了其工作的积极性。这会导致教师无心教学,使得教学活动无法正常开展,并严重阻碍学校培养出全面发展的优秀学生。

4. 教师有业务进修的权利

《教师法》第七条第六款规定,教师享有"参加进修或者其他方式的培养"的权利。随着经济、文化、科学的迅猛发展,教师不能再一劳永逸地获取知识了,终身学习已成为21世纪教师的必然要求。作为人民教师,只有不断提高自身素质,不断学习,更新知识,才能适应日新月异的变化,才能与时俱进。进修是教师的需求也是他们的权利。因此,教育行政部门和学校应积极地为教师提供进修培训的机会,这是教师的权利也是学校发展的需要。

5. 从事科学研究与学术交流的权利

《教师法》第七条第二款规定,教师享有"从事科学研究、学术交流,参加专业的学术团体,在学术活动中充分发表意见"的权利。因此,教师在享有教学教育权利的同时,也有积极地从事科学研究和学术交流的权利,尤其在高校,学校应加强对科研工作的资金支持,鼓励教师参加各类高层次的学术交流活动。

教师资格证书制度

教师资格证书制度是教师人事管理的一个重要环节,教师资格制度是国家对教师实行的特定职业许可制度。为教育行政部门、学校提供衡量师资力量及供需情况的重要标准,它对于提高教师素质、加强师资队伍建设具有重要意义。各国对教师资格证书制度相当重视。我们将对教师资格证书制度的内容做简要介绍。

一般来说,教师资格证书制度包括两部分内容:教师资格的鉴定、教师资格证书的管理与发放。

1. 教师资格的鉴定

教师资格的鉴定制度分为三个部分:学历要求、能力考核、教师试用期。

(1) 学历要求。教师资格鉴定的一项重要内容是学历鉴定。从目前各国对教师学历要求的情况看,已呈现出高学历化的趋势。我国教师资格的学历要求已在前述"教师资格的分类及学历要求"中做过详细介绍,这里就不再重复了。

(2) 能力考核。能力考核是教师资格鉴定的必经环节,教师必须经过严格的考核程序才能获得教师资格证书。考核的对象一般包括三类人员:师范教育专业的入职者、非师范教育专业的入职者和不具备学历要求的在职教师。考核主要涉及的内容为身心素质、道德品质、学识、教学能力和情感等多个方面,考核标准及过程必须公平公正,保证教师资格证书制度的有效性、公正性与平等性。

(3) 教师试用期。试用期是新教师成长的一个关键时期。世界上很多国家都实行了教师的试用制度,试用期长短不一:美国新教师试用期一般不超过三年,试用期间,新教师工作内容与正式教师相同,同时要虚心向老教师学习教学等各方面的经验,试用期满合格后,才可成为正式教师。

2. 教师资格证书的管理与发放

教师资格证书的管理与发放是教师资格证书制度中的一个重要组成部分。2001年《教师资格证书管理规定》第十四条明确指出,各级人民政府教育行政部门必须加强对教师资格证书的管理。对发放非法印制的教师资格证书的单位和责任者,要追究其行政责任。对变造、倒卖教师资格证书者,依法追究法律责任。

2002年《教育部办公厅关于教师资格认定收费和教师资格证书发放工作的通知》明确提出教师资格证书发放和管理的办法,内容如下。

(1) 教师资格证书是教师资格的主要体现形式,是持证人具备教师资格的法定凭证。根据有关规定,教师资格证书由国务院教育行政部门统一印制,由各省、自治区、直辖市教育行政部门统一定购。

(2) 教育部财务司负责教师资格证书工本费的收取及财务管理工作;受教育部人事司的委托,教育部教师资格认定指导中心(以下简称资格中心)具体负责教师资格证书的管理和服务工作;教育部继续委托中国华育发展总公司(以下简称华育公司)负责教师资格证书的印制和发送工作。

(3) 省级教育行政部门将本地区的教师资格证书定购数量报送资格中心,由资格中心汇总后通知华育公司按照各地的需求印制教师资格证书。教师资格证书发送的有关具体事宜由资格中心另行通知。

资料来源:秦晓红.中外高校师资管理比较研究[M].长沙:湖南教育出版社,2007:173.

思考与练习

1. 校长职级制适用于哪类人群,其主要评价的内容是什么?职级又是如何设置的?
2. 通过上述对校长职级制的了解,校长职级制的优势和弊端是什么?
3. 如何更好地推进校长职级制?这种制度还应如何完善?
4. 当前教师的考核还存在哪些不合理之处?
5. 作为校领导,高级职称的聘任标准到底是什么?考核如何标准化?
6. 不合理的聘任标准会导致教师丧失工作积极性,这个问题如何解决?

第七章
教育财务行政

教育财务行政是教育行政的重要内容。在教育领域,教育财务行政已成为通用概念。不管在哪个国家,只要有公共教育的存在,教育财务行政就存在。教育的发展需要以一定的资源投入作为支撑,而在中国,教育经费不足成了教育发展的瓶颈。在这种大背景下,教育财务行政日益为国家所重视,其研究也进入日程。

第一节 教育财务行政与教育经费

一、教育财务行政的含义及功能

（一）财务行政的含义及本质

财务行政一词源于西方的 public finance,20 世纪初最早由维新派在西洋文化思想的指导下引进中国。由于编译不同,也有学者称其为"公共财政""国家财政"等。

《辞海》对财政一词的解释为:"财政谓理财之财,即国家或公共团体以维持其生存发展之目的,而获得收入、支出经费之经济行为也。"也就是国家或公共部门为了维持其生存发展,实现其职能,凭借其政治权力及财产权利,强制支配一部分社会财富来满足社会公共需要的经济活动。

财政的概念包括几个方面的内涵:一是财政本质上是国家财政,以国家为主体所进行的分配,财政就是国家财政;二是财政类型是在特定的经济体制基础上形成的具有自身特殊性质的财政模式,在不同的社会形态及经济运行方式下,财政具有特殊性,现阶段我国的财政类型是与市场经济相适应的财政模式;三是财政是满足一定社会公共需要的经济活动,public 译为"公共的、公用的",政府是公共利益的代表者和维护者,政府必须优化资源配置,公平分配,最大限度地满足公共的需要;四是财政是凭借国家的政治力量,强制支配一部分社会财富的机制,财政履行主要是通过国家政治权力的运用,通过税收、财政补贴等政策性收支,对一部分社会产品进行分配和再分配的一系列经济活动。

（二）教育财务行政的含义

在已经问世的各种专著中,各位学者对教育财政的含义各有见地。本书中我们引用杨会良在《当代中国教育财政发展史论》中的概念:教育财务行政是国家各级政府部门为提供具有公共物品性质的那部分教育服务而筹措、运用和管理经费,为保障教育系统运行和发展,合理配置教育资源,促进教育公平和自由所进行的一系列专门性管理活动。

在人们的传统意识里,教育财务行政是教育部门与学校的事情,而国家只是调拨资金。显而易见,这种思想是片面的,财政从来都是国家的财政。国家是资源筹集、分配、管理支出的主体,国家在财政经济活动中的责任是义不容辞、理所应当、不容忽视的。教育财政作为财政体系中的重要组成部分,其主体也必然是国家或政府。而一直以来,教育财政占 GDP 的比重是衡量一个国家的政府对教育的重视程度与努力程度的指标。我国的教育经费占 GDP 的比重明显低于国际平均水平。虽然据此我们不能定论我国政府对教育重视程度不够，但至少说明教育受到传统思想潜移默化的影响。

只有正确认识了教育财务行政的本质，认清了政府在教育财务行政中的重要性，才能更好地摆正国家财政部门与教育部门和学校之间的关系，才能在教育经费问题上达到协调一致。由于逐渐认识到教育尤其是高等教育的重要性再加上人口增长，民众对教育的需求日益增强，国家扩展教育规模，最为明显的就是高校扩招，而这些措施都依赖于教育财政的支撑。于是教育财政的重要性日益凸显，人们的关注力度大大增强，教育财务行政研究也逐步得到重视。20世纪80年代以来，中国从封闭走向开放，随着经济发展和经济体制改革的不断深化，中国教育财务行政体系也发生着日新月异的变化。

教育财务行政的研究一般包括以下几个方面：①教育经费的筹措、分配与使用问题；②教育需求与教育成本、教育效益问题；③财税结构与教育经费问题；④教育对于个人所得及财富重新分配问题；⑤教育机会与社会公平问题；⑥教育财务管理问题。教育财务行政的研究对政府与教育的经济关系进行全方位立体式的综合分析，从而提出良好的对策建议。

综上可知，教育财务行政是从政府角度提出的一个范畴，是以国家为主体，为发展和扶助各类教育事业而运用国家权力进行的有目的、有计划的一系列专门性分配活动，使有限的教育资源圆满地实现预定教育目标。

（三）教育财务行政的本质

教育财务行政是一种特殊的财政分配活动，体现了国家对教育的高度重视。若想深刻、正确地认识和把握其本质，必须明确以下几点。

(1) 教育财务行政是国家各级财政的一个专门领域，是以国家为主体的，为满足国家扶持、发展本国及本地区各项教育事业的需要，运用政治权利而运行的一种特殊的分配活动。

(2) 教育财务行政的分配对象是社会剩余产品（国民收入的一部分）。通常情况下，教育财务行政参与国家财政收入的分配，而不是社会剩余产品的分配，也就是社会剩余产品的再分配，是在国家财政分配总原则指导下以及总财政的监督下进行的再分配。

(3) 教育财务行政所采取的分配方式是无偿性分配方式。分配方式可分为有偿分配和无偿分配。教育财务行政的无偿性具有普遍性，并不随着社会形态和政治制度的变化而变化。自从教育税款及各项教育资金被征集起来后，就成了国家的财产，不存在什么归还问题。

(4) 教育财务行政的本质是国家与社会各方面在社会剩余产品再分配过程中形成的特殊分配关系。在形式上教育财务行政分配表现为筹措、运用资金的活动以及由此引起的物资运动，但教育财务行政的本质不是表面形式上的钱、物以及与此相关的各种管理活动，而是这种运动和活动背后的特殊分配关系，是整个社会所有经济关系的有机组成部分。

（四）教育财务行政的功能

1. 资金筹措功能

教育经费是现代教育事业的血液，是教育事业得以生存和发展的重要条件。教育要发展，筹资要先行。离开了资金的支撑，教育的发展也就无从谈起。因此教育的发展有赖于教育经费的解决。

社会产品分为公共产品、私人产品和准公共产品。纯粹的公共产品是指这样的产品或劳务,即任何人消费这种产品或劳务不会导致别人对它的消费减少。准公共产品介于公共产品与私人产品之间。公共产品具有效用外溢性,在消费上具有非排他性,而无法排除不付费者获得外溢的效用,所以市场机制无法有效提供。以弥补市场失灵为最重要存在理由的政府公共财政就应该将提供公共产品作为其主要活动内容。王善迈曾提出这样的观点:义务教育是公共产品,非义务教育是准公共产品,义务教育应由政府提供,非义务教育由政府与市场共同提供。

资料表明,各国政府的教育投入都占了很大比例。可见,教育财务行政的一项重要职能就是资金筹措,尤其在教育经费紧张成为世界性难题的时候。

2. 合理配置教育资源

财政部门在筹措资金之后,需要通过科学合理的方法把这些有限的资源分配到各级政府部门,从而顺利地完成预定教育目标,促进教育事业发展和社会进步。资金筹措是资源配置的前提,没有资源的充分筹措,也就谈不上什么配置。

在资源配置过程中,不仅是财力资源的分配,还包括人力资源与物力资源的配置,而物力资源与人力资源最终反映在财力方面。可见教育资源配置的重中之重在于财力资源的配置。

另外,教育资源的配置既是在各种不同的教育项目之间,比如义务教育与高等教育之间,普通教育与职业教育之间,教育事业费与教育基建投资之间进行科学合理的分配,又是在中央、地方各级各类教育机构中的配置。

教育财务行政的效用在一定程度上依赖于资源配置制度的运行是否合理。只是筹措了资金,而没有科学的配置,就很难最大限度地满足各种需求,难以使资金使用绩效最大化。

3. 促进教育公平

公平一直是人类追求的一个目标。公平是一种主观感觉和心理平衡,跟个体把自己的待遇报酬与他人相比较而得到的主观体验有关。对于在人类的生活中日趋重要的教育,其公平性也越受人们重视。我国义务教育法和教育法都明确规定,中华人民共和国公民不分民族、种族、性别、职业、财产状况、宗教、信仰等,依法享有平等占有教育资源的权利。

目前我国一般意义上的教育公平涉及入学机会均等、学业成就平等、就业机会均等。然而由于教育资源短缺,导致教育需求矛盾突出,教育也只是一定程度的相对公平。市场经济在促进经济发展的同时,也促进了社会的分层,不同的社会阶层对教育有不同的需求。弱势群体的利益在整体社会中容易被忽视,因此为了保障低收入家庭的基本教育权利的实现,对低收入家庭在政府资助上应有所侧重。

只有教育财务行政从实际出发,有选择地对不同类型的教育给予不同程度的财政支持,使教育投资更具针对性,更富效益,国家、集体与个人之间的利益分配更趋合理,才能实现教育公平,教育及社会发展才能更加协调。

4. 促进教育稳定和发展

现代教育财务行政职能的有效扩展,拓展了教育规模,提高了教育水平。人们越来越确信,维系和发展教育是现代社会赋予政府的主要职能之一。

人口增长以及教育的大众化使教育需求日益旺盛。技术的发展,优秀人才的引进,设备的更新促使教育成本的上升。两者都进一步加大了对资金的需求。只有拥有足够的资金，才能保持教育的稳定，促进教育的进一步发展。

5. 监督管理职能

对教育机构的资金运行进行全面系统的监督管理也是教育财务行政的重要职能。政府对教育事业投入了大笔经费，其有效运行离不开政府部门的监督。加强对教育的监督是教育事业发展和教育管理自身的客观要求。

政府通过制定各种管理制度、收支政策和法规，如税收、财务和会计制度等，来保护、服务、监督、管理教育机构的财务活动，以维持教育发展的良好秩序，建立良好的教育发展环境，促进教育事业的整体协调发展。

监督管理首先表现为反馈性功能，通过信息的往返循环，对教育机构的经济活动进行有力监控。其次为完善性功能，通过信息反馈，洞悉到各教育机构资金运行中的困难，充分发挥各方面的潜力，帮助其解决问题，进一步改进教育工作。监督管理职能是教育财务行政的保障机制，也是其重要组成部分。

教育财务行政的各项职能是相互联系、相互依存的，对整个教育系统的正常运行有着不容忽视的作用。

二、教育经费及其来源

发展教育是需要资源的，包括人力资源、物力资源及财力资源，这些资源的货币形式就是教育经费。

按照中国现行的政府统计口径，有关教育经费的统计口径如下：全国教育经费，财政预算内教育经费，各级政府征收用于教育的税费，企业办学校的教育经费，校办企业、勤工俭学、社会服务收入中用于教育的经费。

（一）教育经费来源的历史沿革

教育经费来源即教育筹资渠道，也就是教育资金由谁提供，由哪里取得的。在不同的历史时期，由于政治、经济环境的不同，经费来源也是不同的。

1. 教育经费来源多元化的必然性

自中华人民共和国成立以来，我国教育机制经历了由计划机制向计划机制与市场机制相结合的演变过程。改革开放前，我国实行政府单一办学体制，三等教育（高等、中等、初等）的学校几乎全部由政府举办，政府是唯一的办学主体，在这种制度下，教育经费基本上全部由政府单渠道供给，并且按照计划机制来进行教育资源配置。

改革开放后，尤其是进入20世纪90年代，国民收入分配与使用流程发生重大变化。财政收入占国内生产总值（GDP）的比重逐年下降。在这种形势下，仅仅依赖财政就很难满足教育发展的资金需求。于是引导社会资金进入教育领域，促进教育发展就成了政府的一个必然选择。这样，各种社会力量办学的新体制形成，中国政府独家办学的格局被打破。在这种机制下，教育经费逐渐呈现多渠道供给的格局，而且在教育费用总额中，财政性教育经费所占比重不断下降。由于非政府力量的介入，教育资源的配置也就不能单纯地依靠政府计划机制,市场机制也开始发挥作用。

2. 教育经费来源多元化的理论依据

（1）谁获益谁投资原则。教育投资是一种可获得预期收益的投资。教育投资的受益者是多方面的,包括受教育者本人及其家长、工商企业、社会团体、代表整个社会的中央政府、代表各地的地方政府。这些单位及个人都从教育中获得了不同程度、不同类型的利益,根据"利益获得"原则,受益各方都应付相应的教育费用。

（2）按付款能力投资原则。教育资源最终源于国民收入,社会各群体通过初次分配和再分配占有国民收入。理论上讲,占有国民收入的主体就应当负担教育资源。但由于国民收入在分配上的不均等,使各群体的支付能力不同,教育资源的担负应根据付款能力的不同确定相应的程度与比例。

（3）公平原则。目前我国实行非义务教育收费机制,以此作为筹集资金的一种措施,学校收取一定的学费,可以使经费总量有所增长,为更多的人提供上学的机会。在宏观层面来看,教育收费政策有助于教育公共资源在社会成员中的公平分配,使更多的人享受教育的权利。

（二）资金来源

《中国教育改革和发展纲要》明确提出,要逐步建立以国家财政拨款为主,辅之以征收用于教育的税费,收取非义务教育阶段学生学杂费、校办产业收入、社会捐资和建立教育基金等多种渠道筹措教育经费的体制。

现阶段我国教育财务行政逐步形成财、税、费、产、社、基多元筹资体制,即以政府财拨款为主,多元化多渠道筹措教育经费。

1. 国家财政拨款

国家财政拨款是教育经费的主要来源,是教育事业单位为开展专业活动等从上级教育财政部门领取的款项。主要由教育经费拨款、科研经费拨款、其他经费拨款等组成。

财政拨款主要指财政预算内教育经费,即列入国家预算支出,中央、地方各级财政部门在本年度内安排、调拨到教育部门等主办的各级各类学校、教育事业单位的教育经费。包括教育事业费,教育基建投资,部门事业费中用于中专、技校的经费,部门基建支出用于大学、中专、技校的经费,预算内专项资金及其他教育经费。

2. 各级政府征收用于教育的税、费

各级政府征收用于教育的税、费:中央和地方政府指定机关,专门征收并划拨给教育部门使用的,用于发展教育事业的资金。

征收城乡教育费附加,是国家为发展基础教育而制定的一项特别扶持政策。《中国教育改革和发展纲要》做了明确规定:进一步完善城乡教育费附加征收办法。凡缴纳产品税、增值税、营业税的单位和个人,按三税的2%～3%计征城市教育费附加;农村教育费附加征收办法和计征比例,由省、自治区、直辖市政府制定。以上所筹经费主要用于普及九年义务教育。地方政府可根据当地教育发展的情况、经济水平和群众承受能力,开征其他用于教育的附加费。

为了适应税费改革并不断提高对义务教育的投入,并防止加重城乡居民的负担,自

1994年以来,规划了城乡的计征比例,并落实了征收部门。全国对城市教育费附加一律按"增值税、营业税、消费税"的3%计征,对农村教育费附加则统一按上年农民人均纯收入的1.5%~2%征收。同时进一步明确规定了城市教育费附加由税务部门组织征收,农村教育费附加由乡镇政府组织征收,对于一些经济欠发达地区的农村教育费附加的征管办法改为乡征县管。这一措施基本保证了城乡教育费附加的稳定征收和增长,成为重要的财政性教育经费来源。

3. 对非义务教育阶段学生收取学费

《中国教育改革和发展纲要》提出要提高非义务教育阶段学生学费标准,并且按不同情况确定义务教育阶段学校杂费收费标准。同时要创造条件,鼓励和支持学生勤工俭学,对家庭确有困难的学生,可减免学杂费或提供贷学金。2005年12月,国家教委颁布的《中共中央 国务院关于推进社会主义新农村建设若干意见》规定,到2007年全国农村普遍实行义务教育阶段学生免收学杂费的政策,逐渐形成了义务阶段不收学费的改革思路。各级各类学校在核定非义务教育阶段学生生均培养成本的同时,相继制定了非义务教育学校培养成本的分担标准和办法。这一体制的建立缓解了教育经费短缺的情况,进一步深化了教育改革,实现了办学机制的转变,满足了社会消费观念的要求。教育成本分担机制的建立,不仅丰富了教育经费来源,而且增强了学生的成本意识,提高了学习责任感。非义务教育阶段学生收取学费的机制,尤其是高等教育收费,在长远宏观的角度来看,利于教育资源的公平分配,但从现实微观的角度来看,对低收入家庭的学生造成沉重负担,产生了不利影响。因此,在实行高等教育收费的同时,必须有配套的资助政策和制度,如国家助学贷款、低收入家庭子女学费减免政策、奖学金、助学金等,即"奖、贷、助、补、减"五项措施为主的贫困学生资助制度。只有收费制度与助学政策相结合,才能在保障教育经费的同时又保证教育公平。

4. 发展校办产业,开展勤工俭学和社会服务

校办企业、勤工俭学和社会服务收入也是教育经费的重要来源。现在我国已有很多大学创办了自己的企业,并取得了成功。社会服务的收入也很丰厚,如学校经营房地产,医院对外服务,运用校内设施设备对外服务,产品销售等获取的收入,推动教育更好地面向经济建设主战场,加快产学研结合和科研成果转化,以弥补学校办学经费不足。

5. 集资办学和捐资助学

农村集资办学是更好地发展农村义务教育的有效措施,依靠人民,充分调动广大人民办教育的积极性,是发展我国农村教育的成功经验。随着经济发展,我国国民收入分配格局已明显向企业和个人倾斜,有能力捐资办学的企业、个人潜力很大。

国家法律允许和鼓励集资办学,但必须坚持自愿原则。对于各种社会力量及个人在自愿、量力的原则下捐资助学也予以鼓励。学校获得的捐助主要包括两部分:一部分为特别捐赠,即指定用途的捐赠,如取得土地设备设施的捐赠,奖学金或作为奖学基金的捐赠等;另一部分指一般捐赠,不指定用途。

6. 教育基金

教育基金是由社会捐资设立,由专门机构进行投资运作,投资收益用于资助教育事业的基金。改革开放以来,作为我国一种教育筹资的重要渠道,教育基金得到了迅速发展,成为我国筹措教育经费的重要方式之一。最初教育基金主要从各级地方政府征集和拨款而来,

目前已初具规模。从中央到地方各级政府均出台相应的政策筹集教育基金,企业、社会团体、个人乃至来自海外的人士也纷纷慷慨解囊,设立专项教育基金。我国教育基金的发展为教育发展提供了坚实的经济基础,有效地缓解了教育经费投入不足等问题。

近年来的教育经费来源数据表明,财政预算内教育经费所占比例整体呈下降趋势,学费和杂费所占比例稳步上升,社会团体和公民个人办学经费的比例也呈增加趋势,而社会捐资和集资办学经费的比例不稳定。这一阶段的实践证明,在发挥国家财政投入主渠道作用的同时,通过多渠道筹措教育经费,是符合我国发展教育的实际情况的。

三、教育经费的使用和分配

(一) 教育经费的使用

合理有效地使用教育经费是教育财务行政管理的最终目的。

1. 教育经费的使用成效

20世纪90年代以来,以政府拨款为主,多元化多渠道筹措教育经费的体制,为中国教育的发展筹备了大量的教育资源,促进了教育事业的蓬勃发展。

(1) "两基"工作取得显著成效。普及九年义务教育和基本扫除青少年文盲(两基)是推进社会主义全面进步的基础。为了促进贫困地区实现普及九年义务教育,国家实施了"国家贫困地区义务教育工程"和"贫困地区义务教育助学金",资助贫困地区处于义务教育阶段的贫困生,使大量贫困地区的失学和辍学儿童得以完成义务教育。另外,极具影响力的"希望工程"也援助了大批贫困地区的失学儿童,使他们重返校园。

(2) 高校扩招和高等教育大众化。国务院确定的高等教育大众化、高等教育大规模扩招政策,推动了我国高等教育的快速发展,改善基础教育环境的同时,也激活了高等教育自身的改革。高校扩招缓解了制约基础教育的高考瓶颈,改善了中小学教育的氛围,并在一定程度上缓解了长期以来高等教育供给不足和社会需求旺盛之间的矛盾。在解决扩招面临的资金严重短缺问题上,国家相继出台了一系列指导性改革政策,加大了教育投入,保障了高校扩招的顺利执行。

2. 教育经费使用中的问题及解决措施

目前我国的教育经费使用存在两方面的问题,一方面教育经费短缺;另一方面教育经费使用效益低。首先,在教育结构布局上,宏观效益差。高等学校布局不合理,低水平重复;基础教育学校规模小而全,无规模效益可言。这都降低了教育经费的使用效益。其次,在学校内部经费的分配使用上,微观效益差。一些学校人员配置不合理,人浮于事;教学仪器、实验设备和资料得不到充分利用,成为摆设。最后,学校教育经费使用管理方面也存在问题,重投入轻产出、重数量轻效益现象屡禁不止,对教育经费的审计与监督力度不够,浪费与不合理开支的现象经常发生。

针对上述问题,需采取如下措施来规范教育经费的使用,使有限的教育资源得到合理的利用。

(1) 统一管理各种来源的财政性教育资金。一般税收中拨付的资金、教育费附加投入、预算外收入等资金需放在一个账户内统一管理。对一些学校拥有使用权的预算外资金,财政要采取既保证其使用权又防止其滥用的管理办法。

（2）形成统一的部门预算。编制预算时，应先由教育部门在客观标准基础上提出预算申请，然后由财政及计划部门根据财力情况，平衡需求与供给，并由其编制教育经费预算，纳入国家预算，报人大审议批准。

（3）监督教育投入资金的使用情况。我国现阶段的教育财政投入监督在一定程度上存在滞后性、单一性，还只是一种被动的事后监督，未发挥应有的整体作用。因此，要提高监督效果，应运用科技手段改善监督方法，建立财政本身的监督机构，审核资金的拨付及使用状况，对教育拨款要采取政府审议和人大监督的形式。

（二）教育经费的分配

教育资源是短缺的，人们对教育的需求是无限的，要解决教育资源短缺和人们需求旺盛的矛盾，就要把有限的教育资源以科学合理的比例分配到教育系统的各部门，使之得到充分、有效的使用。

义务教育属于公共产品。义务教育是一种具有强制性的教育，每个家庭有义务让子女接受教育，而其强制性决定了政府应免费提供义务教育，否则，父母可能因为家庭贫困而无法承担子女受教育的费用。因此，义务教育是一种强制性的免费教育，其供求由法律调节，不能由价格和市场供求调节。

市场机制对非义务教育、高等教育、职业技术教育资源配置的作用，其主要表现并不是在学费上，而是招生数量、层次和专业结构及调整，乃至课程等，要考虑未来劳动力市场的需求，这是因为这类教育的学生毕业后要通过劳动力市场就业，其出口就是劳动力市场。

改革开放前，我国教育经费的分配方式是中央财政拨款，地方管理，教育部门使用。改革开放后，我国财政体制进行了深入改革，提出财务管理分级负责。基础教育由中央、省政府和地方财政共同承担政府投资责任，以地方政府为主，中央和省政府以转移专项资金形式进行补助。高等教育实行"综合定向加专项补助"的分配方式，由中央和省、自治区、直辖市两级管理。对于教育部直属高校及其他中央部委所属高校的拨款，由财政部划拨给教育部及其他部委，再由他们分配给高等学校，而地方所属高校拨款则由省级财政部门划拨。

我国的教育经费使用与分配存在明显脱节，教育事权与财权分离，使教育管理部门的计划、预算、分配、监督的宏观调控职能得不到充分行使，学校之间、地区之间的余缺难以调剂。

相关链接

我国教育经费筹措与分配中存在的主要问题

一、我国教育经费筹措中存在的主要问题

目前我国实行以国家财政拨款为主，以征收用于教育的税费，收取非义务教育阶段学生学杂费、校办产业收入、社会捐资和建立教育基金等为辅的多种渠道筹措教育经费。在该体制的指导下，我国的教育经费筹备取得了良好效果，同时也存在许多问题，阻碍了教育事业的健康发展。教育经费筹措中存在的主要问题表现如下。

（一）教育财政投入比例偏低

《中华人民共和国教育法》规定，国家财政性教育经费支出占国民生产总值的比例应当随着国民经济的发展和财政收入的增长逐步提高。近年来，随着经济的快速发展，国家财政收入迅速增加，国家财政性教育经费也有较大增长，但其增速低于国家财政收入增长，且增速也有所减缓，不符合教育发展的需求。

《中国教育改革和发展纲要》(1993)提出，财政性教育经费支出占GNP的比重，20世纪末达到4%的战略发展目标，但目前还未达到目标，并且与欧美发达国家甚至是发展中国家平均水平相比也有很大差距。

政府在教育预算中应该加大教育投入，改善财政性教育经费在教育经费中下降的情况，确保财政性教育经费增速快于财政增速，从而为我国的教育事业健康发展提供充足的经费支持。

（二）教育收费不规范

教育收费是教育资金来源的一个重要渠道，目前教育收费额占到我国教育支出的一定比例，但教育收费不规范，存在严重的乱收费现象。2005年9月，在发改委公布的全国价格举报的六大热点中，教育乱收费居于首位，而且教育乱收费致贫现象也越来越严重。

（三）预算制度不完善

目前我国对教育资金来源预算控制不严格，没有在一个统一制度内管理财政一般收入、教育费附加收入等，使得政府财力分散，大量财政收入游离于预算之外。目前我国的教育预算实行功能性预算编制方法，通过不同的行政渠道，编制、下达教育经费，造成财政部门不能全面了解教育部门的资金需求，也不能有效控制资金的使用。

（四）各级政府负担的教育投资比例不合理

据义务教育阶段各级政府教育事业费支出统计：中央政府约占2%，省政府占11%，而县政府承担了9%，乡村承担了约78%的支出。中央和省级政府负担比重过小，是造成我国教育经费短缺的主要原因之一。

这种情况主要是因为中央政府与地方政府在为各级各类教育机构筹资时，未能明确规定各自应承担的责任，而出现了越位、缺位现象。

（五）教育经费来源稳定性差

我国教育经费来源受很多因素的干扰，除了经济增长状况的正常影响外，许多政策和人为因素也会对教育经费来源产生影响，严重影响了经费来源的稳定性，阻碍了我国教育事业的发展。农村地区的筹资办学就反映了这一情况。农村筹资办学在很大程度上推动了我国农村教育的发展。但随着国家减轻农民负担的政策出台，许多地方便盲目地取消了教育筹资，对农村筹资办学产生了很大影响。由于计算经费口径不一和观察问题角度、价值观不同，到现在，教育部门和其他职能部门之间就教育经费方面的一系列问题仍有分歧。这种情况直接影响教育经费的增长和教育事业的发展。

（六）筹资行为监督不力

教育经费是保证教育活动正常运行的基本条件，只有教育经费充足才能保证教育活动的正常运行，但这并不意味着教育经费越多越好。如果教育领域占用了过多资源，就会制约其他方面的发展，同时也会影响教育经费的利用率。因此需要监督各教育筹资主体的行为，确保教育经费适度投入。教育筹资的监督主体主要包括各级人大、政府教育部门、各级各类学校、公众和舆论等。他们主要对教育筹资的来源与结构、政府用于教育经费的数量以及教育筹资主体所筹经费的用途等进行监督。

当前我国教育筹资主体存在许多不规范行为，需要加强监督。例如，在教育资源整体短缺的情况下，部分地方盲目扩大教育投资规模。一些学校超出自身能力搞基础建设，造成的经费缺口则以收费的形式转嫁给学生家长。

高等教育阶段教育筹资中的不规范行为更为突出，如拖欠学费、逃避还助学贷款等。参与教育筹资的民间力量也存在不规范行为，一些非营利组织尚无完善的法律体系规定来加以约束，导致管理缺乏规范性。

对中国教育筹资主体行为实施监督是一项复杂的工作，不但要加强各教育筹资主体的自我约束，同时也要实现主体之间的相互监督。

（七）对各主体参与教育筹资的激励不足

政府参与教育筹资是为了满足社会对教育的公共需要，实现教育机会均等。然而政府是由个体组成的集体机构，政府职员的个人追求目标包括薪水、公共声誉、权力、任免权等，很明显，内部职员的行为偏好使得政府的教育筹资具有了私益色彩。因此，政府在教育筹资过程中会出现行为偏差。为了激励政府职员的教育筹资行为，可以将教育筹资责任履行情况与政绩考核挂钩，政绩显著的职员可优先晋升，给予一定的物质、精神奖励。

企业进行教育筹资是为了追求经济和非经济利益的最大化。因此企业只会为那些能给它带来较好经济或非经济效益的教育服务筹措资源。所以可根据各地经济发展情况，结合产业结构调整，综合运用税收、财政补贴、社会舆论引导等方法，激励企业为教育筹集更多资金。

受教育者个人进行教育筹资，一方面是为了增进知识、提高技能，以期在将来获得较高的收入；另一方面，通过接受教育获得心理满足和精神上的享受。个人的教育筹资量与家庭经济实力相关，我国非义务教育阶段学费增长过快，给许多不富裕的家庭带来沉重负担，抑制了受教育者及其家庭的教育筹资热情。为此，要激励广大受教育者的教育筹资热情，必须完善资助体系，控制学费水平，保证受教育者的教育收益率。

学校参与筹资是为了延续学校的存在，学校在很大程度上依赖于学费收入与财政拨款，自主创收能力弱。为了增强学校自主创收的动机，要加强对学校收费的监管，改变政府的拨款形式，确定合理上限，促使学校寻找新的筹资渠道。

（八）教育成本分担体系不完善

根据高等教育的发展情况，高等教育收取一定的学费是必要的，也是应该的，问题在于如何确定收费标准。在将教育成本分担机制引入高等教育后，不断提高的学费引起很多不满。学费标准的确定要综合考虑合理的成本分担比例和居民的承受能力，在实施的过程中要有配套体系，如教育救济政策和完善的教育金融机制等。

（九）思想认识、理论支持和法律保障不足

理论上的混乱直接影响了教育筹资与教育发展。当前，我国教育界对教育产业化的担忧造成许多教育投资项目不能很好地实施。不能正确理解教育产业化，阻碍了其在实践中的正确实施，对教育发展产生不良影响。

二、我国教育经费分配中存在的主要问题

教育财务行政的分配合理与否，在很大程度上反映了一个国家的教育事业结构及其重

点的选择,影响着教育事业的整体面貌。事实证明,即使在教育经费比较充足的情况下,如果分配不合理,也会成为社会经济发展的阻力。现阶段,我国教育经费的分配基本上是科学合理的,但仍不免存在一些问题。

(一)教育经费在三级教育间的分配比例不合理

财政预算内教育拨款在三级教育中的分配,反映了教育资源在教育系统内的分布情况,也表明了国家对各级教育的支持力度。国家教育投资的结构比例应与教育、经济的发展变化相适应。

当一个国家或地区经济教育发展水平不高的时候,投资基础教育能以最小的投入获得最大的产出。与基础教育不同,高等教育所传授的知识对受教育者来说是一种比较特殊的资本,即人力资本,它为个人所直接拥有,为受教育者带来种种收益。按照"谁投资,谁受益"原则,在一定程度上可以由受教育者进行成本负担,而将有限的教育经费更多地用在初等、中等教育上。

由于中等、初等教育投资的社会效益高于高等教育,因此,在发展中国家,最迫切需要发展的是中等教育和初等教育。所以三级教育投入的分配结构应该是初等教育投资比例最高,中等教育投资比例其次,高等教育投资比例最低,呈"金字塔"形。按照国际通用标准,当人均GDP标准为600~2000美元时,初、中、高三级教育经费的分配比例应为40.5%:29%:17.9%,生均教育经费之比大致为1:2.5:9.2,这虽然不是绝对比例,但至少应该代表一个发展方向。

近年来,我国加大了对九年义务教育的财政投入,公共财政教育投入也部分退出,但高等教育仍逐步扩张,初等教育相对萎缩,出现对高等教育投入比重偏高,对初、中等教育投入不足的现象。

可见,我国教育资源的分配效率较低,高等教育投入过高是以挤占部分中、小学教育经费为代价的,这既违背了公平原则,又损害了效率。

造成这种状况的基本原因有以下两个方面。一是一直以来对不同阶段的教育,实行无差别的财政支出政策。研究表明,随着教育层次的提高,教育投资收益率下降。其中初等教育的社会收益率为18.4%,中等教育为13.1%,高等教育为10.9%;初等教育的私人收益率为29.1%,高于中等教育和高等教育的18.1%与20.3%。由此看来,国家财政应把教育经费更多地应用到社会收益率更高的初等、中等教育上。而我国却在教育资源短缺的情况下,对三级教育实行无差别的财政支出政策,甚至偏向于高等教育,使得教育资源在三级教育间的配置比例失衡,基础教育经费短缺。二是教育事权职责与现行政府间财力分配格局的划分不对称。中央、省级财政收入在整个财政收入中占绝对支配地位。而在国家教育投入分配格局方面,中央财政占的比例很小,地方财政占的比例很大,并且中央、省级财政的教育事业费用在义务教育的很少,只承担补助贫困地区、少数民族地区的责任,却大部分用于高等教育,基础教育投入的职责大部分留给了基层政府。这种教育财力分配格局与教育事权职责划分的不相称,是初等、中等教育经费不足的原因之一。

(二)地区间教育投入分配结构不合理

由于我国地区间经济发展水平各异,地方政府财政能力和居民经济能力差别大,导致了地区间教育投资水平的巨大差异。总体来看,东部的教育投资高于中西部,城市高于农村。相对应的,教育和经济发展水平也呈现东西部之间、城乡之间的层次差异。

1. 东部沿海发达地区同中西部不发达地区之间差异明显

改革开放以来,由于我国实行了非均衡区域经济发展战略,再加上自然、历史、政策和体制等诸多因素的影响,东中西部经济发展水平与财政实力的差距不断扩大。

在教育经费提供上,几乎全部的基础教育拨款和占高等教育总投资近一半的地方高等院校的拨款都是由地方政府提供的。我国各地方经济发展水平的差异,使得各地区投入资金能力存在很大差异。而且,在财政体制改革过程中,在划分政府间教育财务行政职责的同时并未相应地建立规范地教育财政转移支付制度,缺乏必要的教育财务行政机制平衡与协调国家财政,教育经费支出的地区差异更显突出。

2. 城乡之间教育的投入存在明显差距,尤其是基础教育

我国有80%以上的小学、64%以上的初中是在农村的。在国家对教育投入总量既定的前提下,城乡的教育投入存在着此消彼长的关系。按照公平原则,城乡学生的生均政府教育投入应当相等。但实际情况并非这样,我国城乡教育的投入结构很不合理,使得农村教育资金严重不足。

在2001年发布的《关于基础教育改革与发展的决定》中提到,在农村实行"在国务院领导下,由地方政府负责、分级管理、以县为主"的基础教育管理体制和财政体制。这一政策的提出,明确地将农村基础教育的责任主体由农民转交给政府。但从近几年的实施效果来看,该政策并不能切实保证农村基础教育的实施。目前主要还是由农民自己负担农村义务教育的投入。在全部投入中,中央财政只负担了2%,省地负担约11%,县财政负担约9%,而乡镇一级的负担高达78%左右。主要原因在于基础教育责任与政府间财力不对称。在我国当前的财力分配格局中,中央和省级政府只承担很小的基础教育责任,却掌握了主要财力;而县乡政府财力情况相比较差,却承担了大部分的基础教育责任。因此,只有完善农村教育投资体制,增加中央和省级财政对农村教育的投入,才能缓和城乡之间教育的投入差距。

教育经费的投入合理与否,在很大程度上影响着教育的发展。针对上述问题,应该及时采取有效措施,促使教育经费科学合理的分配,使有限的教育资源取得最大限度的收益。

资料来源:栗玉香.公共教育财政制度:生成与运行[M].北京:中国财政经济出版社,2004:94;钟泽胜.中国教育财政投入政策研究[J].山东社会科学,2008(1):129-133.

第二节 教育财务行政制度与管理

教育财务行政制度是政府利用公共权力配置教育财政资源的制度安排。其根本目的是为最大限度实现教育公共性,满足公众在教育领域内的公共需要。教育财务行政理论、教育公共性、教育产品属性是教育财务行政制度构建的依据。教育财务行政的目的是实现教育

的公共性,教育产品的属性决定了政府为教育提供财政资金的义务和责任,教育财政支出方式的选择决定了教育财务行政的运行。从财政支出的角度看,教育财务行政制度是以公共财政体制为基础,配置教育财务行政资源以最大限度满足教育公共性的制度安排。

一、我国教育财务行政制度的基本内容

教育财务行政制度包括教育财务行政支出制度、教育财务行政收入制度、教育财务行政管理制度三个部分。具体划分为教育预算制度、教育税收制度、教育会计制度、教育决算制度、教育审计制度、教育财政转移支付制度等内容。

(一)教育预算制度

教育预算是国家预算的重要组成部分,是政府和各级教育机构的年度教育财务行政收支计划,确保在恰当时候能获得完成教育计划所要求的一定数量的资源。合理准确的教育预算是整个教育事业良好发展的必要前提。

1. 预算过程

预算过程包括规划、系统阐述、递交、管理和评价几个过程。

(1)规划。在预算规划过程中,应考虑的因素有需求、计划目标、实现目标的选择性途径、对成本效益进行选择等。

(2)系统阐述。在表述预算时,应听取多方意见,将资金的使用途径公开化,确定教育预算的时候吸纳相关人员的建议。

(3)递交。确定预算的根本理由是学校递交预算的一个关键部分。为能顺利地得到国家的预算拨款,管理者应该能够明确地表达出有力的理由。

(4)管理。各教育机构都有相应的监督机制对学校预算进行管理,确保资金的科学合理使用。

(5)评价。学校预算通常分为很多种,如计划、功能和目标等。在评价过程中,评价者应注意的问题是:预算对目标实现到何种程度才意味着完成;该怎样判断目标和目的的实现;使用的方法是不是达到目标的最有效方法。

2. 预算组成

教育预算分为预算收入和预算支出两部分。预算收入保证了教育财务行政支出的顺利实现,是预算支出的前提保证。我国的教育财务行政支出预算主要可分为以下三个方面。

(1)中央预算。中央政府的管辖范围是整个中国,其预算范围具有全国性。因此,中央预算对全国性教育财务行政支出进行预算。

(2)省级预算。省级政府的管辖范围是全省,其预算范围是省级地方性的,对省级地方性教育财务行政支出进行预算安排。

(3)县级预算。县级预算范围是全县地方性的,对全县教育进行预算安排。现行的财政预算中市级预算在教育财务行政级次预算制度中起辅助性地位。另外在中央政府和省级预算中不仅要反映教育的总支出,还要反映出初等、中等、高等教育三级教育的支出比例和支出数量。

目前,我国的国家预算具体运作程序仍处于不规范中,主观因素太强,法制和制度的规范约束作用相对较弱。因此,为了保障国家教育预算的顺利运行,需要进一步规范预算制度,强化政府教育预算的法律性、归一性、公开性、计划性、政治程序性和制度性。

(二) 教育税收制度

教育税收是国家从国民收入中征收的用于发展教育事业的税赋,是一种国家专项税种。教育税收制度是关于征收教育税的各种准则和规范。教育费附加不是国家所明确规定的、严格意义上的教育税收,但自从开始征收教育费附加,它实际上就有了教育税收的性质,为国家开征教育税奠定了基础。从长远来看,要保障教育发展的经费需求,除了增大对教育财政资金的拨付外,还要有计划地开征教育税。

2004年2月5日,财政部、国家税务总局出台了《关于教育税收政策的通知》,对教育事业税收优惠做了全面规定。从内容看,整个文件涉及12个税种,即增值税、营业税、企业所得税、个人所得税、房产税、城镇土地使用税、印花税、耕地占用税、契税、农业税、农业特产税和关税。

目前我国的教育税收制度存在的问题主要表现在以下几个方面:首先,在调整的范围上存在空白;其次,在教育捐赠方面,只有间接捐赠才能享受税前扣除的优惠;最后,在优惠对象上,对教育机构优惠多,对受教育者优惠少。

(三) 教育会计制度

教育会计,全称为教育单位会计,是以货币为计量单位,运用会计的基本理论和方法,核算和监督教育单位的资金来源、使用及结余的分配情况,并向有关单位或部门提供会计信息的教育行业专业会计。

1. 教育会计目标

教育会计的总体目标是向教育单位的管理者和其他部门报告社会效益与经济效益双重的会计信息。

首先,核算和监督教育资金的来源、使用情况,科学合理地控制资金,做到节约使用教育资源。

其次,及时正确地计算教育成本,核算教育费用的发生情况,为国家教育投入宏观政策决策、社会大众、学校收费标准提供教育成本方面的信息。

最后,按国家有关政策规定,核算资金结余,进行结余分配,向有关部门和会计信息的使用者,报告经济效益和社会效益的实现情况。

2. 教育会计对象

对于教育事业单位而言,会计核算围绕着预算资金收支所发生的经济活动进行,其会计对象是预算资金的收支及增减变化情况。对于教育企业单位而言,会计核算围绕着自收、自支资金所发生的经济活动进行,其会计对象是自支、自收资金及其增减变化情况。可见,教育单位的会计对象是教育单位的财务收支及其所形成的资产、负债和净资产的增减变化情况。

3. 教育会计等式

会计等式是各种会计要素具有的价值量形成的一种数量等式关系。通常情况下的会计等式为：资产＝负债＋净资产＋收入－支出。

对于教育企业单位而言，它对教育单位的投入实质是一种资本性投资，以实际经济利益为目标，要求业务活动的收入扣除支出后，还有利润。因此其会计等式为：资产＝负债＋资本；收入－支出＝利润；资产＋支出＝负债＋资本＋收入。

（四）教育决算制度

教育决算又称教育年终结账，是教育行政事业单位依照法定程序，根据年度预算的执行结果，编制教育决算的准则与规范，包括有关的原则、规章、程序及要求等，用于反映教育预算执行结果的年度会计报告，是国家决算的重要组成部分。根据该制度可以检查发现教育财经管理中的成绩和问题，是有关部门研究、制订相应对策和措施的重要依据。

基本编制过程为以下几步。①教育部门或单位进行年终财务清理，完成年度结算工作。与财务部门核对清理各种款项；同上级主管部门核对各项拨款、缴款数目。②编制财务决算报表。资金开支渠道分明，数字准确，内容真实，账表相符，表表相符。③进行决算分析。按照上级主管部门的统一要求撰写文字说明。经本部门或本单位权力机构审查通过决算报告后，报上级主管部门审批。根据决算的编制单位层次的不同，可分为国家、地方、单位等级别的决算。

教育决算可以规范各种教育决算活动，使其有章可循；同时应预防教育决算过程中的各种违规行为，提高教育决算的可信度。

（五）教育审计制度

国家审计从一开始，就对掌管国库以及国家其他财物的各级官吏负有"考其出入而定刑赏"的监督职责。在历代政治制度的沿革和演进过程中，审计监督制度同御史监察制度一直保持着较为密切的关系。

教育审计是国家专职审计机构依法对教育部门的财经活动进行审核、评价的财经监督的行为。通过教育审计可以审核、评价教育部门或单位财经活动的真实性、合法性、有效性，健全财政管理制度，提高教育经费的利用率。

根据审计时间的不同，可以将教育审计分为事前审计、事中审计和事后审计。事前审计即在经济责任关系确立之前，对经济责任关系主体的资产、负债、损益的相关情况进行审计，以保证经济责任关系各方合法、正确地确定有关方案和合同，保证经济责任的合理性、有效性，维护有关经济责任关系的合法权益。事中审计，也叫任中经济责任审计，一般指在经济责任人任职期间对其进行的审计。事后审计也叫离任经济责任审计，是指在终止经济责任关系或相关负责人调离所在部门后，对其履行经济责任情况进行的审计。

教育审计的实施原则是：按照国家有关财经政策法令和规章制度，采用专门的程序和方法，对教育部门进行财政财务审计，财经法纪审计、经济效益审计，加强宏观控制和管理，贯彻执行党的教育路线、方针、政策。

教育审计的实施机构是审计署和各省(市、自治区)、地(市)、区审计局以及教育部门内部的审计机构。它们分别对国家教育行政部门和地方各级教育行政事业部门、单位进行审计监督。

教育审计工作的关键在于严格依法办事,加强对各项教育经费的审计监督,保证教育经费"源头"畅通。

在强调审计是服务的同时,也不能忽视审计监督的执法职能。运用审计监督手段开展教育专项经费的审计检查,核查教育经费的到位情况,落实教育经费投入政策。只有加强审计监督,才能保证审计执法的严肃性、强制性,促使教育经费足额到位,提高教育经费的使用效益,这也是对教育最大的服务。

(六)教育财政转移支付制度

中央政府从1995年开始实行教育性财政转移支付制度,以此来适应分税制改革解决贫困地区教育发展资金问题。教育财政转移支付制度以公共预算为前提,是保证政府对教育资源配置进行调控的重要工具,其目的在于促进区域间乃至全国教育均衡发展。

随着这一制度的实施,转移支付范围不断扩大,数量逐年增加,促进了贫困地区的教育发展,并在一定程度上体现了教育公平。

教育财务行政是一项专业性、技术性和政策性都极强的工作,要求工作人员具有良好的政治素养、丰富的文化知识、深厚的专业知识,唯有如此,我国的教育财政工作才能更加科学,富有效率。

二、当前我国的教育财务行政体制

(一)我国构建教育财务行政体制的背景

我国"十五"计划提出建立逐步适应社会主义市场经济要求的公共财政框架,在第三次全教会时提出,政府的教育拨款主要用于保证普及义务教育和承担普通高等教育大部分经费。地方各级政府要确保义务教育的资金投入并做到专款专用。非义务教育阶段,要适当增加学费在培养成本中的比例,逐步建立符合社会主义市场经济体制和公共财政体制的财政教育拨款政策和成本分担机制。这为我国教育财政体制改革指明了方向。

1. 社会主义初级阶段的中国教育基本国情

随着经济的发展,我国的教育改革明显滞后,表现为教育不适应社会、经济发展,主要原因在于我国的综合国力和财力还比较弱,财政方面还存在着许多难题。

1995年3月18日,国务院颁布了《中华人民共和国教育法》(简称《教育法》),从法律上明确了教育的地位:教育是社会主义现代化建设的基础,国家保障教育优先发展。

随后,以江泽民同志为核心的第三代领导集体,高举邓小平理论旗帜,确立科教兴国战略,对教育的改革和发展产生了巨大和深远的影响。作为社会主义现代化的基础工程,教育适度超前、优先发展的概念确立起来,教育的地位空前提高。

2. 市场经济体制的逐步建立

市场经济体制的确立推动了教育体制的变革。市场经济体制的建立要求中国的教育体制与运行机制和经济体制改革相一致,摆脱以前的计划经济模式,向适应市场经济转换,教育应该进行一系列从观念到体制、从宏观到微观的改革。再者,中国的理财思想也随着市场经济体制而改变。市场能干好的,财政一般不要干涉;对于市场干不好的,财政才应积极介入。

3. 公共财政体制的构建

1998年,我国政府正式提出了建立公共财政体制的目标。该目标的提出,促进了长期存在的财政缺位和越位现象的解决,使得构建与市场经济相适应的财政管理体制具有极其重要的意义。2000年我国财政工作会议提出要加快建立与市场经济相适应的、与国情相结合的财政体系。

(二)我国教育财务行政体制的生成轨迹

我国教育财务行政制度的生成经历了较长过程,包含了不同时期教育财务行政和财政制度改革,其生成过程分为萌芽、初创、成型三阶段。

1. 萌芽阶段

教育财务行政制度萌芽于计划经济的集中财政体制下(1949—1980年),表现为以下两个方面。

(1)政府"先经济后教育"的教育财务行政资源配置理念,反映了政府在资源配置方面对教育的价值取向及对教育内部不同层次的价值取向。这意味着在国计民生的安排中,教育不断被边缘化;当经济衰退的时候,教育和教育经费总是被消减的首要对象。

(2)教育公共性的出现与政府教育财务行政职能的缺位。教育面向社会大众开放和普及小学教育目标的提出,以及政府对公共教育确立相应的投资管理政策标志着教育公共性的初现。在同一时期,国家经济建设制约着政府财政职能,财政的越位造成了教育财务行政的缺位,主要表现为教育经费短缺,政府教育财政投入法律约束力度不够,随意性大。

2. 初创阶段

教育财务行政制度初创于我国计划经济到市场经济转轨以及社会主义市场体制建立和发展阶段(1981—1998年)。这一阶段的主要特征为以下几个方面。

(1)教育优先发展的教育财政配置理念。政府的财政资源配置理念出现本质变化,提出"教育优先发展"和"要像抓经济工作那样抓教育"概念。

(2)政府教育财务行政投入走向制度化。教育地位的提高,使得教育投入问题越来越受关注。《中国教育改革和发展纲要》做了以下具体规定。首先逐步提高国家财政性教育经费支出占国民生产总值的比例,20世纪末达到4%。其次,各级政府必须认真贯彻《中共中央关于教育体制改革的决定》所规定的"中央和地方政府教育拨款的增长要高于财政经常性收入的增长,并使按在校学生人数平均的教育费用逐步增长"的原则,切实保证教师工资和生均公用经费逐年有所增长。

(3)教育的公共性进一步得到体现:教育财务行政转移支付制度的建立;国家财政用于教育支出的比例不断增长;入学人口比例逐年提高。

(4)教育财务行政内部配置的错位,表现为三级教育财务行政配置不合理,地区之间的不平衡,农村教育受冷落。

3. 成型阶段

教育财务行政制度成型于我国财政体制改革走向建立财政框架过程中(1999年至今),

财政职能发生了根本性变化,政府财政支出的越位和缺位问题正逐步改善,政府在教育财务行政支出方面实现了制度性的归位,对教育财务行政制度的形成起到了关键性的作用。这一阶段的主要特征表现为以下几方面。

(1) 教育"重中之重"的教育财务行政配置理念。对教育产品性质的界定,促使政府教育财务行政支出可以根据教育产品公共性和公共性程度的不同进行投资重点的选择。

(2) 地方政府教育财务行政责任的明确。为了解决农村基础教育财务行政投入不足现象,中央政府决定实行"以县为主"的基础教育管理体制,同时将政府教育财务行政投入重心上移,确定了各级政府在基础教育中的责任,以保证基础教育公共性的实现。

(3) 社会弱势群体教育财务行政救助制度的出现。教育财务行政制度转移支付制度促进了教育均衡的实现,更充分体现了政府财政支出的公共性。

(4) 公民教育权利平等与财政支出绩效受到关注。在基本完成"普九"任务之后,人们开始关注区域内、城市间教育资源非均衡问题以及平等享有优质教育资源的问题,重点学校制度受到抨击。

(三) 当前我国教育财务行政体制具体内容

1993年2月,中共中央、国务院颁布了《中国教育改革和发展纲要》(简称《纲要》)。《纲要》指出,增加教育财政投入是真正贯彻和落实教育战略地位的根本性措施,各级政府、社会各方面和个人都要努力增加对教育的投入,确保教育事业的优先发展。为了保证这一措施的实施,《纲要》进一步提出要在中国逐步建立以国家财政拨款为主,辅之以征收用于教育的税费、校办产业收入、社会捐集资和设立教育基金等多种渠道筹措教育经费的新体制。依据该体制,国家财政性教育经费支出占国民生产总值的比重在20世纪末要达到4%;《纲要》还特别强调,各级政府必须保证教师工资和生均公用经费逐步增长;各级财政支出中教育经费支出所占比例要有所提高。《纲要》还要求各级政府要进一步完善城市、农村教育费附加的征收办法:1994年税制改革后,产品税收为消费税、增值税、营业税的单位和个人,需按三税的2%~3%计征城市教育费附加,农村教育费附加的征收办法与计征比例由省级政府制订,上述教育费附加款项主要用于九年义务教育,如有必要,地方政府还可根据当地教育发展的需要及当地的经济发展状况,开征用于其他类型和级别教育的经费。

1995年9月,全国人大正式通过并颁布了《教育法》。该法对各级政府的教育管理权限做了明确规定:国务院和地方各级人民政府根据分级管理、分工负责的原则,领导和管理教育工作。国家实行学前教育、初等教育、中等教育、高等教育的学校教育制度,中等及中等以下教育在国务院领导下,由地方人民政府管理;高等教育由国务院和省、自治区、直辖市人民政府管理,国务院教育行政管理部门主管全国教育工作,统筹规划、协调管理全国的教育事业。县级以上地方各级人民政府教育行政部门主管本行政区域内的教育工作。县级以上地方各级人民政府其他有关部门在各自的职责范围内,负责有关的教育工作。国务院和县级以上地方各级人民政府应当向本级人民代表大会或者其常务委员会报告教育工作和教育经费预算、决算情况,并接受监督。

为了进一步明确政府的责任,《教育法》第五十三至五十五条还明确规定,"国家建立以财政拨款为主,其他多种渠道筹措教育经费为辅的体制""国家财政性教育经费支出占国民生产总值的比例应当随着国民经济的发展和财政收入的增长逐步提高。全国各级财政支出总额中教育经费所占比例应随国民经济的发展逐步提高""各级人民政府教育财政拨款的增长应当高于财政经常性收入的增长,并使按在校生人数平均的教育费用逐步增长,保证教师工资和生均公用经费的逐步增长(即'三个增长')"。从而在法律上正式确立了教育经费的多元投资体制,并且明确了财政经费在多元教育投资中的主体地位,确定了财政性教育经费和教育财政拨款的增长原则。

1999年公布的《面向21世纪教育振兴行动计划》,再次强调了上述规定,该规定体现了教育与经济发展的关系,制约了中央和地方政府的行为,保证了财政性教育经费的增长以及教育财政拨款增长随经济发展而稳定增长。

相关链接

一、我国教育经费管理体制的演变

我国教育事业的发展,离不开各级财政的支持。教育事业费的管理是对教育事业发展影响最大的因素之一。中华人民共和国成立以来,教育经费管理体制的发展过程经历了许多曲折变化。在我们关注教育经费管理体制之前,有一个不容忽视的重要问题,就是教育管理体制。教育管理体制不但包括教育行政机构组织系统,还包括它们之间的隶属关系、权力划分等,这些因素决定着教育经费管理的具体运作过程。

(一)"统收统支,三级管理"的体制

新民主主义政治制度和经济制度的建立,必然要求建立与之相适应的教育制度。中华人民共和国筹建之初就已经在考虑文化教育事业。随着我国教育管理机构的建立,教育财政体制也经历了从无到有的孕育、形成过程。"统收统支,两级管理"简明概括了这一时期的教育经费管理体制,而高度的中央集权则是该体制最显著的特点。

1950年起,我国教育经费管理体制基本上是三级[中央、大行政区、省(市)]管理、统收统支的管理体制,1953年建立起完全的县级财政,构成了中央、省、县的三级经费管理体制。在该经费管理体制下,权力主要掌握在中央、省级、县级,上级承担对下级进行管理、监督的义务。从1950年到1953年,国家建设处于从新民主主义向社会主义转变的时期,教育经费管理体制处于变动很快的过渡时期。

"统收统支,分级管理"的体制是在特定的历史背景下运行的暂时体制,没有哪一个经济现代化的国家,会长期运用这种高度集权的、组织成本高的经费管理体制来管理教育。虽然当时国家财政十分困难,但国家对教育事业还是很重视的。

(二)"条块结合,块块为主"的管理体制

经过三年多的治理整顿,我国的财经秩序基本恢复正常。以高度的中央控管为特征的统收统支的国家财政预算管理体制越来越不能适应经济实践而逐渐开始发生变化,一定程度的地方分权,加强地方政府的财权和事权成为中央以及地方各级政府的自觉需要。

自1954年开始,教育经费投入体制实行"条块结合,块块为主"的制度。在该体制中,教育经费预算分为中央、地方预算,实行两级分级管理。从1954年到1957年,即"一五"计划期间,教育经费管理制度基本稳定。到1958年,形势开始发生变化。按照中央集权和地方分权相结合的原则,加强地方对教育事业的领导管理,教育经费管理权限被大幅下放。但是,中华人民共和国成立以来教育事业的积累和扩张,造成教育规模空前扩大,教育经费开始出现各种问题。为解决该问题,1959年11月24日,国务院转批教育部、财政部《关于进一步加强教育经费管理的意见》。该文件在一定程度上加强了省级、专署级政府对教育经费的管理,权力适当上收,有效制约了广泛存在的截留、挪用教育经费的行为,有效促进了教育秩序的恢复。1962年1月12日,教育部、财政部联合发出《关于进一步加强教育经费管理的补充意见》。地方政府获得了根据具体情况合理配置教育经费的权力,有利于集中有限财力有重点地发展教育。

1966年"文化大革命"开始后,高等教育部、教育部及其所属单位的业务工作,随着运动的深入而陷于停顿。从高等教育部、教育部瘫痪,到1975年1月重建教育部,历时八年半。期间,1970年7月以后的4年半,全国教育行政工作由国务院科教组管理。在这一阶段,教育经费的管理一直处于混乱状态。1971年7月6日,周恩来总理针对教育经费逐年减少的情况,要求在会议纪要中写上:"经费不能逐年减少,还要逐年增加。"并决定从1972年起,中央在安排下达国家财政预算时,把教育事业费支出单列一款,戴帽下达,专款专用。这些规定的出台,缓解了教育经费的紧张状况。但由于"文化大革命"中存在的问题太多,教育事业经费紧张的问题,还不能从根本上得到解决。

"条块结合,块块为主"的体制在保证中央计划自上而下的分解执行的同时,还能在一定程度上发挥地方的积极性。最重要的是,该经费管理体制能够在一定程度上减少中央政府进行经费管理的成本。但上级政府仍然对下级政府控制过多,各级预备费太少。

总的来说,"条块结合,块块为主"的教育财政管理体制,仍未解决中央政府对地方政府管得过严、统得过死的传统弊端。这种"条块结合,块块为主"的管理体制,一直延续到1979年。

(三)"划分收支,分级包干"的管理体制

1980年2月,为了克服中央在财政上对地方管得过严、统得过死的传统弊端,调动地方增收节支的积极性,我国对财政体制进行改革,实行"划分收支,分级包干"的新财政体制,中央和地方开始"分灶吃饭",新的财政体制打破了过去那种"统收统支,收支脱节"的状况,扩大了地方的财权,大大地调动了地方自主理财兴办教育的积极性。

1980年4月3日,教育部根据宏观财政体制的变化,发出《关于实行新财政体制后教育经费安排问题的建议》。这一文件规定,从1980年开始,教育经费拨款由中央和地方两级财政切块安排,从而改变了原来由财政部门与教育部门、计划部门协商联合下达教育事业费支出指标的管理体制。

1980年4月28日,教育部颁发《教育部部属高等学校"预算包干"试行办法》(简称《试行办法》)。《试行办法》规定:自1980年起试行"预算包干,结余留用"的办法;结余资金主要用于改善教学、科研等工作条件和发展教育事业;年度预算,采取一年一定的办法。这一预算体制也同样适用于整个文教、卫生、科技、行政领域,预算包干制度成为各地教育行政部门的预算体制。这一体制是对原有体制的重大突破,是中国教育经费管理制度和预算制度的重大改革。

1985年,中共中央发布了《关于教育体制改革的决定》,从管理体制上明确了"基础教育的管理权属于地方"的原则,实行"基础教育由地方负责,分级管理"。自1985年以来,长期实行的办学经费绝大部分由政府负责的教育经费投入体制发生了巨大变化,"多条腿走路"的筹措教育经费的新格局开始逐渐形成,形成了新时期教育经费的"财、税、费、产、社、基"六条主要来源,即以财政拨款为主,辅之以征收用于教育的税(费)、对非义务教育阶段学生收取学费和对义务教育阶段学生收取杂费、发展校办产业、支持社会集资办学和捐资助学、建立教育基金的多渠道筹措教育经费的新思路。

1993年11月14日,中共中央发布《关于建立社会主义市场经济体制若干问题的决定》,这次改革教育经费的管理体制,特别是财政拨款体制并未受到影响,中央和地方对原有各自负担的教育投入保障责任没有改变,仍沿用按学校的行政隶属关系,由中央和地方两级财政分别划拨教育经费的体制。所以,分税制的财政体制改革,没有在根本上影响我国教育经费管理体制。

从20世纪80年代初形成的"分级包干,分级管理"的体制,一直沿用到现在。

二、教育预算的编制

预算编制方法是预算制度的重要组成部分,也是预算管理的重要技术手段,预算编制方法科学与否是实施预算制度和加强预算管理有效性的重要保证。

学校的预算编制方法与财政部、教育主管部门对学校确定的预算管理模式有直接关系。教育部确定的预算指导思想是:全面贯彻落实党中央、国务院确立的科教兴国战略,深入进行教育改革,全面推行素质教育,继续实施《面向21世纪教育振兴行动计划》,以国家预算为导向,以教育改革和发展基本需求为基础,资金集中使用、突出重点、确保效益,大力支持教育改革的深入,促进素质教育的提高,推动教育结构的调整,保证教育事业的可持续发展。

(一)教育预算的编制方法

首先由学校提出预算建议数,其次由财政部门下达预算控制数,再次由学校根据预算控制数编报正式预算,待全国人大审议通过后,最后由财政部门正式批复预算。这种程序反映了学校和上级主管部门之间的预算编制控制和审批程序关系,大大提高了预算的科学性、合理性和可操作性。

(二)教育预算的编制程序

中、小学教育的预算编制程序与政府预算的编制程序大致相同。首先由各中、小学校上报预算建议数;接着由教育部门汇总(包括高等教育),上报同级政府财政部门;其次由财政部门审核后下达预算指标;再次由教育部门根据财政部门下达的预算指标,结合本部门实际情况制订与各学校相符的预算指标,下达给各校;然后依据上级教育主管部门下达的预算指标;各校编制正式的单位预算并上报教育主管部门,由教育主管部门汇总后将部门总预算草案报同级政府财政部门;最后是预算的下达,即财政部门汇编政府总预算后,报政府审查并报请同级人民代表大会审议批准。预算经审议批准后,即具有法律效力,任何部门和个人在未经人民代表大会同意前都无权任意改动。

教育预算的编制过程中,高等教育与中、小学教育的预算编制程序略有不同。这是因为在高等教育的预算编制之初,要先由政府财政部门依据"综合定额加专项补助"标准核定预算指标下达给教育部门,而中、小学教育依然沿用"定员定额"标准。

三、教育决算的程序

教育决算在教育财政中具有重要意义,通过决算可以准确反映出教育预算收支执行的最终结果;具体反映出国家一定时期内教育发展的重大活动和事件;可以加强教育财政监督,提高管理水平;可以总结经验,吸取教训,预测未来教育收支发展趋势。

教育决算的编制程序包括准备、编制和审批三个基本阶段。

(一)准备阶段

在教育决算编制前必须做好充分的准备工作。准备阶段的主要工作有:拟订和下达编制教育决算的规定或要求;进行年终收支清理;制订和下发教育决算的各种表格。

(二)编制阶段

在准备阶段各项工作完成以后,便是教育决算的具体编制阶段。

教育决算的编制阶段的主要工作有以下几方面。先由各教育机构编制单位教育决算,然后由各级教育财政机构整理汇总,编制各级教育总决算。接着是撰写决算说明书,主要内容包括:预算执行情况及超支或节余原因;预算资金的使用效果和教育教学业务计划的完成情况及其原因;预算管理对预算执行的影响等。最后由单位主要领导审阅签字后上报。各级教育总决算的编制与单位预算基本相同。

(三)审批阶段

审批阶段的主要工作是审查和批准。审查包括自审(单位自我审查)、联审(由上级部门组织集中或巡回审查)和上级重点审查三种形式。审查完毕后要填制教育财政总结算单,作为教育部门全年资金结算的依据。教育总结算由各级财政部门统一审核后提交各级人大审批。

四、教育财政转移支付的基本方法

当前中央政府教育财政转移支付构成形式,主要由一般性转移支付和专项性转移支付组成。两种转移支付形式相结合,在保障中央宏观调控目标实现的同时,又赋予了地方一定的自主权。

(一)一般性教育财政转移支付

一般性教育财政转移支付也称为无条件财政转移支付,未对转移的用途做规定,由接收者自行安排。转移支付额由客观因素转移支付额和政策因素转移支付额构成。财政越困难的地区,补助程度越高。客观因素转移支付额参照各地标准财政收入和标准财政支出差额以及客观因素转移支付系数计算确定。其目的在于平衡各级政府的预算收支,保障不同地区能够向公民提供适当的公共教育服务。

(二)专项性教育财政转移支付

专项性教育财政转移支付称为有条件财政转移支付,是由中央财政根据特定教育用途,增拨给地方财政部门的专项预算资金。专项转移支付具有专款专用性质,对转移支付的数额、用途以及要达到的目标等都有明确规定。多数专项转移支付资金采用客观因素分配,有专门的管理办法。从转移支付的政府级次来讲,主要是加大中央、省级政府对基础教育,特别是农村义务教育财政转移支付力度。

总体上分析,我国转移支付形式由最初的"分级包干"和分税制中提出的转移支付的混合体,由过去的形式多样(如税收返还、体制上解、结算补助、增量转移支付等),逐步明确、简化和规范,更符合真正意义上的转移支付。

资料来源:顾建光.完善我国财政转移支付制度研究[J].财经论丛,2008(5):13-15.

思考与练习

1. 什么是教育财务行政？教育财务行政的本质是什么？
2. 教育财务行政具有哪些功能？
3. 教育经费有哪些来源？
4. 教育经费使用中有哪些问题？如何解决？
5. 教育财务行政制度的基本内容是什么？
6. 我国教育财务行政体制经历了哪几个发展阶段？当前我国的教育财务行政体制是什么？
7. 国家还应采取哪些措施来保障农村义务教育阶段教育经费问题？

第八章
教育行政效率

在教育和教育行政活动中，效率问题似乎没有像工商企业那样引起人们的重视，其实非物质生产部门的管理同样涉及效率问题。教育行政管理的目的就在于提高效率，而高效率的取得同环境、组织结构、管理人员有密切的联系，现代教育行政管理极为重视效率，但我们在这方面的研究远远不够。本章试图从理论和实践两方面对有关问题进行探讨，依次讨论的问题是：教育行政效率的基本理论、影响教育行政效率的相关因素、提高教育行政效率的途径和策略。

第一节 教育行政效率概述

效率的英文 efficiency,源于拉丁文 efficie-entia,意思是指"有效因素"。《辞海》对效率的解释是"泛指日常工作中所消耗的劳动量与所获得的劳动效果的比率"。[①] 在社会物质生产活动中,人们如果能以最小的劳动量获得最大的劳动效果,那么效率就高。教育活动以及管理教育的教育行政活动虽然不是直接的物质生产活动,但它同样是消耗劳动量来获得劳动效果,在此种意义上讲培养人的工作和生产物质工作从提高效率上来说,本质上是没有差别的。

一、教育行政效率的基本问题

(一) 对行政效率的认识

行政效率源自于行政学创始人,美国第20任总统威尔逊发表的《行政学研究》,他为了解决当时美国民主政治体制中所表现出来的效率低下、彼此牵制和行为无力等现象,提出"行政学研究的目标在于……尽可能高的效率"。此后,美国的莫里斯·库克在公共管理中通过实验研究行政效率,并取得了一定的成果。西方对于行政效率的研究大致经历了三个阶段:机械效率阶段,以泰罗、埃默森等人为代表,主要研究投入与产出之比;社会效率阶段,以梅奥等人为代表,他们认为在投入与产出的比例之外,还有人员的需要及满足等社会效率问题;客观效率和规范效率阶段,很多人认为要从目标、效果、价值等方面来考虑效率以及效率标准的一致性和普遍适应性。目前西方对行政效率的研究又有新的发展,其主要的观点是突出行政效率的"公共性",也就是指政府和公共部门的效率问题。综合模式淡化,个性化研究凸显。综合研究主要是从行政组织、领导、决策、人事、环境等方面研究提高效率的一般原则和途径,而个性化的研究则针对某个具体的公共部门的特点进行研究。从"效率运动"到"质量运动"。在20世纪70年代前,研究的是"效率优先",而在90年代以后主要追求质量问题,即"满意程度"问题。

我国对行政效率的研究始于20世纪30年代,当时国民党政府曾成立行政效率研究会,并发行了《行政效率》月刊,但由于战乱,研究没有持续下去。新中国成立以后,百废俱兴,对行政效率也没有系统地进行研究。1978年以后,随着行政学的发展,人们开始关注行政效率的研究,在一些学者的论文和专著中就有行政效率的专章,如张国庆认为"狭义的产出与投入(人力、物力、财力、时间、空间、信息等)之间的比率为行政效率";吕文平认为广义的行政效率包含质量的"总产出与总投入之比";还有人认为行政效率是"产业和效益与投入之

---

① 夏征农.辞海[M].上海:上海辞书出版社,1980.

间的比例""是效果与所消化之比""是有质量的成果与耗费之间的比率"。学者们对于行政效率的研究大都停留在西方综合模式的基础上,关注的焦点是提高行政效率的一般原则和途径,研究者没有对特定的行政组织的效率状况进行深层的剖析和实验,其操作性不强。我们赞同这样的说法,即"行政效率不仅体现在时效、速度、理想的产出投入比率上,更重要的是体现在社会效益上""行政效率既是一个数量概念,又是一个质量概念,是数量与质量的统一""行政效率是政府组织效率和社会效率的综合"。在此基础上我们将行政效率界定为:行政组织和行政人员在处理社会公共事务,实现行政职能和行政目标活动中所得到的最终结果与所消耗的人力、财力、物力、时间、信息、空间的比值关系。

(二) 教育行政效率研究的兴起

对教育行政效率的研究是受泰罗的科学管理活动理论的影响。降低成本,提高效率,是科学管理理论的宗旨。卡巴利在《公立学校的行政》中写道:"学校是一所将原料制成各种产品以满足各种需要的工厂。"工厂的效率通过以最低成本获取最大利润得到体现,学校的效率也应通过最少的教育投入获得最大的教育效果而得到体现。为了提高教育效率,很多学校采取了各种各样的管理措施,如扩大班级人数、延长学习时间、削减教育成本、增大教师课时等。在欧美一些国家,用工商管理的模式来指导教育管理、学校管理的风气盛行,如美国的"葛雷制"即二部式轮换教学制度、教育标准化手册等。正如雷蒙德·卡拉汉在《教育与效率崇拜》中所描述的,"为赶潮流,动用工商管理办法,强调效率,统一工作程序,要求教师以分钟计算安排工作时间。"泰罗的效率至上理论在教育行政管理中产生了较大的影响,但这种影响从其教育后果来看,也存在一些消极的方面:助长了学校的商业习气,忽视了教育的陶冶价值;用工商企业管理来类比学校,在方法上忽视了教育行政本身的特点;盲目的追求表面的高效率,忽视了内在知识的价值。因此,在20世纪30年代后又出现一些新的理论,如博比特的机关管理的效率主义。博比特的效率主义来源于韦伯早期的社会学及机关管理理论。韦伯认为"行政效率的提高必须以人类行为的合理性为根据。任何理想的和严格的教育行政包括:有层次的组织、功能的专门化、规定人员的能力与资格、有一定的档案记录以及行为准则五种元素"。博比特把这种理论运用到教育行政中,认为提高学校教育行政效率,"应确定学校产品的理想标准(即学生的标准);规定学校生产的方法、生产者(即教师)的必备资格;提供教师明确的工作准则。教师的任务就是利用标准方法与物质条件,生产出标准化的产品。而有效的教育行政管理应着重于组织的目的和管理程序。"博比特的主张受到了一些教育行政理论学者的批评,他们认为,机关管理理论只重视"组织"因素,较为机械,忽视了"人员"因素。由此,福莱特提出"教育领导"的概念,"要求关心教育行政过程中的人际关系,认为良好的人际关系与文化才是提高教育行政效率的主要因素"。此后,巴纳德又提出了教育行政效率的均衡理论。巴纳德认为,"社会是一个协作系统,组织是一种复杂的社会机体,行政效率的提高,必须兼顾组织本身和组织中的成员两个方面,良好的教育行政应兼重组织目的效能与个人目的效率"。巴纳德的理论对教育行政影响较大,国外的教育行政管理把巴纳德的《行政部门的职能》一书"视为教育行政的圣经",说"今日之教育行政发展,是在巴氏的架构上作增损而已"。

(三) 教育行政效率的实质

什么是教育行政效率?目前学术界的解释很不一致,尚未有一个公认的概念。比较有代表性的观点是：教育行政效率是指在教育行政活动中人们投入的劳动量与所取得的劳动效果的比率；教育行政效率是在单位时间和空间里付出一定的物质和非物质而给教育和社会带来一定的有形和无形的教育效果之间的比率；教育行政效率是指教育行政机关和人员从事教育行政管理活动所获得的教育效果、教育效益同所消耗的人力、物力、财力的比率关系。上述观点的分歧在于对消耗的内涵认识不一致。有的认为消耗指的是投入的劳动量；有的认为消耗是有形物质和无形物质的付出；还有的认为消耗是所付出的人力、物力、财力。这种分歧还在于理解获得的效果内涵的不同。有的认为是劳动效果，有的认为是教育效果，有的则认为是教育效益、社会效益。尽管学者们的观点有所分歧，但对教育行政效率的基本问题的看法还是趋于一致：教育行政的投入、教育行政的产出以及在投入和产出之间的比例关系。综合上述观点，教育行政效率是指教育行政机构和行政人员在一定的时空环境下对教育行政活动所做的各种投入与所获得的结果之间的比率。理解这一定义的要点有这么几个方面。一是投入的主体。我们在此所指的主体是教育行政机构和行政人员，教育行政机构包括教育行政机关和学校行政系统，行政人员则包括教育行政机关人员和学校行政人员，这就防止了那种片面认为教育行政活动只是教育行政机关和机关行政人员的工作。而在学校活动中，并不是所有的工作都与教育行政有关，所以学校行政的主体是学校行政人员。在投入的主体问题上还有一个政府行为，如行政指令、财政拨款，但是政府行为并不直接对教育行政的具体活动发生影响，因此，严格地来讲，政府机关、财政部门并不是直接的投入主体。二是一定时空环境。任何活动都在一定的时空范围内，而一定的时空则有一定的环境，教育行政的效率与时间长短、空间范围、环境影响是密切相关的。时间的限定性决定了教育行政的投入要有迅速的成果，而空间范围的限定性则决定教育行政的投入和效果在哪些方面。环境因素除了时间、空间以外还有自然条件和其他社会条件，这些对教育行政机关和行政人员在教育行政管理活动中能否取得高效率是至关重要的。

（四）关于教育行政效率的有关概念

对于教育行政效率的概念，理论界和实践中还有许多种提法，如教育效率、教育效果、教育效益、教育行政效果和教育行政效益。

人们在使用这些概念的时候经常有些含混不清，由此有必要作一些说明。教育效率是教育的社会效果和教育的社会消耗之间的相对比例。在教育活动中，一方面，要通过有目的、有组织的教育活动给人们带来一定的社会成果，即培养社会所需要的各种人才；另一方面，因进行某种教育活动社会又必须承担一定的消耗，包括物质的和非物质的消耗。这就是说，教育效率是在一定的社会消耗下获得最大的社会效果，或者在一定的社会效果下花费最小的社会消耗。这种消耗带来的结果，一方面是通过教育行政活动来进行的，所以教育效率与教育行政效率就没有很大差别；另一方面教育效率并不完全是教育行政活动带来的，社会对教育的投入和影响并不完全取决于教育行政，如家庭对学生的投入和影响与教育行政就没有多大关联。而在学校内部，教师的教育、教学虽然是在学校行政统一安排部署下进行的，但教师的自主性、选择性、倾向性也不受教育行政的影响；学生的学习、成长尽管也是按学校行政统一安排部署进行的，但是选择性和发展方向却与学生的个体有关。所以说，教育效率追求的是一种更广泛的层面，而教育行政效率虽然也力图追求这种更广泛的层面，但它仅限于教育行政活动当中。教育效果是教育、教学活动带来的效益和结果。教育是环境的一个组成部分,同时又是把环境的影响有效地转化为人的心理的一种特殊活动,这就决定了它的特殊效果,与遗传因素和自发的环境影响相比,它在青少年学生的身心发展中起着主导作用。教育行政效果则是教育行政活动带来的效益与效果。教育行政活动虽然也处在一定的环境之中,但人的行为是最主要的,教育行政组织和人员提高行政效率不是靠教育,而是靠决策、组织、指挥。所以,教育行政效果主要在行政组织。行政人员层面起作用,而教育效果则包含了非行政组织行政人员层面所起的作用,如教师作用、学生行为等。教育效益是指通过教育、教学活动而产生的效果和利益。它的表现是多方面的,既能促进生产的发展,又是建设社会主义精神文明必不可少的重要手段,是社会得以延续和持续发展的重要条件。教育既有物质上的效益,又有精神上的效益。就其重要性而言,精神上的效益并不亚于物质上的效益。教育行政效果是指通过教育行政活动而获得的效果和利益。这种效果和利益一方面是通过教育效益来反映的,另一方面也是上级教育主管部门检查下级教育行政部门成果的一种方式。如果下级教育行政部门和人员工作做得好,那么,教育行政效率就高,反之,教育行政效率则低。

二、教育行政效率的基本要素

教育行政效率的基本要素是教育投入、一定的时间、教育质量。下面我们从这三个方面加以分析。

(一)教育投入是教育行政效率的必要条件

正如工厂企业一样,要生产出合格的产品,首先必须要投入。西蒙讲:"在工商组织和非工商组织(志愿组织除外)中,投入要素在很大程度上可以用金钱来衡量。即使组织目标不限于组织的盈利或生存,这一点也是正确的。"教育组织虽然不是营利性组织,但同样需要有投入,这种投入主要体现在三个方面。一是人力的投入。人是教育和教育行政活动中的主要因素,教育的任何活动都需要人来参与,除了投入足够数量的人力之外,人的素质、能力、水平、修养也是相当重要的因素。一方面我们的教育行政人员必须要有较高的素质和修养,另一方面处于教育活动中的人(教师)也必须要有较高的素质和修养。教育行政人员的素养可以按教育组织的目的功能来考察,同时也可以用各种培养、进修来提高,而教育人员的素养除了上述几种办法之外,教育行政管理部门还可以根据他们在实际工作中的水平、成绩来选取、淘汰,只有在保证人员素质的前提下,才谈得上提高教育效率和教育行政效率。例如,重点中学的师资力量显然比一般普通中学的要强。二是资金的投入。物质生产少不了资金,人力生产也缺少不了经费。教育经费的投入除了与教育行政部门有关之外,还同国民经济的发展水平有关,而且与人们对教育的认识有关。这就说明,教育部门和教育行政人员要通过自身的努力,争取获得有关部门的认同和支持,争取到足够量的教育经费。此外,教育部门本身也可以利用自身的条件创造一些经费用于教育的投入。例如,校办工厂、勤工俭学得来的教育费用等。三是物质保障。物质的投入与教育经费有直接的关系,关键问题是分清哪些物质投入是首要的、必要的,哪些投入是可以延缓的、次要的,这取决于我们教育人员和教育行政人员的价值观念。我们通常所说的节约开支,压缩教育行政经费,就是从投入的有效性来讲的,不管是人力、财力、物力,都要考虑到合理有效的投入。有效投入在我国教育行政中具有很重要的地位,这是因为我国的经济发展还比较落后,国家的财力还不很充足,因此少花钱多办事是我国教育行政工作中应尽量做到的。很显然,我们在研究教育行政效率时,必须充分注意投入这一重要因素,即使质量好,速度快,但开支巨大,投入的人、财、物过多,我们也不能认为效率高。

(二)时间速度是教育行政效率的关键

讲效率,必然涉及时间速度问题,速度是效率的关键因素。"教育行政活动的基本原则之一,就是要以最短的时间完成行政目标和决策"。[1] 我们讲教育行政效率,必须使我们的教育行政管理工作保持一定的速度,没有较快的速度,教育工作很难适应商品经济发展的需要,更难适应现代社会发展的节奏。所谓速度,就是我们进行的教育行政工作所取得的教育行政效果所耗费的时间。就我国的教育行政管理的现状来看,办事效率低是一个很大的弊端。例如一个学校或教育机关开会推迟半小时已成了惯例。许多事情由于行政机关办事效率低,使许多工作错过了良机,从而给基层的教育工作带来了巨大的影响。速度与质量既是统一的,又是矛盾的,它们之间的关系实质上就是对立统一的关系。之所以是统一的,主要表现在它们是衡量行政效率不可缺少的两个因素,只有质量好、速度快的行政结果,我们才能认为教育行政效率高。之所以又说它们是对立的,主要是表现在实际工作中,讲究质量,就可能在一定程度上影响其速度。因此,为了使质量和速度二者之间有机地统一起来,必须首先要明确谁服从谁的问题。我们认为质量应该是主要的,速度是从属的,速度必须服从质量。鉴于此,在教育行政工作中要求首先考虑其质量,在保证质量的基础上求速度。

(三)教育质量是教育行政效率的根本

教育质量是教育行政管理至关重要的问题,也是教育行政效率的根本。我们所讲的教育质量主要是讲培养人才的质量,人才的质量直接关系到一个国家社会经济的发展,如果培养出来的人才达不到社会的需求,那么就会影响教育的发展,影响国家经济、文化、科技等各方面的发展。怎么来衡量教育质量呢?从教育目的、目标来看,教育必须为社会主义经济建设服务,必须与生产劳动相结合,培养德智体等多方面发展的"建设者"和"接班人",即培养社会各个行业所需要的各个层次、各种规格的人才。这些人才如果能满足社会的需要,那么,教育效率、教育行政效率将会很高,否则则是低效率或无效率。在教育行政管理中,质量是教育行政效率的根本,只有在符合质量要求的前提下,其投入和速度才有意义。所以在教育行政效率中,应该把培养人才的质量放在第一位,在保证其质量的前提下要求速度快、少投入。强调教育行政效率注重质量因素,并不是说投入与速度不重要,如果仅仅追求质量,而不注重投入与速度,那么节约教育行政开支,减少人员编制,提高办事速度就没有意义了。在教育行政管理的实际活动中,许多工作的质量是难以测定的,因为教育工作和教育行政工作大多是脑力心智活动,它涉及许多无形的东西,这就必须根据实际用定性定量的方法制定出一些细化的衡量指标。此外,教育质量除了与教育自身有关,还与社会环境、家庭影响、社会文化氛围有许多联系。在学校内部,很难有一个量化的指标来衡量一个教师的水平以及毕业生的质量。我们认为,可以把教育行政结果的质量内涵尽可能的简单化,即用有效社会

---

[1] 孙绵涛.教育行政学概论[M].武汉:华中师范大学出版社,1989:300.

效果来衡量，这就是说教育行政结果的质量是否满足教育规定要求，培养的人才是否符合社会各行各业发展的需求。当然要达到这个要求，须以今后的实践来检验。如衡量一所大学的教育质量，国家政府、教育行政部门有专门的评估组织和体系进行评估，如"211工程"学校评估。社会评估是一种认同，在很多情况下取决于对学校品牌的认同，而且社会也承认了这种品牌效应。如北京大学、清华大学毕业的学生，整体的水平是得到社会认可的。

三、研究教育行政效率的意义

教育行政效率是整个教育行政活动的终点，因为围绕着教育展开的每一项教育行政活动最终要获得教育成果和教育效益，所以研究教育行政效率的问题实质上牵涉所有的教育行政活动。研究教育行政效率的问题至少有三个方面的积极意义。

（一）教育行政效率的实践意义

效率是各项活动追求的目标，教育行政活动自然也要追求高效率。可是现状却是：机构臃肿，层次重叠；官多兵少，人浮于事；文山会海，不办实事；相互掣肘，唯我独尊；长官意志，盲人摸象。此类现象在各级教育行政机关和学校行政机构内可说是比比皆是。这些问题的存在严重影响了教育行政效率的提高。教育行政效率关系着整个教育事业的发展，尽管有许多因素制约教育发展，但首当其冲的还是作为管理教育的教育行政。人们常说，"蛇无头不行，鸟无翅不飞"，教育行政是整个教育事业的"龙头"，如果这个"龙头"没有发挥它的应有作用，那么可想而知，教育活动也就很难有较高的效率。教育行政效率关系着教育行政目标的实现。教育行政目标在某种意义上讲就是教育的目标。教育的目标是培养社会所需要的合格人才，而教育行政则是通过管理教育活动来达到人才培养的目标，所以实现了教育目标也就实现了教育行政目标。人才的培养是长期的复杂的过程，教育效率和教育行政效率的体现则是逐步的，这就是说，我们随时随地都要讲究效率。教育目标及教育行政目标在实施过程中，有其时间、质量、成果的规定性，只有在某一阶段都能达到一定质量、成果的要求，教育目标和教育行政目标才能最终实现。教育行政效率关系到少投入多产出的比率问题，所谓效率的实质就是花最少的投入而获得最大的产出，这种少投入与节省人力、财力、物力、时间是密切相关的，而大的产出则取决于教育行政机关的组织结构、人员素质以及办事作风等多方面的因素，我们所追求的高效率最终必须回到少投入多产出的轨道上。教育行政效率高，则能带动整个教育活动的高效率，反之，将会造成整个教育活动的低效率。

（二）教育行政效率的发展意义

教育是发展中的事务，要使教育得到可持续发展，政治、经济、科技等外界条件是有影响的，教育行政管理的作用在于如何利用外界的积极因素，尽量减少外界的消极因素。从我国教育发展不平衡的情况看，一些地区的教育发展快，一些地区的教育发展慢，当然与地理条件、经济条件以及它本身的基础有关，同时与教育行政管理的水平及能力有关。例如，有些大学在一个时期处在同一起跑线上，而过了一个时期，有些大学进入了"211工程"学校的行列，而有些大学却仍旧止步不前或者说规模还有所降低，这里面当然有其他原因，但作为主管教育的政府官员和教育行政部门的领导是不是也要从中反思一些问题？讨论教育行政效率的意义除了从实践操作中考虑,还要从教育的长远发展和发展快慢来考虑。改革是当前社会发展的一个趋势,教育的改革也是时代发展的需要。从发展的眼光看问题,教育体制、机构的改革,人事制度的改革,教育运行模式及操作手段的改革都要从提高教育行政效率出发,围绕着提高教育行政效率进行改革,这是现代化教育对教育行政提出的基本要求。

(三)教育行政效率的理论意义

在教育行政效率研究中,一些研究者很少从理论高度讨论效率问题。他们认为,追求教育行政效率是教育行政的本能,它是一种实践性问题,因此,许多的著作和学校教材没有把其当作一个问题来研究。笔者认为,教育行政效率是所有教育行政活动的终点,一切教育及教育行政活动都围绕着提高效率而展开,因此很有必要做一个专题来讨论,这不仅对教育行政活动的实践有意义,而且对于教育行政学科的理论建设有意义。我们知道,理论来自于实践,实践中一些好的东西如果不加以提炼归纳,那么它势必停留在实践的层面。尽管实践中的东西可以作为人们活动参照的蓝本,但毕竟是个别的、特殊的。而理论则不完全等同于实践,它最大的作用在于对实践的指导。如果能够对教育行政效率作深入的理论研究,与相对单个的教育行政效率的实践案例则有天壤之别。因此,无论是从教育行政效率对实践的指导作用来看,还是从对教育行政学科建设来看,研究教育行政效率问题是十分必要的,而且是非常有用的。

第二节 教育行政效率的测量评估

在实践工作中,往往来自教育行政人员的反映,教育行政效率是难以测量或不可测量的,因此,就没有必要对其进行测量。效率最初的含义是指物质运动中所得到的能量和所做的功用与所消耗的能量的比值。很明显,物质运动中的效率的比值是可以测定的,那么在教育活动中的投入消耗与回报的比值也是可以测量的。

一、测量评估的必要性与可行性

企业管理中经济效率的测量评估显然是十分必要的,而且所用的测量评估方法和手段是完全可行的。教育行政效率的测量评估尽管不能像企业那样,达到一定的精确度,但对它的测量评估是十分必要的、完全可行的。

(一)行政工作的测量评估

所谓测量就是根据一定的法则用数字对事物加以确定,而评估则是依照一定的标准对客观事物进行观察并作出价值判断的过程。在教育上的测量评估属于教育测量评估学的范畴,但把它用到测量评估教育行政效率上则不多见。事实上,我们对某项教育教学管理工作的测量评估,最终的目的仍是如何提高效率,因此,对某项教育行政活动作出评价,并用一定的数量加以描述则是对行政效率的测量,如大学领导班子的组建问题,人员的数量多少,专业结构分配,素质能力的高低,都与今后的领导活动、领导效率有关。对行政工作的测量评估,在机械效率阶段,人们把泰罗的理论和实践引入教育活动中,学校的教育、教学、管理甚至以分秒来计算。在社会效率阶段,教育行政管理更多地注意了人的需要、满足感等人际关系的东西。在客观效率阶段,教育领导们则更多地从目标、效果、价值等多方面来考虑问题。目前对行政效率的测量评估更多地突出它的"公共性"和"质量性",在教育行政工作中,人们习惯于那种循规蹈矩,按部就班的工作方式,尽管口头上也时时强调要提高效率,但真正通过严格的测量评估来检验效率则做得非常少,这主要是因为人们在思维、观念上还难以接受企业管理的方式、方法。教育行政工作虽然不能等同企业管理,但企业管理中的思想、理论和先进的方法、手段是完全可以借鉴的。

(二)测量评估的必要性

任何的社会活动都要追求效率,效率如果没有指标体系来衡量,最终的结果只是空谈。教育行政组织机构设置的合理性、教育行政程序的科学性、教育行政管理人员的素质水平高低、教育行政活动过程中所运用的方法和手段的先进性,对于提高教育行政效率来讲是非常重要的。我们可以这样假设,教育行政效率高,可以认为教育行政组织机构设置合理,教育行政程序具有科学性,教育行政人员的素质水平较高,教育行政的方法、手段具有先进性;反之,它则不合理、不科学、素质水平低,方法、手段陈旧落后。当然在实际工作中并不是这种整齐划一的假设,而是有的方面好,有的方面差,这就更加需要我们进行测量评估,以便找出真正影响教育行政效率的原因,从而尽快地去分析原因的产生,找出解决的办法。比如,机构繁多,可以撤并一些机构;人员冗余,可以裁减一些多余的人员;办事拖拉,可以制定严密的工作制度和操作规程;方法落后,可以采用一些新的方法技术手段。因此,我们认为,教育行政效率的测量评估是完全有必要的,它可以检测投入消耗与产出回报的比值,可以肯定成绩,找出问题,同时还可以对我们行政人员的素质以及所使用的行政方法、技术手段进行检验。尽管测量评估的结果不会像自然科学那样严谨、精确,但至少它会有某一种实质性的结果,这种结果对上一级主管来讲,是衡量下级教育行政部门和人员工作成绩的依据。

(三)测量评估的可行性

效率的测量评估在自然科学中是可行的,那么在社会科学中是否可行呢?试设想,做任何一件事情都必须要有工作任务目标、具体的工作人员、工作的具体条件环境,而一项教育工作,自然离不开上述因素。教育行政效率是在教育行政活动中产生的,而所有的教育行政活动是有目的、有任务、有计划安排、有组织人员来执行的。因此,测量评估教育行政活动,首先,是看其目的任务是否明确,每办一件事有其既定的目的、任务,而任务则是有指标的,有指标则是可以测量评估的。其次,是其工作任务的计划安排,一个任务布置下来是有时间规定的,而完成任务的时间长短是完全可以测量评估的。再次,工作任务是由具体的工作人员来执行的,工作人员完成工作任务的速度、质量、效果也是可以测定评估的。通过这样的细化,我们可以看出,教育行政效率的测量评估可以落实到每个事项上,还完全可能用数据来说话,因此,属于社会科学领域的教育行政活动及效率的测量评估是完全可行的。当然,影响教育行政效率的因素涉及环境、组织结构、行政程序、行政方法、行政人员等诸多因素,不能说教育行政效率完全取决于某方面的数据或者取决于各方面数据的堆积,因为它的精确度没有自然科学那样严谨,因此,应尽量使用性量结合测量评估手段,其可行性则会更强。

二、测量评估的主要内容

教育行政效率的高低与投入的成本、时间、环境因素有关,测量评估的内容也主要体现在以下几个方面。

(一)投入成本

教育行政活动投入的成本包括人力、财力、物力。"效率准则指的是在所用资源一定的情况下,选择能产生最大效益的备选方案",[1]这个备选方案的基础就是人、财、物。从人力上来看,每一项教育行政活动都需要人的参与,这里我们需要考虑两个因素,一是需要多少人来参与,二是需要什么样的人来参与,通过这两个因素我们就可以把人的数量和人的质量计入成本。假若某项活动在备选方案中需要6个素质高(高学历)、能力强(职位高)的人来参与,但在实际执行中只用3个具有一般文化程度、一般行政职务的人参与就完成了任务,那么就可以说效率较高;反过来说这项工作只要3个一般人员参与,而实际中却用6个高素质的人参与,那么效率则低。从财力上来看,假若某项活动在备选方案中需要投入2万元,而实际只花了1万元,那么就节约了费用,降低了成本;反之,实际只需1万元,而花费则达到2万元,那么就增加了成本,降低了效率。物力的投入实际是财力货币的变化形式,实际所投入的物力多少与所估算的数量相比,如果超过了,则成本高,如果节约了,则成本低。例如,一个市(县)教育局在年前可以通过教育预算来计划人、财、物的投入,在年终则可以通过教育决算测量评估这种投入的实际价值。此外,物力还有一个损耗的问题,如果损耗小,则效率高,反之,则效率低。根据上述分析可以看出,投入的人、财、物的成本是通过最终的教育行政效果来测量评估的。

(二)投入的时间

时间是效率的一个重要因素,当关注时效性时(如办事效率),凡用最少的时间完成目标任务,则效率高。假设某项教育行政活动和任务计划在某个时段来完成,如果计划提前完成,那么则是高效率;如果按计划时间完成,那么则保持了正常的效率;如果推迟或一直未能完成,那么则是低效率或者说没有效率。在许多管理活动中,人们往往忽视了时间这个因素,事实上,时间是提高效率的关键因素。时间是管理者完全可以预知的资源,也是最容易被忽视、误用、误解的资源。我们在教育上常常讲"五年计划",而在教育行政活动中也常常讲在某个时段完成某项任务,因此,在某种定义上追求效率就是进行时间管理。我们的测量

---

[1] 西蒙.管理行为[M].杨砾,译.北京:北京经济学院出版社,1988:168-173.

评估必须紧紧扣住时间这个因素，要求"以最短的时间完成行政目标和决策"，并对各种问题及事件迅速做出反应，及时拿出措施，使这些问题得到圆满解决。比如，我们几乎每年都在讲普及义务教育，扫除青壮年文盲，而且限定在每个年度要达到什么水平，而事实上，九年制义务教育在某些地区并没有在规定的时段内完成，因此，从时效上来测量评估教育行政效率是不高的。

（三）环境

环境是教育行政活动开展的基础条件，任何一项教育行政活动都处在一定的自然环境和社会环境之中，因此，教育行政效率的高低与当时的环境有关。我们知道，环境是一个相对稳定的因素，一般来说对教育行政活动的影响是不大的，但完成某一项教育行政目标任务需要一定的时间，而且因为要完成的任务是在未来的时间内，那么在相对长的时间内，环境变化的因素也无法确定，因此必须把环境作为测量评估教育行政效率的一个内容。比如一个县级教育行政机关预计2020年要完成几项教育行政目标任务，按计划在理论上是完全可以做到的。可这一年偏偏发生了重大的洪涝灾害，造成一些学校不能正常上课，那么原有的计划则不能完全实现，甚至影响到其他相关的任务。许多的教育管理者往往注重人、财、物的作用，对环境的影响却估计不足。比如，学校行政把德育工作当作首要目标来抓，但学校周边的环境（网吧、歌厅、酒楼）却在不断地冲击学校的德育工作。显然这些现象对教育行政效率会带来影响。因此，我们在进行教育行政效率测量评估时，必须考虑环境因素。

（四）教育行政结果

上述所讲的投入成本、时间、环境是从某一个单项来测量评估的，每一个单项都能体现出教育行政效率的高低，但最终测量评估教育行政效率还是要看结果，也就是要看投入成本与结果、单位时间与结果、环境影响与结果之间的关系。测量评估教育行政结果主要有三个方面。一是完成目标任务的数量与质量。某项教育行政活动和任务必然有数量和质量上的要求，如果它的数量和质量均达到计划的要求，那么它的效率则高，反之它的效率则低。例如，某县教育局在某年度控制九年制义务教育中小学生的流失率为2%，如果这个年度没有学生流失或流失率在2%以下，那么效率则高；如果流失率超过2%，那么效率则低。二是完成目标任务所取得的经济效益。在商品经济和市场经济的时代，教育必须要讲经济效益，一项教育行政的举措，如能达到预定的经济收入，那么它的经济效益高，反之，它的经济效益则低。例如，一所大学在国家计划指标外，能充分挖掘现有的条件，多招500名学生，那么，它的经济效益是很明显的；如果按它的现有条件完全可以多招，但它连国家计划指标都完成不了（抛开其他影响因素不计），很显然它的效率是低的。三是完成目标任务所获取的社会效益。教育是一个培养人的工作，教育行政活动的中心是为了培养人，所以测量评估教育效率的指标不能完全以经济效益来衡量，而且在某种程度上社会效益是衡量教育行政效率的一个重要指标。教育行政的社会效益主要体现在：教育行政目标是否体现国家政治对教育的要求，教育行政控制的教育是否培养出社会所需要的各种规格层次的人才，教育行政的措施是否干扰了教育实体教育教学工作的正常运转，教育行政人员的言行举止是否符合教育教学的要求，是否符合师生员工及人民群众的根本利益。因此，我们在测量评估教育行政效率时，不能只看投入成本、时间、经济效率，而要从教育行政的全过程以及教育行政与社会各种因素的比较关系上看问题。这就是说,我们的测量评估,要注重教育行政目标和决策本身的正确性,还要把握目标与决策在执行过程中的偏差性,从长远利益与眼前利益、全局利益与局部利益的关系来衡量教育行政效果。

三、测量评估的主要方法

教育行政效率的测量评估不能单指某一个因素,更不能用简单的数据来说明问题,因此,它运用的方法是多种多样的,下面就常用的方法做一些介绍。

(一)预测法

预测是对事物的未来情况进行预先推测或估计,预测法是社会科学常用的一种方法。对教育行政效率的预测是在开展某项教育行政活动以前,我们事先都有一个行动计划,这个计划必然有人力的部署、经费的预算、时间的安排、结果的预计,也就是说在开展这项活动以前就有一系列的指标体系。指标体系既是方案计划的基本要求,又是测量评估的依据。在开展某项教育活动时,我们必须紧紧扣住这些指标体系,在此项活动完成之后,我们再用实际的结果与预计的结果进行对比。例如,某县教育局组织对小学校长进行培训,预计参加培训的校长为40人,聘请授课教师为10人,组织管理人员为5人,经费为10万元,时间统一在暑假期间30天内;结果是学习8门专业课程,实地考察1个星期,要求学员进行结业考试,每人提交一篇专题论文。如果在实际执行过程中均按上述要求完成,那么可以说,这一教育行政活动的开展达到了预期的目的;如果最终结果与上述要求有很大的差别,那么就没有达到预期的效果,这就说明此项活动的效率不高。这种预测仅表现在计划的落实执行情况上,事实上预测法有专家预测法、德尔菲法、类比预测、类推预测、定时、定量、定性等多种预测方法,我们在使用时可以对应参考。

(二)成本计算法

成本计算法是工商企业常用的一种测量评估效率的方法,讲究用最小的成本投入获取最大的效益。在教育及教育行政活动中也常用这种方法。同样用预测法中的某县教育局培训小学校长为例。假如预计的人力、财力、时间、效果不变,如果在实际操作中,培训的校长达到45人,授课教师为8人,组织管理人员为3人,经费只花了8万元,时间缩短为25天,而最终的结果不变,那么可以说,这一活动的开展节约了成本,提高了效率;如果培训的校长只有35人,授课教师为12人,组织管理人员为6人,经费花了12万元,时间达35天,而最终的结果不变,很显然,这一活动的开展没有达到预计的要求,增加或浪费了一部分成本,效率太低。在第八章讲到了教育成本,教育行政活动的成本仅是教育成本中的一个小项,而它最大的特点是必须在教育行政活动中,因此,这种成本计算与教育成本的计算方法略有不同。

(三)因素分析法

教育行政活动的开展总是处在一定的环境之中,而教育行政的效率自然要受到自身各种因素和外界各种环境的影响,如果把这些因素排列起来,加以分析,就可以看出哪些因素有正面影响,哪些因素有负面影响。影响教育行政活动的因素有:人力、财力、已有物质条件、时间、信息、环境。我们同样以预测法中某县教育局培训小学校长为例。可以这样假设，参加培训的校长人数的多少与此项活动开展的组织人员和指令有关；组织管理人员的多少与人员的素质能力有关；授课的专业教师多少及授课质量的好坏与选择的教师素质水平及敬业程度有关；所用时间的长短与行政人员的组织安排、物质条件、信息的把握、环境的允许程度有关。如果在每项教育行政活动完毕以后，善于总结分析各因素之间的关联，就可以看到该项活动哪些因素是积极的、有用的，哪些因素是消极的、无用的，这样就能在以后类似的活动中增加积极的因素，想办法去克服消极的因素。这种方法看起来比较模糊，但如果完全按照这种模式去分析，则能实实在在地找出影响教育行政效率的有关因素。

（四）统计分析法

统计分析法是教育研究中的一种常用方法，在教育行政活动中自然也涉及大量的统计，而评估教育行政效率，用统计数据资料说话显然是最可靠的。所谓统计法就是通过对某项教育行政活动的观测、调查，搜集有关的数据资料，进行整理、计算、分析，并用来解释检验教育行政效率的由来。统计法常用的有描述统计和推断统计。描述统计是将教育行政活动中得来的数据资料加以整理、归类、分组，简缩成易于处理和便于理解的形式，并计算所得数据的条件统计量，例如，平均数、标准差、相关系数等，从而用这些数据来描述教育行政活动的具体情况、涉及范围及相关程度。例如，某县要在全县中小学普及九年制义务教育。首先必须统计当年达到小学入学年龄的人数，包括从小学一年级至六年级的在册人数和流失率，初中一年级至三年级的在册人数和流失率。其次必须统计当年小学、初中的教师人数、师资力量。最后还要统计校舍条件、物质的允许程度，并进行经费的预算。如果抛开其他环境因素不算，那么在此基础上我们就可以进行当年普及九年制义务教育的计划、决策，并采取有关措施手段来实施。推断统计是在描述统计的基础上进行的，它是用抽样的方法从对样本的研究中所得的统计量来推断总体的有关特征，即利用样本求得的统计量进行统计分析（如回归分析、方差分析等）和统计检验（如 t 检验、x^2 检验等），根据样本统计结果去推断更一般的情况，使所得的结论应用于更广泛的范围。例如，某省要在全省范围内实现下个年度九年制义务教育的普及，那么，省级教育行政就可以在市、县的基础上抽出一定的样本，从而推断出全省小学、初中的入学率、流失率、增补师资的多少、增添校舍物质条件的多少。

第三节 提高教育行政效率的策略

研究教育行政效率问题，目的是为了提高效率。如何提高教育行政工作的效率，涉及环境、组织结构、人员等诸多方面的因素。通过对这些因素分析，可以寻找出提高教育行政效率的策略。

一、影响教育行政效率的因素分析

（一）外部环境因素影响

环境是一切教育行政活动开展的基础，任何的教育活动和教育行政措施均离不开一定的自然环境和社会环境。从全局和长远计划来看，自然环境对整个教育活动有影响，但对某个时段某项具体的教育行政活动则影响不大，但是我们切记不能低估自然环境的影响力，如洪灾、旱灾、瘟疫、流行性疾病一旦发生对正常的教育活动和教育行政管理的影响是极大的；自然环境的人为破坏也直接或间接对活动和教育行政管理产生影响，如森林、山水、花草、自然生物对校园建设的生态化就有关联。对教育活动和教育行政效率产生直接影响的是社会环境，最主要体现在政治、经济、文化三个方面。政治主宰了教育行政的方向和目标。当一个国家政治局势波动不稳或者产生重大变化时，教育行政就会脱离原有的运行轨迹，受新的政治主张的支配。由于新的政治主张主宰教育方向，原有的教育目标、教育规划就不起作用，教育行政程序也会打乱，那么教育行政的效率则会大大降低。例如，"文化大革命"时期，国家的政治主张走向极端，教育政策、方针也走向极端，因此，"文革"十年的教育行政也同样受到干扰。经济决定了教育的发展规模、速度，从而也就决定教育行政行为，当经济能满足教育行政的需要时，那么教育行政效率就高；反之，教育行政效率就会低。经济发展的水平还直接影响到每项教育行政活动的效率。只有高投入才有高效率，而经济不能给教育投入足够的资金时，教育行政的效率自然就不会高。经济环境还包括一个地区的经济发展水平和经济发展条件，如交通、邮政、电信、自然资源、人们的收入水平等，这些因素也直接或间接地影响教育活动的开展，同时也影响了教育行政效率的提高。例如，在京津、沪杭、沿海等经济发达地区，因为有足够的经费投入，教育行政效率自然就会高，而在不发达地区，因为投入经费很有限，那么教育行政效率就会变低。文化是社会环境当中最为复杂的因素，它涉及历史、法律、人口、价值观、道德伦理、信仰、科学、技术等，当社会的文化氛围与教育相适应时，教育行政的效率就会高，反之，它的效率就会低。一个国家、一个地区、一个单位、一个学校的社会文化气氛的好坏直接或间接对其所辖范围的教育行政活动产生影响，从而也就导致了教育行政效率的高低。例如，深圳是经济非常发达的地区，但其文化氛围却不能与北京、上海相比，由于其教育水平比不上北京、上海，文化氛围不浓，从而影响了教育行政效率的提高。

（二）内部结构因素影响

教育行政效率除了受外部环境影响外，还受教育行政内部的影响，主要表现在教育行政组织机构设置是否合理，人员的职责任务是否明确，教育行政的沟通是否畅通，教育行政领导者的办事作风是否得到下级认同，决策、执行、监督机构是否正常健全等。英国著名学者帕金森在《帕金森定律及关于行政的其他研究》中揭示了"帕金森定律"，即现代行政管理与行政效率成反比，他认为：①行政官员的数量与工作任务的多少成反比，行政领导喜欢不断增加自己的下属，以显示其权势，而实际则不需要如此多的人来办事；②行政官员的素质与行政机构设立时间的长短成反比，行政领导大多不喜欢选用比自己才能高的人，以免造成职位上的竞争;③行政官员办事的速度与工作内容的重要性成反比,开会时间的长短与所讨论问题的重要性成反比;④行政机关内部机构设置层次增多,而完成任务的时间长,"委员会"形态的组织越来越多,越来越大,事实上仅仅增加环节层次而已;⑤行政机关的经费逐年增加,而所承担的工作任务并没有增加,为防止第二年机关预算经费被削减,机关每年必定想办法用完所有经费;⑥行政人员组织地位、权力与所承担的义务、责任成反比。帕金森定律虽然反映的是西方国家行政机关的现实,但在我国这种现象有过之而无不及。我们的教育行政组织机构与其他行政组织机构一样,行政机构层次重叠,任务分工不明确,权限职责不分明,人员膨胀;组织内人员沟通的渠道不顺畅,许多开会流于形式,公文旅行,上下层级人员有冲突,平级组织人员各自为政,缺少平行沟通与协调;行政组织和人员缺少内外的监督机制,往往是长官意志,不顾实际情况,乱发指示和命令,造成损失没有人承担责任,合理化的建议不被采纳,缺乏改革、创新的意识。

(三)人员素质因素影响

所有的行政管理活动最终要靠人来完成,毋庸置疑,一般行政人员和领导者素质高低均反映在教育行政活动中。在教育领域内,绝大部分的人有较高的素质,他们所担负的工作也是一种高智商的劳动,那么,从事教育行政管理人员的素质如何呢? 英国学者彼得认为,等级制的行政组织,每个成员都会被提升至该成员难以胜任的岗位上,最终每个岗位均将被一个无力胜任此职务的人担任。彼得的假设是,组织提升了那些胜任原来工作的人,以使其更出色,而胜任新工作后又有资格提升,直到超出其能力范围,因此,此人已被升迁到了他所不能胜任的那一级岗位上。彼得的本义是阐明在等级制的行政机关中,每一个成员均能被提升,但其隐含的内容却是人员的素质问题。彼得认为:行政效率来自那些尚未被提拔到难以胜任的岗位级别上的人;行政效率与行政人员的素质有关;组织中的高效率就是行政人员的高素质。在教育行政机关,包括学校行政系统,由于提升范围狭小,很多行政人员提升缓慢,常常是"科级到老""股级到老",不能说这些行政人员素质太低,但正因为长期在一个相对固定的岗位上,他们的素质也就在那个水平上。现在的教育行政人员,文化程度不高,职业道德不强,敬业精神不强,专业管理能力差。特别是有相当一部分人没有从事过教育教学工作,不懂教育的规律,他们在开展教育行政活动时,往往是按其原有的知识结构和经验来行事,这样就势必对教育行政的效率产生影响。

二、提高教育行政效率的一般原则

原则即基本准则,衡量教育行政的效率,必须有一个标准和尺度。很显然,投入的成本、时间与教育行政的效果可以作为准则。但如何来提高,则是另外一个尺度和标准。我们认为,提高教育行政效率的主要原则有以下几点。

(一)职位、职权、职责对应原则

所谓职位、职权、职责是三位一体的东西。职位是在什么岗位上担任什么样的职务,职权则是上级机关委任其职位范围的权力,而职责则是在这个职位、职权下必须要承担的义务和责任。行政管理的核心是一个权力问题。"权力是一种社会关系中的某一行动者能处在某个尽管有反抗也能贯彻他自己的意志的地位上的可能性"。① 在我国,权力是指"政治上的强制力量的职责范围内的支配力量"。② 在教育行政组织中,每个人均有自己的职位,有了职位就有职权,有了职权就有明确的职责。教育行政组织的职权应根据素质、能力授予所承担的组织的每个人,每个人的责任和义务也应分摊到位。同样一般教育行政人员职权也应明确在其管理的事务中,不管是哪一级的行政人员,有职位就必须有权力,有权力就应承担有关的义务,而且对承担的义务负责。如果我们每个层级的教育行政组织和每个教育行政人员均有十分严谨明确的职权、职责,那么提高教育行政的效率是很明显的。在实际工作中,有职无权、有权无职、有职权不承担责任的现象到处可见,这样不仅不能提高教育行政的效率,而且会影响教育目标任务的实现。

(二)依法行政的原则

所谓依法行政是指有法可依、依法执政、违法必究。在当代社会,无论什么制度的国家讲究的都是法制,均崇尚依法治国,对教育活动和教育行政活动而言同样要做到依法行政。所谓有法可依是指教育行政管理是在法律允许范围下行使职权的,这些法律包括国家、地方颁布的各种行政法律、法规和各种教育法律法规,如《教育法》《义务教育法》《教师法》等,国家教育行政部门和地方教育行政部门颁布的一系列的指示、命令、决定、通知等,如《国务院关于基础教育改革和发展的决定》。所谓依法执政是讲所有的行政人员不论级别、职务高低必须按法律文件要求来行使职权和从事行政工作。各级行政人员必须严格遵循组织的下级服从上级的原则,严格按照行政程序办事。所谓违法必究是指任何教育行政人员都不得触犯法律,凡是违反法律的行为都必须及时制止或纠正。但是在实际工作中,往往是人大于法、权大于法。人大于法、权大于法的弊端是打乱、干扰了教育行政活动开展的正常规律和程序,影响了教育行政的效率。我们各级教育行政组织和行政人员在考虑全局利益和局部利益、长远利益和眼前利益时必须把法律的规定性摆在组织和当事人面前。我们的教育行政人员在考虑组织目标和个人目标时也必须把法律摆在个人的职权前面,长官意志、个人行为势必影响整个教育组织的效率。

(三)奖惩激励原则

所谓奖惩激励,一方面是用"胡萝卜",让人尝到甜头;另一方面用"大棒"让人感到威胁的存在。中国历代的统治者惯用"儒法"并济的统治策略。在教育领域内,激励是提高教育行政效率的一种手段,也是一种基本准则,正面激励是奖励,负面的激励是惩罚。对完成任务好、时间短、成本低的教育行政活动的单位和个人必须给予奖励,反之则要给予惩处。教育行政效率的明显性不如企业经济单位,因此这种奖惩的衡量是难以量化的。但是并不能让人人都吃大锅饭,奖罚一定要分明,奖惩激励要适当、适时,还要注意与思想教育结合起来。奖惩激励既要根据各级教育行政组织的情况制订切实可行的办法,更重要的是始终坚持贯彻执行。薪俸的增减、职务的升降、荣辱的告示都是切实可行的办法。奖惩激励运用得好,势必调动广大教育行政人员的工作热情和责任心,那么势必提高教育行政的效率。

---

①② 吴志宏.教育行政学[M].北京:人民教育出版社,2000:144.

三、提高教育行政效率的策略、途径

(一) 营造良好教育环境及教育行政环境

环境是教育可持续发展的基础,也是教育行政活动开展的前提。作为主管教育的各级教育行政组织和人员要具有可持续发展的环境观念,积极改善和营造一个良好的自然环境和社会环境。这就要求我们的教育行政组织和人员保护、爱护好教育的自然生态环境,加强人工生态环境的建设。就社会环境的改造、营造来说,一方面要使教育适合于一个时期的政治经济、文化环境;另一方面要发挥教育及教育行政的能动性,去影响政治、文化环境。自然环境、社会环境都是客观的,但教育行政的主动行为完全可以使环境为教育行政服务。

(二) 加强组织的层级关系和内部沟通

组织机构的设置、撤并要按组织建设的原则,不要任意增减组织的机构和层级;各级机构及各岗位的行政人员必须有明确的分工,而且有明确的职权、职责,以免造成互相争吵不办实事,不担责任的现象;理顺组织内外的沟通渠道,畅通信息的源流,加强上下之间、平级之间的沟通交流,以便减少相互对立的损耗。

(三) 进一步完善健全教育行政的监督机制

教育行政的措施一般来自教育行政的权力部门,而教育行政的权力往往掌握在少数主要领导人的手中,掌管实权的人往往对教育行政所采取的措施有决定作用。人是自然性和社会性的统一,在教育活动中,领导个体也有组织和个人的两个层面,一旦领导者不能正确地把握组织和个人的关系时,这就需要监督机制起作用。监督机制应该具有相应的权力和手段来制止、控制决策者的不正确、不合理的行政决定和行为。此外,在教育行政活动的每一个环节中,均要进行行政监督,以便及时改正错误,调整措施,减少损耗。现行的纪委、监察部门重心是在廉政,事实上它的职责应扩展到效率问题。对于没有效率的教育行政决定或者投入超过计划的教育行政行为,纪检、监察部门均要参与咨询、检查,并严格进行惩处。

(四) 提高教育行政人员的素质

人是开展教育行政活动的主体,教育行政领导和人员的思想观念、知识结构、道德修养、工作能力都直接体现在他们所从事的教育行政管理工作之中。每项教育行政活动的效率如何,取决于从事这项活动的人员,而最终的效率高低,则取决于这些人的素质。所以要建立健全教育行政人员的选拔任用制度,把高素质的人选拔到各级领导岗位上来;要建立健全教育行政人员的考核奖惩制度,提拔有能力、有水平的人,调整素质水平差的人的职务及职位,裁汰不适应教育行政工作的人员。此外,要加强教育行政人员的专业培训,提高他们的理论修养素质,培养新的观念,加强专业的能力建设。

思考与练习

1. 教育行政效率的概念及性质是什么?
2. 测量教育行政效率有哪些方法?存在异同点是哪些?
3. 教育行政效率的测量如何促进可行性及有效性?
4. 提高教育行政效率有哪些举措?需要哪些主体参与?

第九章
教育可持续发展

当前,关于可持续发展的问题是全球范围内的一个重大主题,我国政府把可持续发展列为今后发展的基本战略之一。不管是哪个领域的可持续发展,归根到底是一个管理的问题。教育要做到可持续发展,教育行政管理有着重大的责任和义务。我国对教育可持续发展的研究发端于20世纪90年代末,但从教育行政管理的角度来探索教育可持续发展的问题却比较少见。本章要探讨的问题是:可持续发展、可持续发展教育、教育行政与教育可持续发展。

第一节 可持续发展

人类社会的历史进程是一个发展的过程,这种发展能否持续就是看它是否顺应自然、社会、人类的发展规律,这就要求人类要有新的思想观念,必须约束自己的行为。作为可持续发展,取决于自然、社会发展的客观规律;作为管理,取决于人们的思想观念和人们所采取的行为,因此,要实现人类社会的可持续发展,必须改变人类现有的观念、思想、理论模式及行为习惯。

一、可持续发展的由来

(一)人类发展的四个时期

人类发展的历史经历了采猎文明、农业文明、工业文明、后工业文明四个时期。第一时期大约在公元前200万年至公元前1万年,人类处于一种自发的发展状态,由于生产力水平很低,人类主要是依赖自然,靠大自然的恩赐,一切都只能顺应自然。这个时期的管理,由于人类处于松散状态,谈不上有组织地对自身的约束,人类不仅不能主宰自然,而其本身被自然所主宰。第二时期大约在公元前1万年至公元18世纪,人类开始与自然抗争,但由于生产方式、经济水平发展仍然不高,对环境处于一种半依附状态。这个时期的管理,人类开始有组织的群体行为,为自身争得生存发展的空间,特别是到了国家诞生以后,人类的管理从自发逐步走向自觉,直至1世纪前,人类仍然试图征服大自然,没有约束本身对大自然的过分行为。第三时期从公元18世纪产业革命到今天,因为生产力、经济水平的高速发展,人类自认为已经能够彻底摆脱大自然的束缚,成为地球的主宰,于是拼命地向自然索取,与此同时,产生了大量的环境污染、生态失调等严重的环境问题,反过来对人类产生了极大的危害。这个时期的管理,人类尽管已经完全处于主动地位,但没有从根本上意识到要约束自己对大自然的"过分"行为。第四时期从现在直至今后若干年,由于人类对自然"过分"的行为,大自然向人类进行"报复",江河泛滥、水土流失、人口膨胀、粮食危机、资源危机,人们在无数次的灾难和教训面前,深深地意识到环境的重要性、资源的有限性,从而也就开始了对人类进一步发展的思考,意识到了要约束自己的行为,善待自然。人类的管理便更多地从人与自然、人与社会的协调发展的角度进行考虑,于是便产生了可持续发展的全球战略。

(二)人类朴素的可持续性思想

在人类社会发展的历史进程中,我们的先人已提出了一些朴素的可持续发展的主张和思想。在中国春秋战国时期就有保护正在怀孕和产卵的鸟兽鱼鳖以利"永续利用"的思想和封山育林定期开禁的法令。孔子主张"钓而不纲,弋不射宿"(《论语·述而》)。《逸周书·文传解》记载:"山林非时,不升斤斧,以成草木之长,川泽非时不入网罟,以成鱼鳖之长。"管仲讲:"为人君而不能谨守其山林菹泽草莱,不可以立为天下王。"(《管子·地数》)《田律》中记载:"春二月,毋敢伐材木山林及雍堤水。不夏月,毋敢夜草为灰,取生荔,毋……毒鱼鳖,置阱罔,到七月而纵之。"从这些史书的记载中,我们可以看出,可持续性思想在我国源远流长。在西方古代,古希腊人认为,人始终是自然界的一部分,人的最高目的和理想不是行动,不是去控制自然,而是作为自然的一员去领悟自然的奥秘和创造生机。也就是说,古代西方人也同样有着人与自然一体的思想。西方近代一些经济学家如马尔萨斯、李嘉图、穆勒等人的著作中也较早地认识到人类消费的物质限制性,即人类的经济活动范围存在着生态边界。恩格斯曾指出:"我们不要过分陶醉于我们对自然界的胜利。对于每一次这样的胜利,自然界都报复了我们。"人类朴素的可持续发展的思想说明可持续发展是人类的必由之路。尽管我们的先人早就意识到可持续发展的问题,但直到今天,人类才对这个问题引起足够的重视。

(三) 现代可持续发展提出的背景

现代可持续发展思想的提出源于人们对环境问题的逐步认识和密切关注,其产生背景是人类赖以生存和发展的环境和资源遭到越来越严重的破坏,人类已不同程度地尝到了环境破坏的苦果。1962 年美国的蕾切尔·卡逊(Rachel Carson)的《寂静的春天》描述了杀虫剂污染给环境带来严重危害的景象;1972 年,罗马俱乐部的德内拉·梅多斯(Dorella Meadows)的《增长的极限》指出,决定和限制增长的五个基本因素:人口、粮食、资源、工业(资本投资)、环境污染。这两本著作的发表,在国际社会引起了广泛的重视。1980 年美国发表的《公元 2000 年的地球》等报告明确地支持梅多斯等人的观点。1987 年挪威首相布伦特兰夫人(Cro Harlem Brundtland)在联合国大会上提交了《我们共同的未来》研究报告,报告中指出世界上存在着急剧改变许多地球物种,包括人类生命的环境趋势。1991 年,世界自然保护同盟(IUCN)、联合国环境规划署(UNEP)、世界自然基金会(WWF)共同提交的《保护地球——可持续生存战略》阐述了发展与保护结合的问题以及可持续发展的新的道德观。1992 年,施里达斯·拉夫尔发表的《我们的家园——地球》对全球环境危机进行了广泛的讨论。1992 年联合国在巴西的里约热内卢召开的联合国环境与发展大会制定通过了《21 世纪议程》,阐明了人类在环境保护与可持续发展之间应做出的选择和行动方案,提供了 21 世纪的行动蓝图,这个议程涉及与地球可持续发展有关的所有领域,是一个纲领性的文件。20 世纪下半叶,国际社会所提倡、所采取的可持续发展的战略和措施,是人类千百年来对自身行为反思的结果。人类终于彻底认识到,环境资源问题是一个涉及人类后续发展、人类文明的关键问题,也就是说,人类经过了多少个世纪的探索和努力,终于认识到,可持续发展是人类发展的必由之路。至此,可持续发展的概念、思想、主张以及可持续发展的战略观念逐步普及全球。

二、可持续发展的概念

(一) 可持续发展解读

"持续"(sustain)一词来自于拉丁语 sustenere,意思是"维持下去"或"保持继续提高"。

可持续的(sustainable)的动词为 sustain,常用的意思有"维持""保持向前""保持状态""免下降""支持、忍受、传递生命""提供生命的需求或身体的需求"等。可持续发展的概念来源于生态学,最早应用于林业和渔业,指的是对于资源的一种管理战略。"可持续"的含义包括:①基本保持现状(status quo);②维持特定过程的功能;③保证不同代人在获得资源方面的公平性(intergenerational equity)。"发展"的含义包括成长、增长、变得更大、更完善,是指事物由小到大、由简到繁、由低级到高级、由旧质到新质的运动变化过程。如果把它们连在一起来讲,就是保持或维持某事物的成长、增长,使其变得更大、更完善。当然可持续发展的概念并不等于"可持续"与"发展"的简单相加,但是从它们的本义中亦可看出"可持续发展"的原始痕迹,即与环境资源、经济、社会、人类有关的一种尚未达到的理想状态的系统。其实,最先使用"可持续发展"这个词的人并没有给它以特定的解释,只是当"'可持续发展'得到全球共识,它的'可持续'被移植到各个方面"时,它才具有特定的含义,如"可持续发展的经济""可持续发展的教育""可持续发展的社会"。其实,"可持续发展"本身是一般性的、包容性的概念,尽管各个学派对它有各自的解释,但从全人类、全社会发展的角度来看,它是"一种观念""一种实践方式""一种发展战略"。

(二) 可持续发展的各种定义

当笼统地讲"可持续发展",实质上讲的是自然、经济、政治、文化等各个方面,也就是指人类社会的可持续发展。当对某个事物讲"可持续发展"时,它就具有特定的含义。自然的可持续发展是"寻求一种最佳的生态系统以支持生态的完整性和人类愿望的实现,使人类的生存环境得以持续",这种发展要求"保护和加强环境系统的生产和更新能力",即可持续发展是不能超越环境系统再生能力的发展。社会的可持续发展是"在生存于不超出维持生态系统承载能力的情况下,改善人类的生活品质"。科技的可持续发展是"转向更清洁、更有效的技术,尽可能接近'零排放'或'密闭式'工艺方法,以此减少能源和其他自然资源的消耗"。经济的可持续发展是"在保护自然资源的质量和其所提供服务的前提下,使经济发展的净利益增加到最大限度"。对于经济的可持续发展,尽管经济学家有各种各样的观点,但最基本的一点是可持续发展中"经济发展"已不是传统的以牺牲资源与环境为代价的"经济发展",而是"不降低环境质量和不破坏世界自然资源基础的经济发展"。此外,国际上许多学者也对可持续发展下了各种各样的定义。普朗克和哈克 1992 年写道:"为全世界而不是为少数人的特权所提供公平机会的经济增长,不进一步消耗世界自然资源的绝对量和涵容能力。"皮尔斯和沃福德在 1993 年所著的《世界无末日》中写道:"当发展能够保证当代人的福利增加时,也不应使下代人的福利减少。"在此,我们并不想过多地罗列对可持续发展的定义和解释,只是表明目前人们对于可持续发展的认识存在着各种不同的观点。

(三) 可持续发展的一般概念

区别全局与局部(部门)的可持续发展是非常有意义的。当从一般意义讲可持续发展时,并不是从自然、经济、社会、科技某个方面而言,而是"笼统"地从综合的整体讲的人类社会的可持续发展,也就是说,可持续发展是一个一般的、普遍的、兼容性概念。那么这个"一般、普遍、兼容"的概念是如何来的呢? 20 世纪 80 年代初,为了解决当代人类面临的"三大挑战",即南北问题、裁军与安全、环境与发展,联合国成立了由当时的联邦德国总理勃兰特、瑞典首相帕尔梅和挪威首相布伦特兰夫人为首的三个高级专家委员会,由他们牵头组织全世界各方面人员具体研究寻找解决这些难题的办法。布伦特兰夫人担任世界环境与发展委员会(WCED)主席,她召集了21个国家的环境与发展问题的专家,经过长达4年的研究,于1987年第42届联合国大会提交了《我们共同的未来》的报告。在这个报告中布伦特兰夫人提出:可持续发展是"既满足当代人的需求,又不对后代人满足其自身需求的能力构成危害的发展"。这一定义包含三个基本要素:一是人类的"需求",它不仅是当代人的需求,还包括后代人的需求;二是环境"危害",也就是指资源环境的限度,它也包含着对当代人和后代人的危害,如果超过限度,必将影响当代人及后代人的生存能力;三是"满足"持续发展,即代与代之间要具有持续性,不能牺牲后代人的利益来满足当代人的需求。布氏对可持续发展的定义在最一般的意义上得到了广泛的接受和认可,并在1992年联合国环境与发展大会上得到共识。在这次会议上发表的《里约宣言》中对可持续发展进一步阐述为:"人类应享有与自然和谐的方式过健康而富有成果的生活的权利,并公平地满足今世后代在发展和环境方面的需要,求取发展的权利必须实现。"我国学者叶文虎、栾胜基等人根据我国的情况,认为可持续发展是"不断提高人群生活质量和环境承载力的、满足当代人需求又不损害子孙后代满足其需求能力的、满足一个地区和一个国家的人群需求又不损害别的地区或别的国家的人群满足其需求能力的发展"。事实上这个概念就是对布伦特兰夫人和《里约宣言》中定义的进一步阐述和发挥。

第二节　可持续发展教育

可持续发展是全球性的、全社会性的一种观念、一种实践方式、一种发展战略,因此,处于社会系统中的教育同样存在着可持续发展问题。要讨论可持续发展教育,必须首先阐明可持续发展教育的一些基本问题。

一、可持续发展教育的概念

(一)可持续发展教育的讨论

关于可持续发展教育的讨论,兴起的时间并不长。英国学者柯沃达认为:"20世纪90年代初才开始有了'可持续发展教育'这个词,才有了关于可持续发展教育的讨论。"[1]他认为:可持续发展教育没有一套固定的思想,教育工作者可以运用现有的理论与实践,允许他

---

[1] 约翰·赫克尔,斯蒂芬·斯特林.可持续发展教育[M].王民,译.北京:中国轻工业出版社,2002:22-23.

们说自己正在为可持续发展而努力。① 美国可持续发展总统咨询委员会认为可持续发展教育是一种终身学习过程,它培养具备解决问题的能力,科学与人文素质,以及承诺参与负责行动的世界公民。在《公众联系、对话、教育力量的可持续发展总统委员会报告》里,美国确立了可持续发展教育的六个核心主题:终身学习、跨学科教学、系统思维、合作、多元文化、赋予权利。英国在1992年发表的《保护地球:为了可持续发展未来的教育、训练和意识》报告中强调可持续发展教育是一个关系所有人的过程。在我国最早讨论可持续发展教育问题的是来自北京师范大学的学者安文铸先生,他在1997年《北京师范大学学报》上发表《论可持续发展战略与教育改革的关系》,文中指出:"实施可持续发展战略给教育和教育改革提出了前所未有的课题。"此后,我国学者潘懋元、李长文等人相继撰文倡导对可持续发展教育与教育的可持续发展问题进行研究。一些在教育战线第一线的人员也在探讨可持续发展教育的实际问题,如以上海黄孟源为首的课题组组织了对上海闸北区的可持续发展区域教育研究,可以说,可持续发展教育是一个全新的课题。

(二) 可持续发展教育的概念

什么是可持续发展教育?目前学术界并没有一个公认的定论。杨移贻等人认为可持续发展教育的主要内涵是:①实现教育的超越性;②强调教育的持续性;③重视教育的"全面性"和"整体性"。② 张君认为:可持续发展教育"就是遵循教育发展的客观规律,推动作为整个社会全局性、基础性、先导性的教育事业健康有序、保质保量、持续地发展"。③ 张远增认为:"可持续教育指教育作为一个系统处于改进和完善自己内部结构,发育、完善和增强自己的功能,与外部的特质、体系、能力交换顺畅地运行过程中。"④我们认为,谈教育必须要涉及人这一根本性问题,谈可持续发展,必须要涉及可持续发展的本质问题。基于这两点,我们可以从布伦特兰夫人可持续发展的定义引申出对可持续发展教育的理解:即满足现代社会和现代人的教育需要和愿望,培养有平等公正意识的、能与自然协调的、可持续发展的新人,又不至于违反教育规律,影响后一代人的发展。为了进一步阐明这个的观点,下面从三个方面加以说明。第一,满足人和社会对教育的需要。众所周知,人的发展、社会的发展离不开教育,作为社会当中的人,本身就具有自然和社会两个层面,以往的教育往往强调了人的社会性,而人的个性心理、特殊素质以及个体的特殊要求愿望则得不到应有的满足。同时,社会对教育的要求也是各方面的,但教育的"共性化""模式化"却难以满足社会对各类人才的需要。第二,培养出可持续发展的新人。这是从可持续发展思想中引申出的实质性内容。人是平等的人,一方面是当代人(同龄人)之间横向平等;另一方面是代与代之间纵向平等,由此而引发了人们在受教育的机会、权益、教育资源的分配等方面的公正平等。人是与自然协调发展的人,从人的生存和发展看,人与自然的物质交换是社会的基础;从人与自然的相互作用看,人的活动不能超越自然所能接受的限度,人在征服自然的同时,还要学会善待自然。人是可持续发展的人,人的可持续发展使人的身心和谐、富于个性、道德品质良

---

① 约翰·赫尔特,斯蒂芬·斯特林.可持续发展教育[M].王民,译.北京:中国轻工业出版社,2002:22-23.
② 杨移贻,张祥云.可持续发展的教育与教育的可持续发展[J].高等教育研究,1997(4):16-20.
③ 张君.论教育的可持续发展[J].东北师范大学报:哲学社会科学版,1996(6).
④ 张远增.可持续发展教育[M].天津:天津教育出版社,2004.

好、精神境界崇高,这种可持续发展的人能正确处理人与人、人与自然、人与社会的关系,能尊重相互间协调、平等,具有战略眼光和长远的观点。第三,教育的发展不能违背规律。可持续发展的关键性的概念是人类的需求和环境的限度。所谓环境的限度可以理解为自然和社会的规律,如果违背了规律,必将影响自然界支持当代和后代人生存的能力,也会影响后一代以及未来社会对教育的需求。教育的重要规律是促进人的持续性发展,即满足人的教育需要和愿望,保证其身心和谐、均衡、持久的发展力不受损害。和谐的教育不仅促进了人的可持续发展,同时又能促进社会各方面的协调发展。没有很好的教育机制和教育模式,就不能培养可持续发展的人才,就不会有人与自然、社会的协调发展;没有教育的可持续发展,就没有社会的可持续发展。

二、可持续发展教育的特征

许多社会学家、经济学家、环境学家和政府以及非政府组织一再指出教育作为一种重要的手段将为可持续发展带来深刻的变化。教育界人士从可持续发展的概念和原则出发,也在积极地探讨教育的发展和改革问题。概括当前研究的水平和趋势,我们认为可持续发展教育的特征主要表现为以下几个方面。

(一)教育的预见性

教育的预见性并不是一个新鲜的观点,现实是过去的未来,又是未来的过去,教育的每一步都在做出预见。我们不仅要把这种"预见"摆在当代社会、当代人的身上,而且要摆在未来社会、后代人的身上。过去那种主要传授现有知识、技术和价值观的教育体制已不能满足今天社会的需要,"当今的教育应从如何使人们为生活做好准备的角度来重新定向或设计",当今的教育也要为人们新的认识观、价值观、功利观、发展观来确定目标,"这些重新设计不仅是对以往教育体制的调整,而且是按照新的要求来重新组织和改革"。这既是社会可持续发展对教育提出的基本要求,又是可持续发展教育区别于传统教育的基本特征。

(二)教育的整体性

教育的整体性并不是对所有的人整齐划一的一个模式,它包括:教育的整体规模、发展水平要适应经济、社会整体发展的要求,教育的专业、规格、层次等要满足全社会人们的要求和愿望,教育的手段、方式要适应每个层次受教育者的需求。这就要求我们的教育从全人类、全社会的角度来考虑问题。因此,"可持续发展教育应该人人参与,教育应是从学校到社会全方位的参与过程。各级教育者不仅限于学校的教师,还应包括父母、企业、社会团体和政府组织"。今天的教育已不仅仅是教育部门、学校团体的义务责任,其他行业领域里也涉及教育问题,也就是说,可持续发展教育是一个整体的教育观。

(三)教育的平等性

教育的平等在以往只是一句空洞的口号,可持续发展从全球的角度论证了这种平等性的重要意义,从而为教育的平等铺平了道路。"妇女在获得土地和其他资源、受教育平等、就业、参与经济和政治的决策方面,应享有同男子同等的权利"。而"青年是世界的未来,他们参与决策和方案的实施是可持续发展战略得以贯彻和延续的重要保证"。任何社会个体,无论其种族、民族、性别、年龄、政治出身、身体状况如何都应有受教育的平等权利和机会。"社会应对充分教育公民方面做出更大的努力,老年、青壮年、少年都应该接受教育,以求共同建立一个可持续的未来。"这就在传统教育的公平性上赋予了新的内容。

(四)教育的协调性

以往的教育协调主要是指受教育者本身身心与科学文化知识的协调以及教育系统内部本身的协调,即各级各类教育的层次、规格、规模、衔接等应协调合理。而可持续发展教育的着力点在人与自然、人与社会的协调,是一种全方位的协调。"为求实效,可持续发展教育应涉及环境(生态)、社会、经济以及人力开发等众多领域,应当纳入各相关学科,并且应当采用正规的和非正规的方法以及各种有效的传播手段"。也就是说,各类学校教育系统内部的设计和人才培养与教育系统外部的社会环境、经济、政治、文化、生产力等各方面的发展相协调,"教育内容也应是科学、技术、经济、法学、伦理学、环境学、文学等多种学科的综合"。

(五)教育的持续性

教育的持续性是终身教育思想的延伸与深化。终身教育强调的是人从生到死不断接受教育的过程,而可持续发展教育除了"维持下去"还有"保持继续提高"的意思,"一个可持续的过程是指该过程在一个无限长的时期内,可以永远地保持下去,而系统的内外不仅没有数量和质量的衰减,甚至还有所提高"。可持续发展教育贯穿于人的一生,人们应该在各种场所、社区中心,通过各种传播媒介不断努力去实施可持续发展的非正规教育。教育的可持续发展是教育过程中的主客体、教育系统本身以及教育系统与其他系统的可持续性发展。这种可持续发展不仅体现在时间上的延伸,而且还体现在数量的增加和质量的提高。

三、教育在可持续发展中的作用

可持续发展是整个社会系统的发展战略,而教育是社会这个大系统中的子系统,教育能否持续发展,势必影响到整个社会能否可持续发展。众所周知,教育的根本目的和任务是为社会系统培养所需要的人,而人的可持续发展是社会可持续发展的关键,所以教育的可持续发展是环境、经济、社会诸方面可持续发展的基础。

(一)教育是增强人们环境意识、环境观念、解决环境问题的首要渠道

环境问题是可持续发展的根本性问题。当前的环境问题不论是从全球还是从某一个国家或地区来讲都是相当严重的,人们对环境价值的认识,对环境资源的开发利用,对环境生态的保护,是同他们的文化素质水平相关的。教育的作用在于传播新的观念、新的知识、新的技能以及新的行为模式。如果社会教育水平普遍提高了,人们的环境意识、环境观念则会增强,也就是说,提高了人们的文化教育水平,那么也就提高了人们认识、解决环境问题的水平。所以,教育是传播可持续发展思想观念,增强环境意识观念,解决环境问题的首要渠道。

（二）教育是促进经济发展、提高生产力的直接或间接的手段

无论是哪个国家哪个社会和哪种时代，经济的发展都是核心问题，经济的可持续发展存在很多因素，其中人是最关键的因素。我们知道经济发展的动力在于生产力水平的提高，生产力的关键又在于人的基本素质和能力的提高，教育则在人与生产力之间充当中介的作用，"教育本身就是一个世界，同时也是整个世界的反映。当教育在为社会的目的做出贡献时，它是服从社会的，特别是当它在保证发展社会所需要的人力资源时，它帮助社会调动它的生产力"。① 教育提高人的基本素质，培养了人的各种能力，从而使他们在生产经济活动中发挥了积极的作用，这种作用尽管是间接的，但它的力量是巨大的。

（三）教育是促进社会全面进步发展的原动力

社会各个领域、各条战线、各种事物都与教育有密切的关系，因为所有的人都来自于教育，如果没有教育，不可想象人类将停留在何种时代。社会的全面发展不仅仅是以经济增长来衡量，它包含了环境、经济、政治、文化等诸方面的协调发展，教育在促进诸方面的协调发展中起了关键的作用。人是社会的本体，作为社会本体的人，如果不具备较高的素质和能力，就谈不上促进社会的协调发展。这就是说，教育必须为社会培养可持续发展的人，这种可持续发展的人，就能使社会达到物质文明、生态文明、精神文明的和谐境界。教育是立国之本，科教兴国是我国的一项基本国策。从20世纪80年代以来，中共中央、国务院颁发了一系列关于教育改革的文件：《关于教育体制改革的决定》（1985）、《中国教育改革和发展纲要》（1993）、《关于深化教育改革全面推进素质教育的决定》（1999）、《关于基础教育改革与发展的决定》（2001）、《关于开展国家教育体制改革试点的通知》（2010）。这些决定中最基本的思想就是教育改革和教育发展，集中起来看，就是如何保障教育的可持续发展问题，如何保障教育在社会可持续发展中的作用。

四、可持续发展教育与行政的关系

根据对可持续发展教育的分析，可以看出，它与传统教育有很大的区别，要实现教育的可持续发展，除了政治、经济、社会等众多因素的影响外，其中最直接最有影响力的就是行政管理。教育的发展同其他社会各个行业的发展一样，有其自身的规律和特点，关键是掌管教育的各级部门，特别是直接主管教育的教育行政部门和人员，也就是说，教育行政管理在教育的可持续发展中起着相当重要的作用。

（一）教育行政必须促使教育满足人类、社会对教育的需要，培养可持续发展的人

人是靠教育培养出来的，而受教育者质量的好坏与教育者有密切关系。无论是受教育者，还是教育者，都与教育实体（学校）、教育行政机构有关。学校的各级教育行政人员和教育行政机构的各级管理人员在培养人的问题上担负着主要责任，他们不仅对学校教育有责

---

① 联合国教科文组织委员会.学会生存：教育世界的今天和明天[M].北京：教育科学出版社,1996.

任,而且对国家、对社会有责任,这就是培养的人必须是可持续发展的人。所谓可持续发展的人,当前理论界对其内涵实质并没有公认的标准。笔者认为可以从这样三方面理解。一是人的个体必须是可持续发展的。以往教育培养人虽然也提出了发展性问题,但发展性与可持续发展性是有区别的,正如经济的发展性与经济的可持续发展性有区别一样。可持续发展的个体是指个体在他的整个一生中都能够发展,虽然这种发展是有阶段性的,但是要特别注重教育对人发展潜能方面的培养。二是人的群体必须是可持续发展的。以往的教育虽然也提出了人的群体的全面发展问题,但在实际操作中并没有完全做到群体发展,教育机会的不平等,教育中的不公平在今天的教育中屡见不鲜。人处在社会中接触得最多的还是人,人与人本身是平等的,可持续发展教育就是强调这种平等性,而且不仅强调当代人之间的横向平等,还强调代与代之间的纵向平等。因此,教育行政的着力点是要引导、控制教育对人的群体的平等的发展。三是通过教育培养出来的人必须能促进自然、人类、社会的可持续发展。现在教育培养的人不管是个体还是群体,尽管他们具有了各种学历、素质、水平,但要他们终其一生完完全全尽人类的责任、社会的义务,恐怕是难以做到的(事实也不可能),但是教育主管部门、教育实体(学校)应该更多地提倡、培养他们的社会意识和社会责任感。

(二) 教育行政必须促进教育的发展,不要违背规律

自然和社会的规律多种多样,反映在教育上的规律主要有以下几点。①人才成长规律。一个人从其懂事起就开始受教育,最初的教育由家庭父母进行,然后从幼儿园教育再逐步升入小学、中学、大学、大学后教育,从幼儿园算起至大学毕业,大约有20年时间。如果以人的平均寿命70年计算,那么,人的正规教育占了人的生命周期的28%多。教育尽管是按人的教育期限来安排进行的,但是否完全按照人的成长期身心特点来进行教育? 恐怕教育专家和各级教育行政领导谁也不敢说这个话。可持续发展教育就是强调教育不能违背儿童青少年的成长规律,因此,教育实体(学校)、教育行政部门应该在培养人才的问题上认真思考,找出很好地培养人才的规律。②教育的发展不能违背政治、经济规律。政治是一个社会或一个国家的上层建筑,一个国家的政治主宰了教育的发展方向,也就是教育必须按照统治阶级的意愿培养人才,教育政策、方针、目的、标准以及教育发展的规模和速度都必须符合政治的需要,这是教育行政必须把握的。经济是社会发展中的一个最活跃的因素,一个国家的经济发展水平决定了这个国家的教育发展程度,不顾经济发展的实际情况而强调"教育先行"在一些国家有过失败的先例,而只管发展经济,对教育不作相应的投入,不仅对教育本身发展有影响,而且将会对经济的发展和社会的进步产生影响。这个问题既与教育行政部门有关,而且同国家、各级政府的行政管理有关。可持续发展教育就是要促进教育与政治、经济的协调发展,作为教育行政部门有义务有责任去探讨教育如何与政治、经济适应发展的规律和途径。③教育的发展不能违背教育内部本身的发展规律。教育的内部发展规律多种多样,强调教育的可持续发展并不是要抛开现有的教育规律,而是针对教育内部运行中的一些不合理、不科学的东西进行改革。在教育内部有许多陈旧、阻碍教育发展的因素,有客观的,也有主观的。也就是说现有教育中有许多不可持续发展的因素,教育行政部门和管理人员有必要重新审视、检讨我们今天的教育是否完全按规律办事,从而去探索新的发展模式和新的发展道路。

(三) 教育行政必须按可持续发展的理念来发展和管理教育

可持续发展的基本思想核心是把自然环境、资源摆在人类生产、生活的同等位置上，这就是说环境意识、资源意识是人类必须要重新认识的一个重大问题。人类要发展、经济要发展、社会要发展，离不开环境资源，但环境资源却是有限度的，人类的发展必须考虑到自然资源、环境、经济、政治、文化等各方面的协调发展。可持续发展是物质文明、生态文明、精神文明的和谐体，教育在可持续发展的进程中必须要很好地把握这些理念和思想。教育行政作为教育发展的牵头人和主管更有必要用可持续发展的理念和思想来管理教育。例如，可持续发展提出了一些基本原则，如公平发展、共同发展、协调发展、持续发展等，教育及教育行政必须传播这些观念和原则。公平发展是区域、国家之间、人与人之间、代与代之间的公平；共同发展是指环境资源的共享性，人类、地球的共同性，因此，人类都有保护地球，治理环境的共同责任；协调发展强调的是人类、自然、社会的协调性，因此，各个区域、国家要协调环境资源、经济、政治、文化；持续发展则是指长期性、持久性，也就是强调了环境资源的永续利用，科技经济的持续增长，文化、道德、社会风俗的文明化。教育行政管理是一种主观能动的行为，当把握了可持续发展的基本理念和原则后，完全应该用这些理念和思想来指导教育的可持续发展。

第三节 教育行政与教育的可持续发展

可持续发展教育与教育的可持续发展是两个不同的概念，前者是把教育看作一个"因变量"来讨论其在可持续发展中的地位，后者是把教育看作一个"自变量"来探讨教育自身的可持续发展问题，讨论可持续发展教育是研究这种教育的特征、社会作用等，而讨论教育的可持续发展则是研究如何达到这种教育。可持续发展、教育的可持续发展是人类社会发展的必然规律，而管理则是约束人类按这一规律发展的能动行为，教育由教育行政主管，自然，教育行政在实现教育的可持续发展战略中起到举足轻重的作用。

一、树立可持续发展的教育发展观念

(一) 中国教育的基本问题

我国的教育是一个庞大的体系，尽管当前的教育呈现出一个蓬勃发展的趋势，但在"光明的前景"下也存在着许多"不可持续发展"的隐患。据程方平主编的《中国教育问题报告》所述，中国教育的基本问题表现在：教育思想观念、教育方针政策、教育法制建设、教育体制、教育经费及投资、教育评估和督导、教育公平、教育发展的不平衡性、民办教育、教育产业、教育资源及管理,基础教育、高等教育、职业技术教育、师范教育、社会教育、流动人口子女和弱势群体教育,教师问题、学生问题、德育问题,基础教育课程与教材,少数民族双语教育的历史、现状与问题,教育质量观、考试问题等。从教育与自然、社会、人类的关系来看,我国教育的基本问题主要体现在三个方面。第一,教育与环境的脱节。教育没有把自然环境、社会环境、人文环境很好地融合在自己的体系和实践中,现在人们的环境观念、环境意识、环境知识淡薄就是明证。第二,教育落后于经济的发展。教育没有培养出足够质和足够量的经济建设的各类人才,"有些社会正在开始拒绝制度化教育所产生的成果,拒绝使用学校的毕业生"。第三,教育不能完全适应社会的需要。在教育的内部表现出"重科技教育,轻人文教育""重职业教育,轻普通教育""重专业教育,轻基础教育""重学校教育,轻家庭、社会教育"等教育失衡现象,这种教育培养出来的人不一定完全适应现代社会的要求。

(二) 转变教育思想观念

一种新的思想观念的产生大多来自于外部环境,即经济基础与上层建筑的矛盾运动。可持续发展的思想观念来自于人类对自然、社会、人类发展的一种反思,可持续发展战略是社会发展的必然产物。从观念到战略到实践方式的推行,除了宣传、舆论的影响之外,更重要的是依靠事物的本身以及与该事物有关的外部因素的作用。可持续发展的思想观念、战略意识、实践方式为当前的教育思想、教育体制、教育内容和教育方法提供了一系列的目标和任务。"当代教育体系的特征是:它们正在经历一个连续不断地适应、改进、变革的过程……尽管这种改革并没有根本改变现有的体系和实践,但它通常是产生更深远的,具有革新性质变化的前兆"。1996年联合国召开的可持续发展委员会第四次会议上提出了可持续发展教育的目标:"①促使价值观、行为和生活方式发生必要的变革,以实施可持续发展并最终实现民主、人类安全及和平;②传播形成可持续生产与消费模式和改善对自然资源、农业、能源及工业生产的管理所必需的认识、技术诀窍和技能;③确保拥有愿意支持各个部门为实现可持续性而进行改革的见多识广的公众。"这就是说,教育的"价值观"要从人类的"民主、安全、和平"来考虑,教育的知识观要着重传播"自然资源、农业、能源及工业生产的管理所必需的认识、技术诀窍和技能",教育的发展观就是要培养"见多识广"的可持续发展的人才。此外,可持续发展的基本点在于环境,因此,无论是正规教育还是非正规教育对改变人们对于环境与发展的态度是必不可少的,环境教育应"促进对城市和农村地区经济、社会、政治和环境相互依存关系的明确认识和关注,向每个人提供机会以获取保护和改善环境所需要的知识、价值观、态度、承诺和技能,为个人、群体和整个社会创造一种对待环境的新的行为模式"。可持续发展还把人类道德提到全球道德的高度,《我们共同的未来》中指出"人类的生存和富裕依赖于能否成功地把可持续发展提到全球道德的高度"。人类不但对自己要讲道德,而且要对自然环境讲道德,对社会讲道德,对子孙后代讲道德,不应为了自身的利益而损害自然环境和子孙后代的利益。所以,可持续发展要求人们具有高度的文化知识水平和伦理道德观念。可持续发展还提倡教育的持续性。《21世纪议程》第36章强调,"基础教育是可持续发展教育的支柱,是终身教育的重要组成部分",可持续发展教育贯穿于人的一生,除了正规教育外,人们应该在各种场所,通过多种媒介传播不断努力地去实现可持续发展的非正规教育。从以上的阐述可以看出,可持续发展提出了鲜明的教育主张,那就是:①环境教育;②民主公平教育;③协调整体教育;④全球道德教育;⑤持续发展教育。

二、对教育发展的宏观决策

实施可持续发展这一宏伟战略,意味着一场深刻的变革,是世界观、价值观、认识观、道德观的变革,是人类"实践方式"的变革。这种变革不仅涉及世界各国的经济领域,更重要的是涉及宏观决策问题,在教育上势必涉及教育方针、目标、规划等重大问题。正如《学会生存:教育世界的今天和明天》中所指出的:"不论在什么社会中,任何更新教育的企图都必须从一些共同的观念、计议、方向中得到启发。"

(一)国家高层决策部门制定可持续发展教育的大政方针

教育方针是一个国家在一定历史时期内根据政治、经济和社会发展的需要提出来的教育工作的总方向和总目标。我国的教育方针在不同的历史时期有不同的表述,20世纪50年代末提出培养德、智、体全面发展,有社会主义觉悟的、有文化的劳动者;20世纪80年代提出培养"四有""两热爱""两献身"的人才;党的二十大报告指出"育人的根本在于立德。全面贯彻党的教育方针,落实立德树人根本任务,培养德智体美劳全面发展的社会主义建设者和接班人。"这反映出各个不同历史时期国家、政党对教育提出的不同要求。现行的教育方针反映了国家倡导的一种价值要求和取向。但从可持续发展战略来看,我们认为,应明确提出"教育为社会的可持续发展服务",培养"促进社会可持续发展的人"。从可持续发展的内涵和特征看,它的内容非常丰富,它强调人与社会的协调发展,事实上是把个体的发展和社会的发展包含其中,可持续发展的人必然是"德智体美劳全面发展",也必然能成为"建设者和接班人"。另外,教育方针从其性质和作用上看具有较长期的稳定性,如果把"教育为社会的可持续发展服务,培养促进社会可持续发展的人"作为教育方针或者教育方针的补充,那么在不同的历史时期,总的思想——促进社会的可持续发展将不会改变。

(二)重新拟定教育目的

教育目的是在教育方针之下的具体目标,可持续发展的实质和目的是"在发展过程中精心维护人类生存与发展的可持续性""不断改善人们的生活质量,更充分地满足今世和后代人的需求,促进社会文明进步"。每一项教育行动都是指向某个目的的一个过程的一部分。这些目的是受普遍的和最终的目的所制约的,而这些普遍的最终目的基本上又是由社会确定下来的。一个社会在走向可持续发展的过程中自然也为社会的教育目的框定了方向,这就是要培养适应社会经济、政治、文化、生态的可持续发展的人才。一个社会的教育目的反映的是一定社会对人才培养的总要求,规定着教育培养人才的质量规格。以往由于大规模的经济建设急需大批学有专长的技术人才,人们对教育目的的理解偏重于受教育者的知识技能的增进,而对受教育者的综合素质、道德修养、个性发展的培养重视不够。中国当代教育,不仅要造就"建设者和接班人",也要造就一代新的有良好知识能力结构、良好个性心理结构、良好道德品质结构的社会主义公民。因此,我们认为,我国教育目的要从"社会持续发展的角度来确立人才的标准,也就是说,环境资源的持续性、科学教育的持续性、经济增长的持续性以及整个社会发展的持续性决定了我们要培养可持续发展的人才"。这种可持续发展的人必须是"有超前意识的、科学精神的人,有平等公正观念、民主精神的人,身心健康、聪明睿智、道德高尚的人,有强烈环境意识、社会意识的综合协调能力强的人,有进取心、创造精神、持续发展的人"。人们常说,十年树木,百年树人。要使可持续发展战略得以持续,我们必须培养可持续发展的新人。正如《学会生存:教育世界的今天和明天》中所指出的:"在人们追求的许多目标中具有一些共同倾向,这种共同倾向指明现代世界的一些主要的最终目的是一致的。"这种"一致的最终目的"就是"培养走向科学的人道主义、培养创造性、培养承担社会义务的态度、培养完人"。

(三)国家有关部门应制定切实可行的可持续发展教育的长远规划

以往的教育规划往往强调教育要从适应、促进经济的发展入手,追求高规模、高速度,而对人口、资源、环境、生态平衡等诸多因素考虑不够。1994年3月,我国编制并正式通过了《中国21世纪议程》,该议程确定的战略目标是"建立可持续发展的经济体系、社会体系和保持与之相应的可持续利用的资源和环境基础"。党的十四届五中全会正式提出了"在现代化建设中,必须把实现可持续发展作为一个重大战略",这就为我们制定教育上的可持续发展的规划明确了指导思想。根据可持续发展的思想,在编制教育规划时,应该着重考虑人口、经济、环境、政治等多方面的协调发展,同时,更多地应考虑义务教育、基础教育、扫盲教育、职业技术教育、高等教育、社会教育等诸多方面的协调发展。

(四)国家政府及职能部门要协调好教育系统与其他系统的关系

众所周知,社会的发展是多方面的,教育系统是其他系统的基础,也就是说,只有教育本身得以可持续发展时,它才能承担起推动社会可持续发展的使命。因为教育不仅是社会系统的一个有机锁链,它的自身结构、功能是否平衡协调发展亦关系到全局的良性循环。更为重要的是,在社会各个领域中起主导作用的人是由教育培养出来的,它是否能培养出大批具有可持续发展的人也是关系到未来社会是否能可持续发展的根本原因。所以教育的可持续发展是整个社会能否可持续发展的关键。这就是说,教育系统的可持续发展与其他系统的可持续发展的关系是密切的。作为国家政府及职能部门应该把教育的可持续发展摆在优先考虑的位置上,同时,也要努力做好与政治、经济、文化等诸系统的协调工作。

三、推进教育体制的改革

对于教育体制的改革历来是教育的中心议题,在第四章第二节里已专门讨论了这个内容,但从可持续发展的角度来探索这个问题,则有许多新的东西。

(一)为什么要改革教育体制

1996年在联合国召开的可持续发展会议上指出:"过去的教育体制主要是传授现有的知识、技术和价值观,这种体制已不能满足今天社会的需要。当今的教育体制应从如何使人们为生活做好准备的角度来重新定向或设计。"古往今来的教育体制都拘泥于"现有的知识、技术和价值观"的传授,而这种现有的体制已不能满足今天社会以至后天社会的要求,所以,一个可持续发展的教育体制应该为今天乃至明天的"生活做好准备"。当代人的生存和发展相对人类社会的历史长河来说,只不过是弹指一挥间,人们不只在有生之年为社会作出应有的贡献,而且更多地要考虑子孙后代的生存发展问题。教育是人类发展延伸的纽带,而教育体制则是促进人类延伸发展的一种固有形式,这种相对固有稳定的形式对人类社会的发展起着重要的作用,如果它与经济、政治相适应,它能促进社会的发展;如果它与经济、政治不相适应,则会阻碍社会的发展。在前面我们已讲到我国教育存在几十种不可持续发展的"隐患",绝大部分均反映在教育体制上,因此,教育体制的改革,对于教育和社会的发展是非常有意义的,不仅要从今天的现实,而且要从明天的预见来重新定向或设计教育体制。

(二) 教育体制中的问题

教育体制包括教育行政体制、办学体制、教育投资体制、招生与毕业生就业制度、学位制度、教师职务制度、学校内部领导体制等各个方面。在此仅从下面四个方面进行阐述。

(1) 办学体制问题。我国的办学体制是典型的国有体制,国家和地方政府在办学方面起决定作用。尽管近年来社会力量办学在大力发展,到 1998 年初,全国各级各类民办学校达 6 万所,但相对国有体系来说还是相当渺小的。据统计,全国民办小学占全国 70 万所中小学的比例不到 6%,在 1000 所民办高校中仅有 30 余所有学位授予权。可以说,在基础教育领域,国家政府办学的格局几乎没有打破,而民办高校虽然有数量的发展,而在质量上都存在不少问题。由于办学主体的单一性,教育的发展难免显得僵化和缺乏活力。更为严重的是,学校要依仗政府,政府的局部政策偏差将容易造成教育的整体偏差。

(2) 投资体制问题。我国的教育投资是以国家财政拨款为主,这种单一化的投资主体显然与市场经济发展的多元化经济不协调,难以解决人们日益增长的教育需求与教育经费吃紧的矛盾。据有关专家分析,我国是用占世界 0.78% 的教育经费培养占世界 19.81% 的中小学生。我国的高等教育近年来有了很大的发展,但主要依靠的仍然是国家财力。单一的教育投资体制不利于缓解国家财政压力,不利于教育规模和质量的迅速发展,不利于形成融资渠道,阻碍了大量闲置的民间资金投入到教育中来。

(3) 管理体制问题。管理体制主要体现在外部和内部两个方面。从外部来看,我国教育行政部门的管理模式与教育改革,特别是高校的改革不相适应,行政管理职能急需转变。这些不适应集中表现在四个方面:一是行政部门有自我中心倾向,没有服务意识;二是教育行政部门习惯于揽权、集权,不愿放权、分权;三是教育行政职能的扩大,管理了本不应管的事;四是教育行政管理途径的单一化,往往以行政手段直接插手基层的教育。从内部来看,以机关管理模式管理学校,忽视教育特有的规律;囿于计划经济体制的思维方式,不能积极适应市场经济发展的要求。

(4) 高校招生和就业制度问题。我国的高考制从 1977 年恢复以来至今没有多大变化,这种一考定终身的考试制度造成每年千军万马过独木桥,国家耗费大量资源,学生重记忆、轻能力、轻素质。此外高校的收费偏高,毕业生就业也存在不少的问题。由于专业设置、素质培养及能力等有关问题,很多部门和单位均拒绝使用刚刚从学校毕业的毕业生。

(三) 深入教育体制改革,向管理要效益

教育体制的问题涉及许多方面,它是协调或调整教育内外诸多因素相互关系的总体性制度安排和相应的规范体系,深刻地影响和制约着教育事业的发展和效益。因此,推进教育体制的深入改革,是实现教育可持续发展的重要前提。

（1）调整国家和各级地方政府的教育责任和管理权限，冲破集中计划体制束缚。我国的教育体制主要特征是高度的统一和集中，在管理体制上，地方管理权限十分有限，1985年以来，我国对基础教育的管理体制进行了改革，开始实行由地方负责、分级办学和分级管理的体制，从改革的实际效果来看，取得了一定的成绩。在高等教育管理体制方面，我国长期以来一直采取中央教育部、中央各部办委和地方政府分头举办、分级管理的运行机制。近年来，国家对这种体制结构进行了重大的改革，为解决条块分割、资源优化配置问题，在中央政府各部门之间、中央和地方政府之间重新确立对高等教育管理责任和权限的划分，通过"共建、调整、合作、合并"八字方针和五种途径（共建共管、合并学校、合作办学、协作办学、转由地方管理），对已有的高等学校教育资源进行整合，从当前的实际来看，高等教育呈现出一派新的发展气象。

（2）改变单一的政府投资的教育体制，实现办学体制多元化。近年来，原有的国家单一的办学体制逐步向着以国家办学为主、社会各界参与、各种形式的办学体制转化，政府办学为主与社会办学相结合的办学体制逐步形成。实践表明，教育投资渠道和办学主体的多元化，一方面可以通过市场机制适当缓解教育资源不足的矛盾，满足社会对教育的不同需求；另一方面也有助于打破办学模式的僵化局面，改变国家通过考试分数选拔少数人享有高等教育的状况，使教育更加直接地面向社会的实际需求。加入世贸组织以后，我国文化教育市场将由国家主导和社会、私人参与的二元结构转变为国际力量办学相互渗透，三方共同竞争的格局，致使我国进一步改变政府包揽办学的状况。

（3）简政放权，使学校办学体制自主化。我国传统的教育管理模式的一个重要特征是政府对学校办学统得过死，限制过严，影响了学校办学自主权的充分发挥。高等学校在招生计划、毕业生分配到专业设置乃至课程安排要摆脱政府的控制，增强自身的自主权；基础教育也应有丰富多彩的办学模式和办学特色；职业技术教育必须更多地根据社会的实际需要。此外，在增强学校办学自主权的同时，还应严格选出一批必要的权威性的中介机构，包括评价、咨询、审议等机构，以便能够客观地、公正地指导学校办学水平和办学效益的不断提高。

四、促进教育内容、方法、技术手段的现代化

可持续发展观是一种崭新的发展观，它不仅涉及社会的经济基础及上层建筑，它反映出来的教育思想观念不只是一种倡导，而且对教育内容的更新、教育方法技术手段的现代化也提出了新的要求。

（一）更新教育内容

"可持续发展教育应涉及环境（生态）、社会、经济等众多领域，应当纳入各相关学科，并且应当采用正规的和非正规的方法以及各种有效的传播手段"。教育内容只是停留在"现有"的知识、价值、技能是远远不够的，要从"教育世界的今天和明天"来充实更新教育内容。联合国可持续发展委员会在总结了可持续发展教育的特点中指出："可持续发展教育具有综合性和跨学科性，教育的内容也应是科学、技术、经济、法学、伦理学、环境学、文学等多种学科的综合；（它必须）强调学科的联系，更加注重实践。"因此，对现有教育内容的重新审

视、筛选、剔除亦是教育保存、教育更新的需要。综观当前教育的发展趋势，教育内容的更新主要体现在：教育同社会需要和个人需要的一致性；和谐教育、素质教育与伦理道德教育的一致性；教育的正规化与工商企业非正规化教育的一致性；从把生命科学引入各种类型的教育，到把基础技术课程加入中学教育或成人教育的课程中去；从采用以学科为中心的教育，到改进专门科学的学科；从精简课程到减少测验与考试的压力；从改进教科书到增添学习的来源。教育内容的改革广度似乎是无穷无尽的，远远不止上面所述内容，我们需要的是脚踏实地认真地去进行教育内容的改革。

（二）促进教育方法、技术手段的现代化

当今科学技术的发展，让人目不暇接，因此，考察教育方法、教育技术时，必须把它放在科学技术发展的背景中。应该明确认识"教育技术绝不是强加于传统体系上的一堆仪器，也不是在传统的程度上增添或扩大一些什么东西。只有当教育技术真正统一到整个教育体系中的时候，只有当教育技术促使我们重新考虑和革新这个教育体系的时候，教育技术才具有价值"。如今教育的技术化已成为世界教育发展的潮流，而在我国却比较落后，教育技术设施、技术手段以及教育内容、方法等已经不能完全满足当代教育者和受教育者的需要，要改变这种局面，要从三个方面进行调整。①把技术吸收到教育体系中去，树立教育技术的观念，如果不检修整个教育大厦，就不可能从教育技术中得到好处，只有从思想观念上认识到教育技术的力量，才可能足够地重视这种资源。②改变教育行动。计算机化、信息化、网络化已使学习过程正趋向于代替教学过程。因此，传统的教学模式必须革新，广大的教育者和受教育者都应运用教育技术力量采取主动的行为。③加大教育技术设施的投入。学习实践目前正受到各种传递知识的工具的影响，所以需要用各种媒体的装备系统来协调这些工具的使用和效果。借助于中间技术（应用技术），扩大教育技术资源。工业化国家的科研项目毫无疑问是先进的、可取的。应该鼓励采用那些不需要大量投资的新技术和那些能够带动发展中国家改进教育的中间技术。只有拓宽视野、在学习借鉴别人的基础上才能进行创新。

思考与练习

1. 可持续发展教育的含义？具体内容包括哪些？
2. 实现可持续教育的路径或方法有哪些？
3. 教育行政与教育可持续发展之间存在的联系有哪些？
4. 通过教育行政的哪些手续可以促进教育的可持续发展？

参考文献

[1] 吴志宏.教育行政学[M].北京:人民教育出版社,1999.
[2] 陈孝彬.教育管理学[M].北京:北京师范大学出版社,1999.
[3] 帅相志.现代教育管理改革与发展[M].济南:山东人民出版社,2006.
[4] 艾萨克·康德尔.教育的新时代——比较研究[M].王承绪,等译.北京:人民教育出版社,2001.
[5] 孙绵涛.教育行政学[M].武汉:华中师范大学出版社,1998.
[6] 张常清.教育应用写作[M].广州:广东高等教育出版社,2003.
[7] 刘淑兰.教育评估和督导[M].上海:华东师范大学出版社,2000.
[8] 臧广州.教育督导制度创新与规范化检查评估及验收实用手册1[M].广州:广东海燕电子音像出版社,2003.
[9] 程培杰.教育评价和督导[M].大连:辽宁师范大学出版社,1999.
[10] 林德布洛姆.决策过程[M].乾威,等译.上海:上海译文出版社,1988.
[11] 袁振国.教育政策学[M].南京:江苏教育出版社,2005.
[12] 河源.简析日本教育政策的制订[J].国家高级教育行政学院学报,2001(4).
[13] 刘桂玲,杨晓明.影响教育政策议程建立的因素分析[J].北京联合大学学报(自然科学版),2006(3).